AF557583

Ulrich Kalmbach

Albert Wande (1862-1936)
Fotografische Wanderungen

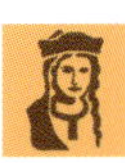

JOHANN-FRIEDRICH-
DANNEIL-MUSEUM
Salzwedel

Impressum

Herausgeber:	Museen des Altmarkkreises Salzwedel/ Johann-Friedrich-Danneil-Museum Salzwedel
ISBN:	978-3-947379-34-7
Text/Redaktion:	Ulrich Kalmbach, Salzwedel 2023
Gestaltung:	Initia Medien und Verlag UG (haftungsbeschränkt), Woltersburger Mühle 1, 29525 Uelzen www.initia-medien.de
Titelbild:	1000-jährige Eiche mit Spaziergängern in der Wüstung Nieps bei Lüdelsen, 1896
Frontispiz:	Albert Wande mit Fotostativ
Rücktitel:	Eingangstür des Hauses Altperverstraße 20 in Salzwedel mit allegorischen Figuren

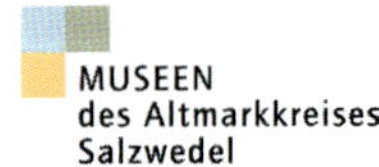

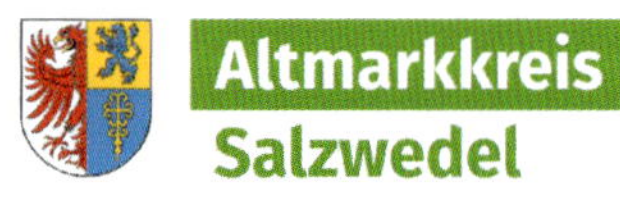

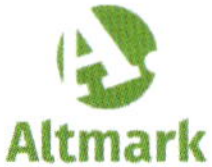

Inhalt

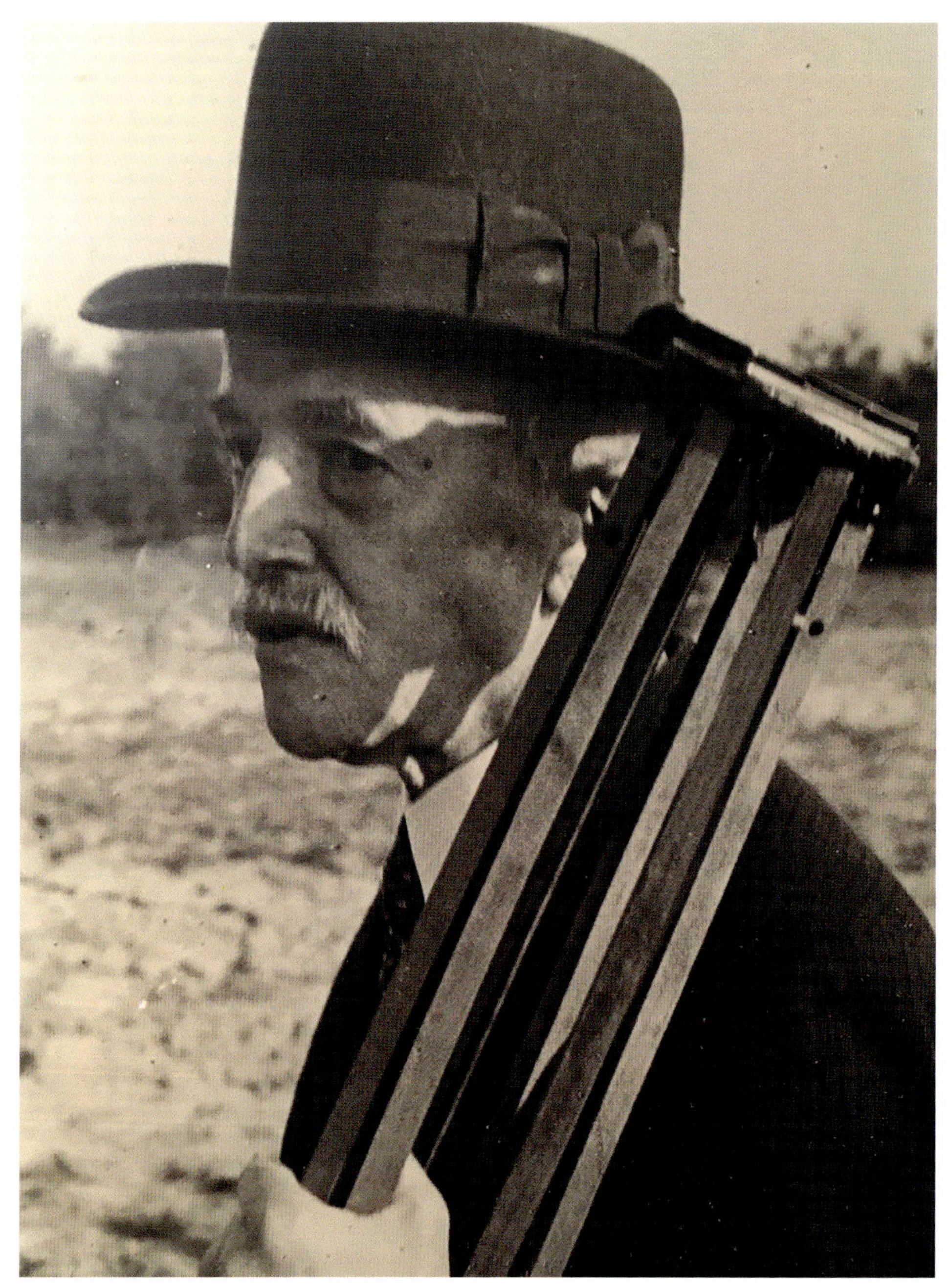

1: Albert Wande mit dem Fotostativ auf der Schulter

Albert Wande

Albert Wande (1862-1936) war ein angesehener Brauer und Branntweinbrenner in Salzwedel – und ein leidenschaftlicher Fotograf. Im Danneil-Museum Salzwedel befindet sich sein fotografischer Nachlass – die „Sammlung Albert Wande". Dabei handelt es sich um mehr als 2.600 Glasnegative aus der Zeit von 1895 bis 1936. Die Nachfahren von Albert Wande haben die Sammlung dem Museum zur Aufbewahrung und Nutzung überlassen.

Albert Wande betrieb in Salzwedel eine Brauerei und Brennerei mit angeschlossener Landwirtschaft. Der Brennereibesitzer nutzte die durch den Familienbetrieb abgesicherte ökonomische Stellung, um seiner Passion der Fotografie nachzugehen. Dabei arbeitete der Freizeitfotograf sehr sorgfältig. Er vermerkte auf jeder Negativhülle Titel, Datum, Ort und auch technische Angaben zur Aufnahme. So lassen sich die abgebildeten Motive nach Entstehungsort und Entstehungszeit genau bestimmen – ein großer Ausnahmefall in der regionalen fotografischen Überlieferung. Von einzelnen Motiven fertigte er mehrere Aufnahmen an, um möglicherweise verschiedene Belichtungsvarianten auszuprobieren. So entstand eine Vielzahl von einmaligen Aufnahmen.

Albert Wande war sehr konservativ und besaß nach der Familienüberlieferung eine tief sitzende Abneigung gegen neue technische Errungenschaften. Diese Ablehnung der technischen Neuerungen seiner Zeit bezog sich offensichtlich nicht auf das Medium Fotografie, die während seiner Lebenszeit einen Siegeszug antrat. Die Fotografie wandelte sich im 19. Jahrhundert von einer anfangs nur professionellen Fotografen vorbehaltenen Domäne zu einer Technik, die auch von Laien eingesetzt werden konnte. Der Amateurfotograf war offensichtlich auch ein naturliebender Mensch. Mit Plattenkamera und Stativ wanderte er durch die Landschaften von Altmark, Wendland und Lüneburger Heide und hielt seine Eindrücke von Natur und Ortschaften im Bild fest.

Obwohl der Fotograf zu einer alteingesessenen Bürgerfamilie in Salzwedel gehörte, ist zu seiner Person relativ wenig bekannt bzw. veröffentlicht worden.

Albert Wande wurde am 1. August 1862 in Salzwedel geboren und dort am 12. September in St. Marien getauft. Sein Vater war Alexander Wande (1825-1901), seine Mutter die aus Kalbe stammende Friederike Wande, geb. Ritzmann (1824-1904). Albert Wande besuchte das Gymnasium in Salzwedel und wurde am 14. April 1878 konfirmiert. Er heiratete am 5. Juli 1892 Anna Randt (1871-1948) und übernahm in dieser Zeit von seinem Vater Alexander den Familienbetrieb. Albert und Anna Wande hatten zwei Kinder. Im Jahre 1894 wurde die Tochter Gertrud geboren und im Jahre 1897 erblickte der Sohn Albrecht das Licht der Welt. Die Namensähnlichkeit von Vater Albert und Sohn Albrecht ist manchmal etwas irreführend, wie auch die Tatsache, dass die spätere Ehefrau von Albrecht Wande, eine geborene Quendt, ebenso den Vornamen Gertrud wie auch seine Schwester trug.

Albert Wande wurde 74 Jahre alt und verstarb unverhofft durch Herzinfarkt am 19. Juni 1936. Seine Ehefrau Anna überlebte ihn um zwölf Jahre. Sie starb am 13. April 1948 in Salzwedel. Beide wurden in der Familiengrabstätte auf dem Altstädter Friedhof der Salzwedeler Mariengemeinde beigesetzt.

Der geschichtsinteressierte Amateurfotograf war Mitglied des Altmärkischen Geschichtsvereins. Im 50. Jahresbericht des Vereins war ein Nachruf auf ihn zu lesen:

„Er war beseelt von der Liebe zur altmärkischen Heimat, zur Kunst, zum deutschen Volkstum und nicht zuletzt zur deutschen Muttersprache und hat viel auf diesen Gebieten gesammelt. In Verbindung mit Professor Gaedcke und Apotheker Zechlin war er unermüdlich für die Heimatpflege tätig. Sein besonderes Arbeitsgebiet aber war die Lichtbildnerei. Darin hat er Hervorragendes geleistet. Und bedeutende Zeitschriften, z. B. der „Kunstwart", haben gern Lichtbilder von ihm wiedergegeben. Eine wohlgeordnete und katalogisierte Sammlung von mehr als 1800 Negativ-Platten im Format 13x18 cm und eine wohl noch umfangreichere, aber noch nicht so gut geordnete Plattensammlung im Format 9x12 cm harren der Bearbeitung für unsere altmärkische Heimatkunde. Es wäre schön, wenn sie zum Grundstock für ein altmärkisches Lichtbildarchiv würden. Am 19. Juni 1936 ist Albert Wande im 74. Lebensjahr an einer Herzlähmung plötzlich verschieden."[1]

So wohlwollend der Nachrufschreiber auch über den Verstorbenen hier bereits urteilte, wurde Wandes Schaffen jedoch allgemein erst spät gewürdigt. Erst mit der Übernahme der „Sammlung Albert Wande" im Jahre 2010 in das Danneil-Museum setzte eine intensivere Beschäftigung mit dem Lebenswerk des Amateur-Fotografen ein.

Neben der relativen Unabhängigkeit, die Albert Wande durch den Ertrag seines Geschäftsbetriebes besaß, war es auch die individuelle Prägung und sicher nicht unmaßgeblich der Einsatz seiner Ehefrau Anna, die ihm das zeitaufwändige Freizeitvergnügen ermöglichte. Bei der Trauerfeier anlässlich seines Ablebens kam dieser Umstand in einem Nebensatz des Trauerredners, Pastor Sauberzweig, zur Sprache: *„wie er an der Hand einer ihn verstehenden Lebensgefährtin Zeit und Muße fand, Großes zu leisten, um seine Gaben der Heimat und der Menschheit dienstbar zu machen.“*[2]

Auch das, was in der mündlichen Überlieferung der Familie als Bild des Brennereibesitzers und Fotografen erhalten blieb, zeigt doch einen sehr eigenwilligen und ausgeprägten Charakter. In dem kleinen Nachruf in der Tageszeitung vom Juni 1936 deutet sich auch in verschiedenen Interessen die wohl recht konservative Geisteshaltung von Wande an, die sich in Mitgliedschaften bzw. inhaltlicher Nähe zu bestimmten Vereinigungen äußerten. Hier war u. a. zu lesen:

„Der Bund für deutsche Schrift und der Deutsche Sprachverein verlieren mit ihm einen bedeutenden Freund und Förderer. Ein gut Teil seiner Zeit und Liebe widmete der Verstorbene der Photographie. Er war einer der ersten Liebhaberphotographen in Salzwedel...“[3]

Neben der Leidenschaft für die Fotografie wird hier auch das Interessensgebiet von Sprache und Schrift erwähnt. So waren der „Bund für deutsche Schrift“ und der „Deutsche Sprachverein“ Zusammenschlüsse, die sich äußerst stark und vehement auf die Bewahrung des Nationalen in diesen Kulturbereichen fokussierten. (Abb. 10). Der Sprachverein trat entschieden für die Ausmerzung von Fremdwörtern bzw. gegen deren Gebrauch oder Neuaufnahme in die deutsche Sprache ein.

Albert Wande besaß offensichtlich auch Interesse an der Geschichte der Region. Das unterstreicht auch seine Mitgliedschaft im Altmärkischen Geschichtsverein und sein illustrer Bekanntenkreis mit dem Apotheker Konrad Zechlin und Professor Karl Gaedcke, beide ebenfalls Mitglieder im Verein und historisch ambitioniert.

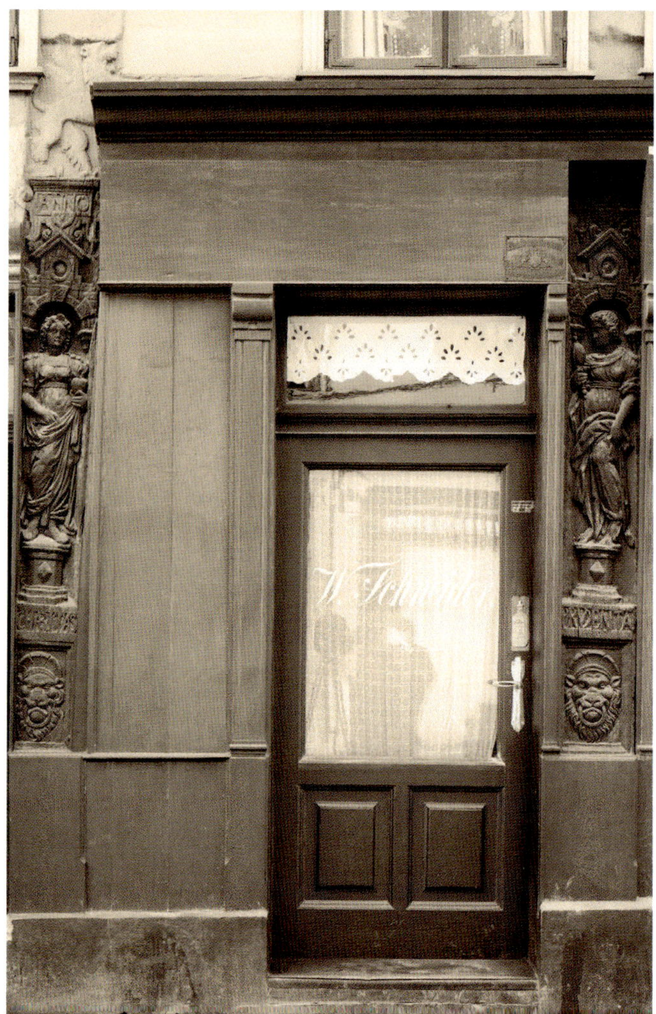

2: Eingangstür des Hauses Altperverstraße 20 in Salzwedel mit allegorischen Schnitzfiguren, 11. März 1912
Im Spiegelbild der Türglasscheibe ist der Fotograf Albert Wande mit seinem Stativ zu erkennen. Es handelt sich hier also um ein indirektes Selbstporträt. Eine schöne, wenn auch sicher zufällige Entsprechung des Wandeschen Selbstporträts ist ein allegorisches Attribut der rechten Schnitzfigur im Türportal. Hier ist die Prudentia (Klugheit) zu sehen. Sie hält einen Spiegel in der Hand und betrachtet so ihr eigenes Spiegelbild.

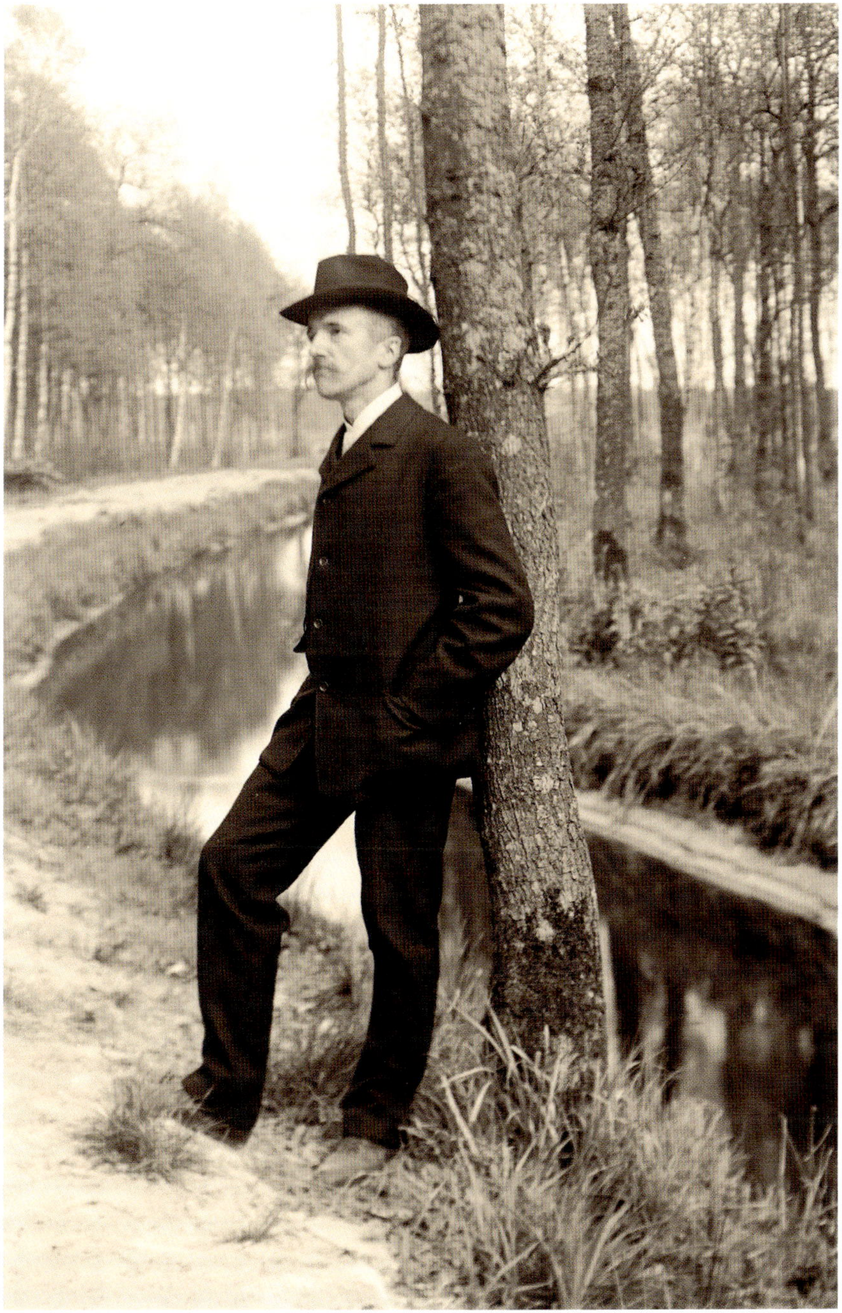

3

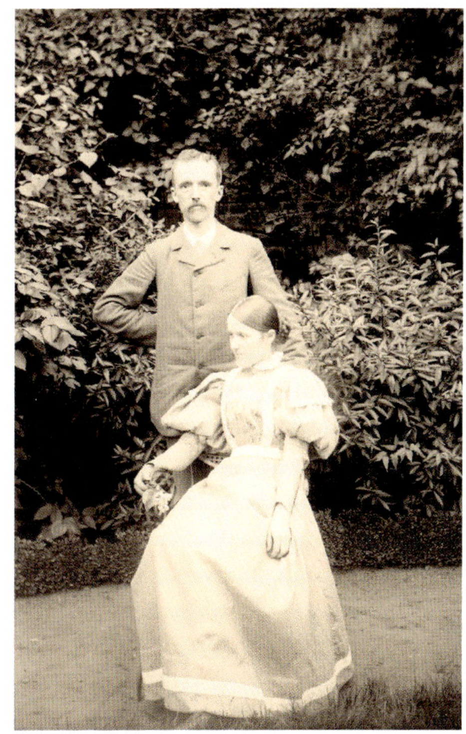

4

3: Albert Wande in der Salzwedeler Buchhorst, 9. Mai 1907
In der Sammlung Wande gibt es mehrere Porträts bzw. Selbstporträts, die Albert Wande zeigen. Ob hier jemand anderes auf den Auslöser der Kamera drückte oder Wande einen Selbstauslöser benutzte, ist nicht bekannt.

4: Doppelporträt Albert und Anna Wande im Garten, 27. Juni 1896
Das Doppelporträt aus dem Juni 1896 zeigt das junge Ehepaar wahrscheinlich im heimischen Garten. Albert Wande hatte seine Frau Anna, eine geborene Randt, vier Jahre zuvor am 5. Juli 1892 geheiratet.

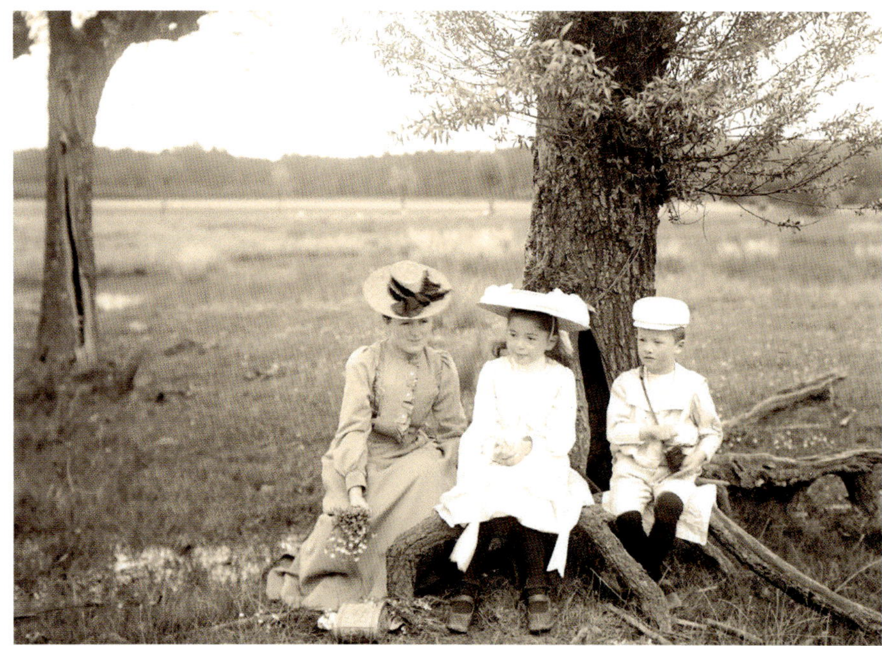

5

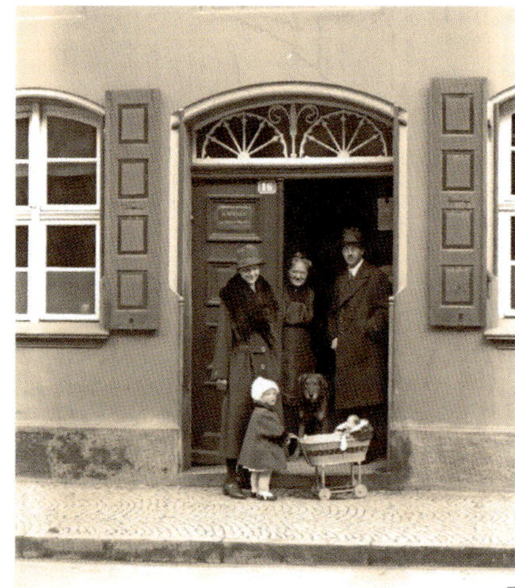

7

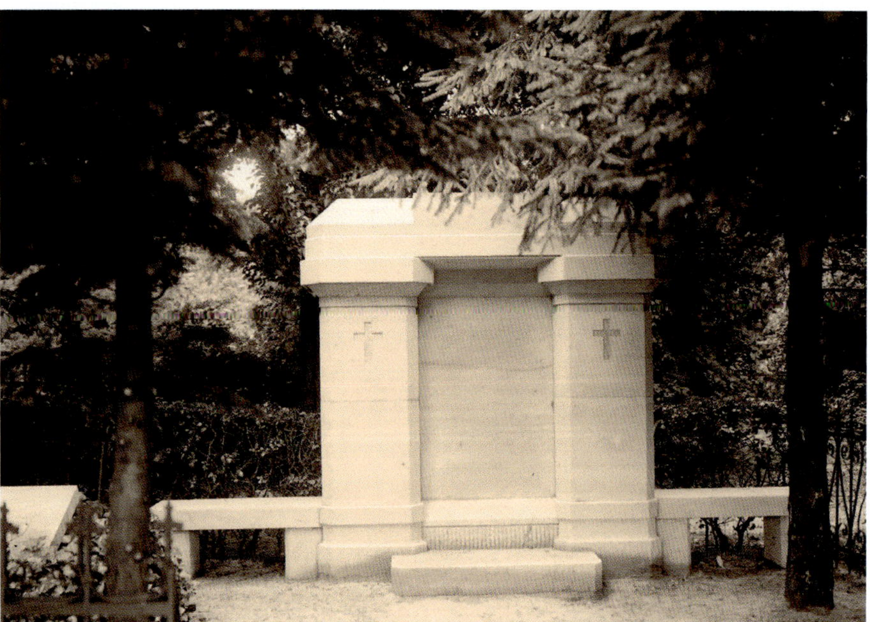

6

5: **Die Ehefrau Anna Wande (geb. Randt) mit den Kindern Gertrud und Albrecht bei Eversdorf, 13. Mai 1903**
Das Foto zeigt die Familie Wande ohne den Familienvater bei einem Ausflug in der Nähe von Eversdorf.

6: **Grabstätte der Familien Wande und Randt auf dem Altstädter Friedhof in Salzwedel, 24. Juli 1908**
Das Foto zeigt den Zustand der heute noch existierenden Familiengrabstätte der Familien Wande und Randt im Jahre 1908. Auch Albert Wande wurde 1936 auf diesem Erbbegräbnis beigesetzt. Ebenso fand hier seine Frau Anna, eine geborene Randt, ihre letzte Ruhestätte.

7: **Albrecht Wande und Familie in der Tür des Wandeschen Wohnhauses, 26. November 1929**
Albrecht Wande, hier im Hintergrund im Hausflur, ist der Sohn von Albert Wande. Im Vordergrund steht Elisabeth, die Tochter von Albrecht und Gertrud Wande, im Kleinkindalter mit Puppenwagen vor dem Haus der Familie.

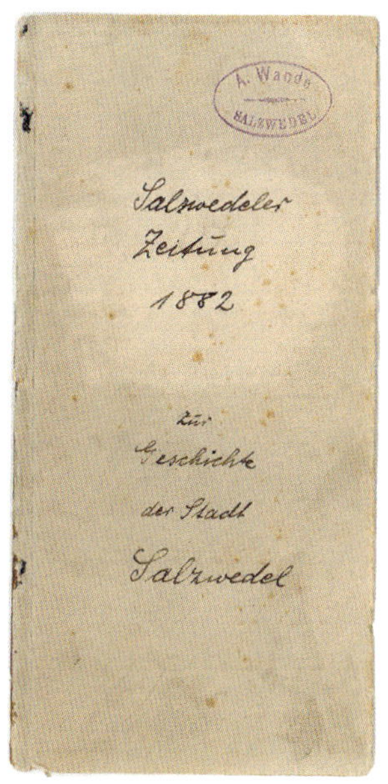

8

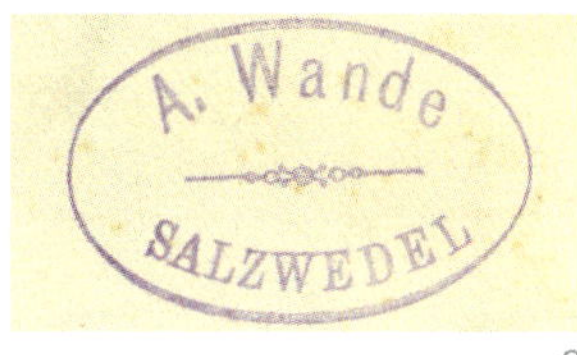

8

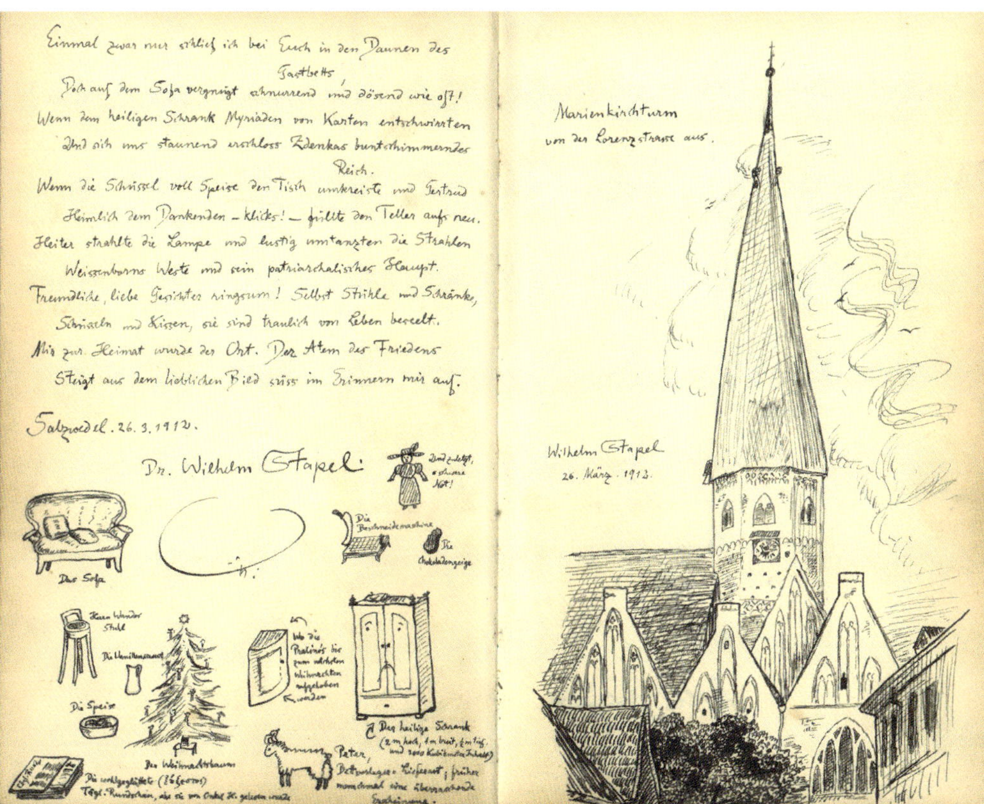

Einmal zwar nur schlief ich bei Euch in den Daunen des Gastbetts,
Doch auf dem Sofa vergnügt schnurrend und dösend wie oft!
Wenn dem heiligen Schrank Myriaden von Karten entschwirrten
Und sich uns staunend erschloss Zdenkas buntschimmerndes Reich.
Wenn die Schüssel voll Speise den Tisch umkreiste und Gertrud
Heimlich dem Dankenden – klicks! – füllte den Teller aufs neu.
Heiter strahlte die Lampe und lustig umtanzten die Strahlen
Weissenborns Weste und sein patriarchalisches Haupt.
Freundliche, liebe Gesichter ringsum! Selbst Stühle und Schränke,
Schüsseln und Kissen, sie sind traulich von Leben beseelt.
Mir zur Heimat wurde der Ort. Der Atem des Friedens
Steigt aus dem lieblichen Bild süss im Erinnern mir auf.

Salzwedel. 26. 3. 1912.

Dr. Wilhelm Stapel.

9

8: Heft mit Zeitungsausschnitten zur Stadtgeschichte von Salzwedel, 1882
Das kleine Heft mit dem Signaturstempel von Albert Wande enthält zusammengeheftete Zeitungsausschnitte aus dem Jahre 1882 mit kurzen Beiträgen zur Geschichte der Stadt Salzwedel. Es ist damit auch ein Beleg für das Interesse des Brennereibesitzers an historischen Ereignissen.

9: Auszug aus einem Gästebuch der Familie Wande mit Eintrag und Zeichnungen von Wilhelm Stapel, 26. März 1912
Die Eintragungen im Gästebuch der Familie Wande belegen deren Gastfreundschaft. Das Buch enthält neben reinen Texteintragungen auch immer wieder Illustrationen. Hier hat sich der offensichtlich enge Bekannte der Familie Wilhelm Stapel verewigt.

10: Negativhülle mit Logo des Allgemeinen Deutschen Sprachvereins. 1. H. 20. Jh.
Die Verpackungen der einzelnen Fotoplatten bestehen aus einfachen, zusammengeklebten, zeitgenössischen Papierhüllen. Für manche dieser Plattenhüllen hatte der Fotograf auch Papiere zweitverwendet.

10

Haus und Firma

Eine wichtige Grundlage für die zeitaufwändige und intensive Beschäftigung Albert Wandes mit der Fotografie stellte der finanzielle Rückhalt dar, den er durch Grundstück, Firma und Besitz hatte. Ein kleines Indiz dafür sind auch die Worte zur Trauerfeier des im Jahre 1936 Verstorbenen von Pastor Sauberzweig, der meinte: *„wie glücklich das Schicksal es mit dem Verstorbenen meinte, indem es ihm alle materiellen Sorgen abnahm, damit er ganz seinen Neigungen sich widmen konnte.“*[4]

Das kombinierte Wohn- und Geschäftsgrundstück der Familie Wande lag als Eckbebauung an Altperverstraße und Nicolaistraße in Salzwedel (Abb. 11-13). Es wurde deshalb umgangssprachlich auch gelegentlich als „Wandesches Eck“ bezeichnet. Das an der Stirnseite des Grundstücks befindliche Wohnhaus war an dieser Stelle ein repräsentativer, straßenbildprägender Bau. Das Äußere des markanten Gebäudes entstand durch den Umbau bzw. die Aufstockung eines Vorgängerbaus im Jahre 1903. Eine Reihe von Aufnahmen in der Sammlung Wande zeigt auch hier die verschiedenen Zustände vor und nach der Umgestaltung bzw. auch eine Reihe von Situationen und Ereignissen in dieser Straße.

Ende des 19. Jahrhunderts wurden mehrere bauliche und technische Veränderungen am Grundstück und der Betriebsausstattung vorgenommen. Zu dieser Zeit war die Brennerei offensichtlich ein äußerst florierendes Unternehmen. Der Geschäftsbetrieb fußte auf mehreren Standbeinen: Brauerei, Brennerei und Viehhaltung mit angeschlossener Landwirtschaft. Diese Wirtschaftszweige spiegelten sich auch in der Anordnung der Arbeitsbereiche auf dem städtischen Vierseit-Hof wieder. Die pflanzlichen Abfallprodukte beim Brennprozess wurden auch als Viehfutter weiterverwertet. In dem Stallgebäude waren bis zu 24 Kühe eingestellt (Abb. 14-16). Ebenso gab es die Möglichkeit, Fremdtiere hier unterzubringen, um sie zum Beispiel als Schlachttiere für bevorstehende Feierlichkeiten zu mästen.

Im Jahre 1903 wurden größere Umbaumaßnahmen am Wohnhaus durchgeführt und ein komplettes neues Stockwerk aufgesetzt (Abb. 13). Schon der Erste Weltkrieg und die folgende Inflationszeit hatten allerdings dann bereits die wirtschaftliche Entwicklung der Firma gebremst. Nach dem Krieg von 1914-1918 und unter den schwierigen wirtschaftlichen Bedingungen der Nachkriegszeit musste die Brennerei neu eingerichtet werden. Erschwerend für die wirtschaftliche Situation war wohl der Umstand, dass das traditionelle Braunbier nicht mehr nachgefragt wurde, so dass der Absatz zurückging und die Brauereisparte eingestellt wurde. Auch die Nebenerwerbslandwirtschaft im Zusammenhang mit der Brennerei war nicht mehr rentabel und wurde 1939, drei Jahre nach dem Tode von Albert Wande beendet und die Ländereien verpachtet. In Nachfolge von Albert Wande führte dann sein Sohn Albrecht bis zu dessen Tod im Jahre 1952 die Geschäfte weiter.

Im Wohnhaus bzw. Grundstück entstanden nach 1945 in der Zwangsbewirtschaftung und unter den Bedingungen der Wohnungsnot der Nachkriegszeit bis zu 8 Wohnungen, darunter waren dann auch zwei Zimmer, die später von der Witwe Gertrud Wande, der Schwiegertochter Albert Wandes, bewohnt wurden. Der Unterhalt des Wohnhauses und vor allem der ehemaligen Wirtschaftsgebäude erwies sich unter den Rahmenbedingungen der DDR-Wirtschaft als äußerst schwierig. Im Jahre 1970 verließ Gertrud Wande, die letzte Besitzerin und Bewohnerin des Hauses aus der Familie Wande, Salzwedel und siedelte zu ihren Kindern nach Hannover über. Dabei konnte sie die Negativplatten ihres Schwiegervaters Albert Wande mitnehmen, so dass sie in Familienbesitz erhalten blieben.

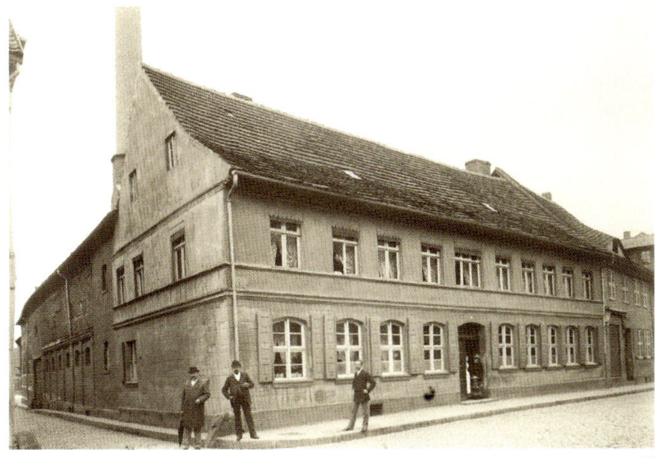

11

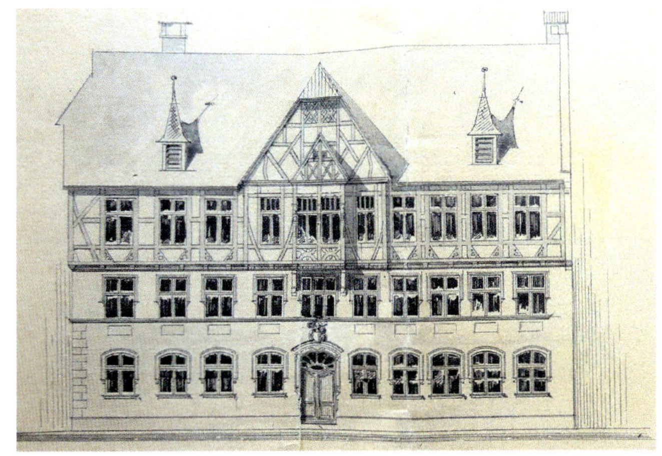

12

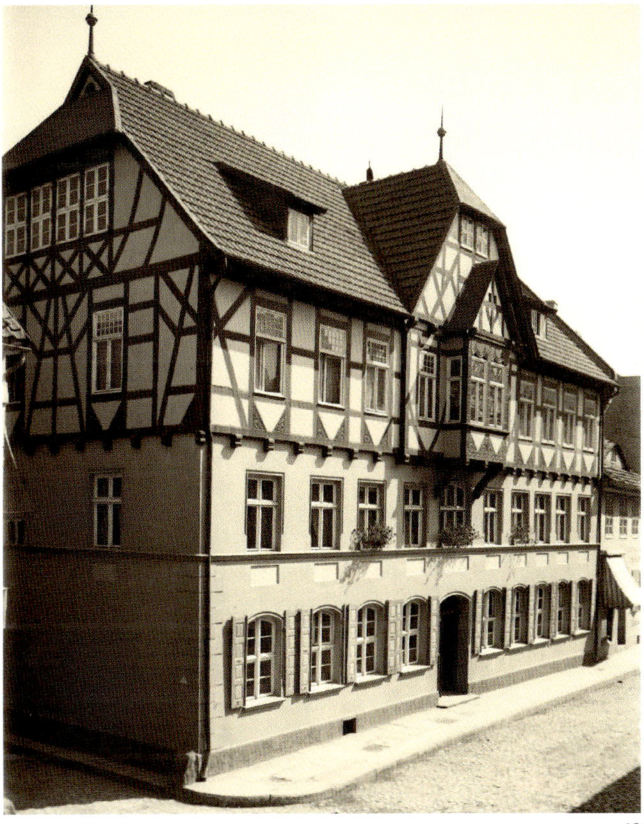

13

11: Wohnhaus und Firmengrundstück der Familie Wande an der Altperverstraße in Salzwedel, 5. April 1896
Das Foto zeigt das Wohn- und Geschäftshaus der Familie Wande an der Ecke Altperverstraße - Nicolaistraße vor dem Umbau. Unter den Personen vor dem Haus befindet sich offensichtlich auch der Hausherr Albert Wande (vor dem 2. Fenster von links).

12: Bauzeichnung mit der neuen Fassadenansicht für den Umbau des Wohnhauses, 1903
Beim grundlegenden Umbau im Jahre 1903 wurde ein komplettes Fachwerkgeschoss auf den vorherigen Massivbau gesetzt. Der Mittelerker erhielt farbige Glasmalereifenster.

13: Wohnhaus der Familie Wande an der Altperverstraße in Salzwedel nach dem Umbau 1903, 14. August 1911
Die Eckansicht zeigt das Wohnhaus der Familie Wande im Bauzustand nach der Aufstockung des Gebäudes im Jahre 1903. Gut sichtbar ist die Fachwerkarchitektur, die die Straßenfassade und den Giebel zur Nicolaistraße hin prägt.

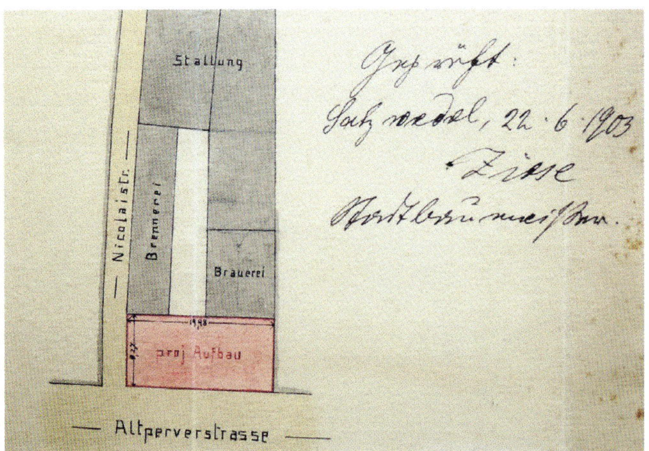

14

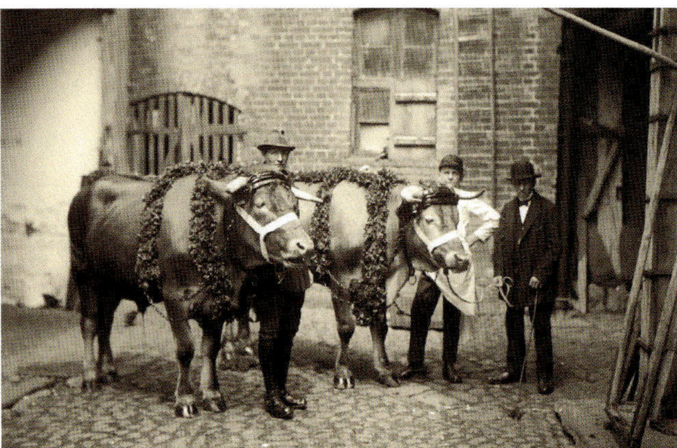

15

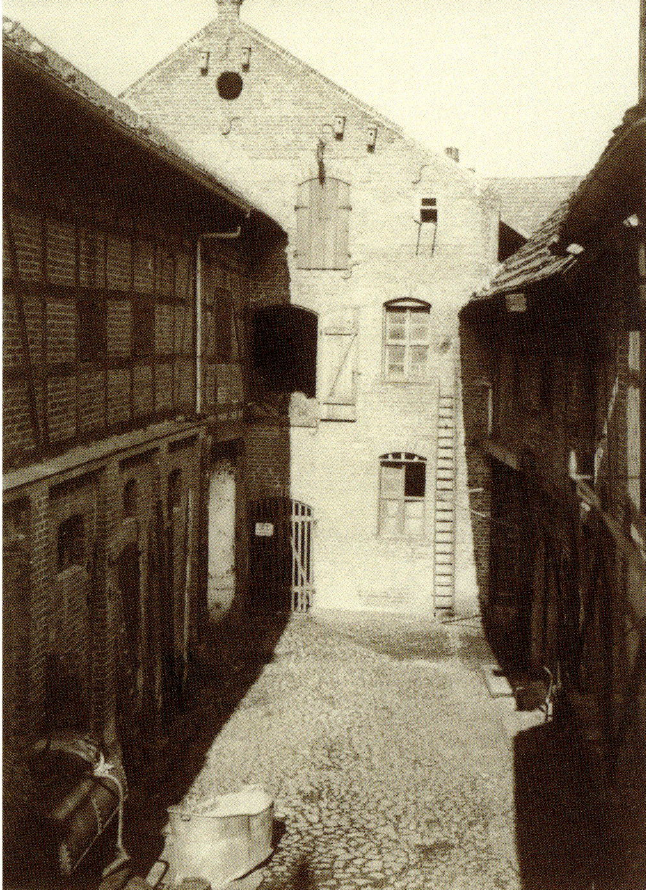

16

14: Lageplan des Wandeschen Grundstückes, 22. Juni 1903
Der Grundrissplan zeigt das Wohn- und Geschäftsgrundstück von Albert Wande auf den Umbauplänen des Wohnhauses im Jahre 1903. Gut zu erkennen sind die Funktionsbereiche von Brennerei, Stallung und Brauerei (grau) und das Wohnhaus mit dem projektierten Aufbau (rosa).

15: Zwei Ochsen im Girlandenschmuck auf dem Innenhof des Wandeschen Grundstücks, 30. Mai 1926
Im Hintergrund ist das Stallgebäude zu erkennen. Hier wurden Rinder gehalten und auch mit nahrhaften Abfällen des Brennereibetriebes versorgt. Die Ochsen wurden wahrscheinlich für einen bevorstehenden Festumzug geschmückt, an dem sie teilnehmen sollten.

16: Innenhof des Wohn- und Geschäftsgrundstückes der Familie Wande an der Altperverstraße in Salzwedel, 20. Jh.
Das Foto zeigt den Wirtschaftsteil des Grundstückes vom Wohnhaus aus. Im Hintergrund sind die Stallanlagen zu sehen. Diese Aufnahme findet sich nicht als Negativ in der Fotosammlung Albert Wande. Der entsprechende Papierabzug gehört jedoch zur Familienüberlieferung.

Der Fotograf

Der Beginn der fotografischen Aktivitäten von Albert Wande lässt sich nur aus den Bildern selbst heraus erschließen. Biografische oder autobiografische Belege dazu fehlen leider. Das erste bekannte Negativ in der Sammlung Albert Wande stammt vom 25. April 1895. Die erste Veröffentlichung eines Bildes in einer Zeitschrift erfolgte im September 1897.

Albert Wande war in seinem fotografischen Schaffen ein ambitionierter Autodidakt. Im Fachterminus der Zeit zählte er zu den „Amateuren". Wobei diese Begrifflichkeit hier noch nicht die spätere, manchmal etwas abwertende Bedeutung wie „amateurhaft" besaß, sondern lediglich zur Unterscheidung von Berufsfotografen und solchen, die das in der Freizeit taten, diente. In seiner Einordnung als Amateur wurde Albert Wande auch im Jahre 1897 in die *„Gesellschaft zur Förderung der Amateur-Photographie, Hamburg."* aufgenommen.[5]

Über die Wertschätzung seiner Arbeiten legen schon einige zeitgenössische Erwähnungen in mehreren Zeitschriften Zeugnis ab. Eine Reihe von Bildern Albert Wandes wurde bereits zu seinen Lebzeiten dort veröffentlicht. Das geschah in den *„Photographischen Mitteilungen"* oder der *„Photographischen Rundschau"*, ebenso im Jahrbuch *„Die Photographische Kunst"*. Auch in der Zeitschrift *„Der Kunstwart und Kulturwart"* oder auch im *„Deutschen Volkstum"* gab es in den Jahren von 1897 bis 1931 mehrere Veröffentlichungen seiner Fotografien.

Bereits im Jahre 1897 erschienen in den *„Photographischen Mitteilungen"*, einer illustrierten *„Zeitschrift für wissenschaftliche und künstlerische Photographie"*, mehrere Fotografien von Albert Wande.[6] Das ist bemerkenswert, da er erst zwei Jahre zuvor, im Jahre 1895, mit dem Fotografieren begonnen hatte. Das erste veröffentlichte Foto im Heft 11 vom September 1897 zeigt ein Dorfmotiv. Dabei handelt es sich um ein kleines Gehöft am Ortseingang von Niephagen (Abb. 20, 96). Die Aufnahme erfolgte am 21. April 1897. In dieser Zeitschriftenausgabe waren insgesamt fünf Abbildungen von Albert Wande enthalten. Außer dem Foto aus Niephagen waren hier zwei reine Landschaftsaufnahmen und zwei Stadtansichten aus Lüchow und Salzwedel abgebildet.

Auch in Heft 13 des gleichen Jahres waren vier Fotografien Albert Wandes zu sehen: *„Aus dem hannoverschen Wendland"*, *„Die Probstei in Salzwedel"*, eine Aufnahme im Bereich des sogenannten Hafens *„Aus Salzwedel"* und eine *„Parklandschaft"*.[7]

Die Photographischen Mitteilungen erschienen von 1864 bis 1911 monatlich mit je zwei Heften. Die Fotografien verschiedener Bildautoren dienten allerdings in erster Linie lediglich zur Auflockerung der Texte, die sich meist mit technischen Themen der Fotografie beschäftigten. Die Abbildungen wurden lose im Text, ohne inhaltlichen Zusammenhang mit diesem, verteilt. Sie waren jedoch zumindest mit Titel und Bildautor beschriftet. Am Ende des Heftes erfolgte dann summarisch in einer kleinen Rubrik *„Unsere Bilder"* eine kurze Würdigung der Fotografen. Das las sich so:

„Im Text geben wir ..., eine Reihe wundervoller landschaftlicher Stimmungsbilder, welche von Herrn A. Wande zu Salzwedel aufgenommen worden sind; die Bildchen aus Salzwedel, Lüchow, sowie Herbststimmung zeugen von einer wirklich künstlerischen Auffassung."[8]

„Im Texte befinden sich vier ganz vortreffliche Landschaftsstudien von Herrn A. Wande, Salzwedel, welcher unseren Lesern ebenfalls aus früheren Illustrationen bekannt ist. Es ist ein erfreuliches Zeichen, dass unsere Amateure jetzt einen Hauptwert auf künstlerische Wirkung der Bilder legen und ihre Zeit nicht lediglich in Ansichtsbildern von Städten etc. verschwenden, welche ja meist im Handel in bester Ausführung käuflich zu erwerben sind."[9]

Auch in der Foto-Fachzeitschrift *„Photographische Rundschau"* erschienen in mehreren Ausgaben (1900, 1910, 1911) Bildbeiträge von Albert Wande (Abb. 18). Hier wurden ebenso die Fotos unabhängig von den Themen der jeweiligen Beiträge zur Auflockerung der Texte beigegeben. Als Besonderheit gab es hier jedoch seitengroße separat gedruckte Bildtafeln, die der jeweiligen Fotografie mehr Aufmerksamkeit und auch technische Wiedergabequalität ermöglichten. Allerdings wurden hier außer der Bezeichnung der Bilder innerhalb des Textes mit dem Fotografennamen auch keine weiteren Erläuterungen gegeben. Lediglich die Bildtafeln erhielten anfangs im Anhang unter der Rubrik „Zu unseren Tafeln" noch den Namen und Herkunftsort der Bildautoren beigefügt. In den Monatsheften des Jahres 1900 sind insgesamt 15 Aufnahmen von Albert Wande als Bilder im laufenden Text und auch als Bildtafeln enthalten.[10]

Erst zehn Jahre später, im Jahre 1910, wurden weitere Fotografien in der Photographischen Rundschau, die jetzt den veränderten Beinamen „*Photographisches Centralblatt*“ trug, veröffentlicht. Hier sind sechs separate Bildtafeln von Albert Wande, hauptsächlich Motive aus der Lüneburger Heide, abgedruckt. Im Gegensatz zu den vorherigen Veröffentlichungen haben die Herausgeber auch eine kleine Rezension der Fotografien unter der Rubrik „*Zu unseren Bildern*“ als Ergänzung beigegeben. Hierbei wurden ausschließlich die Fotografien aus der Heide kommentiert und Wandes enge Beziehung zu dieser Landschaft herausgestellt, wenn auch teilweise kritisch bewertet:

„In den anspruchslosen Landschaftsschilderungen von Wande-Salzwedel, der, wie frühere Jahrgänge in unserer Zeitschrift beweisen, zu den wenigen Amateuren zu zählen ist, die schon vor 15 Jahren mit Erfolg tätig waren, sind Eindrücke, wie man sie auf einer Wanderung durch die Lüneburger Heide erhält, festgehalten. Wande, ein besonders guter Kenner dieser malerischen Gegend, zeigte uns aus ihr eine reiche Kollektion von Aufnahmen, in denen in einfacher Ausführung der Reiz der Landschaft, die ja auch von einzelnen Malern aufgesucht wird, in typischen Ausschnitten recht gut wiedergegeben war. Die einzelnen Bilder der Kollektion zeigten neben der gleichmäßigen und sauberen Technik eine sehr sichere Auffassung.“ [11]

In Heft 13 des Folgejahres 1911 wurde dann ein weiteres, allerdings nur einzelnes Heidebild in der Rundschau abgedruckt. [12]

Neben den Foto-Fachzeitschriften gab es noch zwei weitere Publikationen, in denen, wenn auch nur in sehr wenigen Einzelfällen, Fotografien von Albert Wande veröffentlicht wurden. Dazu gehört die Kulturzeitschrift „*Kunstwart und Kulturwart*“. Der Inhalt der Zeitschrift war spartenübergreifend allen Gattungen der Kunst gewidmet: Literatur, Musik, Theater, bildende und angewandte Kunst. Gesonderte Bildbeilagen ergänzten die Textbeiträge. Die Publikation besaß einen konservativen, patriotischen bzw. auch völkischen Charakter.

In zwei Heften des Jahres 1914 erschienen sieben Fotografien von Albert Wande. Diese dienten als Illustrationen von zwei Aufsätzen. Im Juliheft 1914 ging es dabei um die Standardrubrik „*Was man zerstört und was man aufbaut*“. Hier wurden in der Regel Bausünden, die durch den Abriss historischer Gebäude und nicht zweckgerechte Neubauten zu verzeichnen waren, abgehandelt. Als ein, wenn auch sicher nicht ganz treffendes Beispiel, wurde hier der Umbau der Kirche im altmärkischen Pretzier aufgeführt und mit einem vorhergehenden Foto von Albert Wande versehen (Abb. 99). [13]

Im Augustheft des Kunstwarts erschien dann ein Textbeitrag von Wilhelm Stapel, einem guten Bekannten von Albert Wande, der sich der Lüneburger Heide widmete. Dazu waren nun sechs repräsentative Heide-Bilder Wandes ausgesucht und als einzelne Kunsttafeldrucke der Ausgabe beigefügt. Hier wurde dann kurz der Fotograf erwähnt: *„Dann zeigen wir Heide-Bilder zu dem kleinen Aufsatze in der Rundschau. Sie sind nach geradezu meisterlichen Photographien von Albert Wande in Salzwedel hergestellt, dem die Kunstwartleser schon manches verdanken, den sie aber heute erst als Künstler kennen lernen.“* [14]

Eine weitere Publikation, die in einem Fall Fotografien von Albert Wande als Illustration nutzte, war die Monatszeitschrift „*Deutsches Volkstum*“. [15] Hier veröffentlichte der Herausgeber Wilhelm Stapel einen kleinen Beitrag unter dem Titel: „*Neue Sachlichkeit in der Gotik*“. Stapel führte dabei als Vergleichstücke zu seinem Text vier Fotos von Schnitzfiguren am Hochaltar der Salzwedeler Marienkirche an (Abb. 17). Von diesen Figuren hatte Albert Wande mehrere Detailaufnahmen angefertigt. Die Bilder stammen aus einer Serie von Fotografien, die Wande von Februar bis April 1930 und noch einmal im November 1930 an mehreren Tagen aufgenommen hatte. In seinem Text verwies Stapel auch auf die Möglichkeiten der Reproduktionsfotografie für die ikonographische Interpretation von Kunstwerken und gleichfalls auch auf den Fotografen Albert Wande:

„Es kommt darauf an, dass man es sieht. Dabei hilft uns die Photographie auf das beste. ... Unsere Bilder sind aus den sehr sorgfältigen Aufnahmen gewählt, die Albert Wande von dem Salzwedeler Hochaltar gemacht hat. Erst diese Einzelaufnahmen, die zur Betrachtung des Einzelnen in der überreichen Fülle des Ganzen zwingen, machen uns aufmerksam auf den Geist, der diese Werke geschaffen hat.“

Ein Beleg für die Anerkennung seines fotografischen Schaffens als Amateurfotograf waren u. a. zwei Auftragsarbeiten, die die Stadtverwaltung Salzwedel an Albert Wande vergeben hatte. Das war einmal die qualitätvolle Dokumentation der fertig gestellten Ehrenhalle für die Gefallenen des Ersten Weltkrieges im Salzwedeler Burggarten im Jahre 1923. [16] Die Glasnegative sind im Nachlass Albert Wande im Danneil-Museum noch heute vorhanden.

Bei der zweiten bekannten Verwendung Wandescher Fotos entstand im Jahre 1924 eine Geschenkkassette mit 44 auf

Karton aufgezogenen Fotos von Salzwedel zum 70. Geburtstag von Bürgermeister i. R. Dr. Kersten. Hierbei wurde allerdings nur auf das Archiv von Albert Wande zurückgegriffen. Es entstanden wohl keine neuen Aufnahmen zu diesem Anlass. Die Fotos zeigen romantische Motive aus dem historischen Kern der Stadt bzw. auch einige idyllische Situationen an der Stadtperipherie.

Fotografien von Albert Wande aus dem Stadtgebiet von Salzwedel dienten auch als Vorlage für Bildpostkarten bzw. Ansichtskarten. Der Salzwedeler Verlag Gustav Klingenstein gab Anfang des 20. Jahrhunderts mindestens zwei Bildserien und mehrere Einzelkarten heraus, die auf fotografischen Vorarbeiten von Albert Wande beruhten. Die Fotografien für diese Karten entstanden in den Jahren 1898 bis 1902. Bei den bislang bekannten Bildmotiven handelt es sich hauptsächlich um romantische Situationen am Wasser, weniger um reine Stadtansichten. Der Fotograf Albert Wande ist auf den Karten zwar nicht ausdrücklich als Bildautor genannt, ein genauer Motivabgleich von vorliegenden Fotos der Sammlung Wande und den veröffentlichten Bildpostkarten ermöglicht jedoch die eindeutige Zuordnung. Hinzu kommt der Umstand, dass mehrere dieser Postkarten eine zwar unscheinbare aber doch klare Signatur unter Verwendung der Anfangsinitialen „A“ und „W“ für „Albert Wande“ tragen. In einer Variante sind die Buchstaben klar genau so definiert: „A. W.“ (Abb. 30, 31). In einer zweiten Variante gibt es ein integriertes Buchstabenlogo, das auch die beiden Buchstaben verwendet (Abb. 32, 33).

Eine Serie mit dem Reihentitel „An der Jeetze“ enthält fünf durchnummerierte Bildmotive, die den Verlauf der Stammjeetze im Stadtzentrum zeigen (1.-5.). Eine zweite, ebenfalls mit fünf Bildern gekennzeichnete Bildserie zeigt Aufnahmen vom Pfefferteich nahe der Propstei (I.-V.).

Möglicherweise arbeitete der Verlag oder der Fotograf gelegentlich auch mit Fotomontagen bzw. Retuschen. Bei zwei Bildpostkarten findet man Enten im Bild, die auf den recherchierten ursprünglichen Aufnahmen von Albert Wande nicht vorhanden sind und eventuell wegen des beabsichtigten Gesamteindruckes später fotomechanisch hinzugefügt worden waren. Weitere drei bekannte Kartenmotive mit Vorlagen von Albert Wande erschienen offensichtlich als Einzelkarte, geben aber auch malerische Situationen am Wasser wieder.

Ein Indiz für die künstlerische Relevanz des fotografischen Schaffens von Albert Wande ist die Aufnahme von acht fotografischen Arbeiten in die Sammlung des Dresdener Kupferstichkabinettes. Im Jahre 1900 erhielt die renommierte Einrichtung auf Bitten des damaligen Direktors Max Lehrs (1855-1938) diese Fotografien als ausgewählte Papierabzüge von Albert Wande geschenkt. Dabei handelt es sich fast ausschließlich um reine Landschaftsaufnahmen aus den Jahren 1899 und 1900. Diese Abzüge sind in Dresden noch heute zu finden, die Originalnegative dazu in der Sammlung Albert Wande in Salzwedel noch vorhanden (Abb. 22-29). Der dazugehörige Schriftverkehr zwischen Albert Wande und dem Direktor des Kupferstichkabinettes ist im dortigen Archiv ebenso erhalten geblieben (Abb. 21).[17] Dieser besondere Umstand veranlasste im Jahre 2008 die Autorin Stefanie Hoch, sich mit diesen Fotografien bzw. dem Erwerbungsprozess zu beschäftigen.[18] Ein Beleg dafür, wie unbekannt Albert Wande letztlich doch war, zeigt ein äußerst unglücklicher Schreibfehler bei seinem Vornamen. Hier wurde er im Aufsatztitel und im Textverlauf des Beitrages fälschlicherweise als *Alfred* und nicht *Albert* Wande bezeichnet.

Die Fotos von Albert Wande in Dresden gehören zu den ersten Fotokonvoluten und somit zum Gründungsbestand der gerade seit 1899 im Bestehen begriffenen Abteilung für künstlerische Fotografie des Dresdener Kupferstichkabinettes. Die Fotografie wurde in dieser Zeit zunehmend als moderne Kunstgattung anerkannt und in öffentliche Sammlungen übernommen. Der Direktor des Kupferstichkabinetts Max Lehrs hatte sich hierbei mit seiner modernen Sammlungsstrategie äußerst verdient gemacht.

Max Lehrs wandte sich im März 1900 in einem Brief an Albert Wande und bat diesen, der im Aufbau befindlichen Sammlung einige Fotos als Schenkung zukommen zu lassen und schrieb dazu:

„Bei Durchsicht des letzten Heftes der Photogr.-Rundschau fallen mir Ihre ausgezeichneten Amateur-Photographien auf, die einen so feinen, künstlerischen Sinn für das Bildmäßige und Malerische bekunden, daß ich lebhaft wünschte, Sie in unserer kleinen, aber gewählten Sammlung vertreten zu wissen.“

Hier bezog er sich offensichtlich auf das Märzheft 1900 der monatlich erscheinenden Fachzeitschrift der „Photographischen Rundschau“. Dort waren acht Fotografien von Albert Wande, darunter eine Kunstdrucktafel, veröffentlicht. Schon nach wenigen Tagen ging Albert Wande hocherfreut auf diese Bitten ein und schrieb an Lehrs:

„Für Ihre freundliche Beurteilung meiner photographischen Versuche spreche ich Ihnen meinen verbindlichsten Dank aus. Dieselbe ist mir um so wertvoller, als ich hier in der Kleinstadt kaum Gelegenheit habe, wirklich sachverständiger, fachmännischer Kritik zu begegnen. Es wird für mich eine große Ehre sein, in Ihrer Sammlung Aufnahme zu finden, und ich bin gern bereit, Ihnen eine Anzahl meiner Bilder zur freundlichen Auswahl der Ihnen geeignet Scheinenden zu unterbreiten.“

Allerdings dauerte es dann noch mehrere Monate, bis das Vorhaben umgesetzt wurde. Im September 1900 schickte Wande 28 Probeabzüge nach Berlin, aus denen sich Lehrs dann acht gewünschte Bildmotive auswählen sollte. Einen Monat später, am 25. Oktober 1900, hatte Wande die von Lehrs gewünschten und ausgewählten Abzüge fertig und schickte ihm diese zu. Zusätzlich fügte Albert Wande seiner Sendung noch weitere acht Bilder als Schenkung bei. Diese fanden aber wohl keinen Eingang in die Sammlung des Kupferstichkabinettes. Lehrs äußerte sich dazu:

„Ich würde sie unserer Sammlung mit einverleibt haben, möchte aber nicht gern eine gewisse Gleichmäßigkeit in der Vertretung der einzelnen Amateure preisgeben, die ich bisher aufrecht zu erhalten bestrebt war.“

An gleicher Stelle formulierte er die Bitte, die zusätzlichen Bilder privat behalten zu dürfen, was dann wahrscheinlich auch erfolgte. In den Briefen von Albert Wande an Max Lehrs wurde auch die Sorgfalt und Akribie deutlich, die der Fotograf seinen Arbeiten entgegenbrachte. Für die Abzüge seiner Fotos probierte er offensichtlich unterschiedliche Foto-Papiere aus, die dem Charakter seiner Aufnahmen entsprachen. Das wurde in seiner Entschuldigung deutlich, die er gegenüber Lehrs für die wohl späte Lieferung der Fotografien vorbrachte:

„Ein besonderes Missgeschick entschuldete dies, denn das von mir zuerst in Aussicht genommene Kopierpapier mußte ich nach vielen mühevollen Versuchen endlich aufgeben, da sich nicht jedes Negativ für dasselbe eignet, wie ich am letzten Montag in Hamburg beim Besuch der Vereins-Ausstellung erfuhr.“

Letztendlich kamen also acht Aufnahmen in die Sammlung des Kupferstichkabinetts. Vier davon gehörten zu den Motiven, die Max Lehrs in der Märzausgabe der Photographischen Rundschau entdeckte und ihn zur Kontaktaufnahme mit Albert Wande bewogen hatten.

Sechs der Aufnahmen zeigen Wege, Felder bzw. Situationen am Wasser aus der Altmark (bei Arendsee, Osterwohle, Böddenstedt und Salzwedel). Zwei Fotografien entstanden bei einem Aufenthalt an der Ostsee im Jahre 1899 (bei Klein Timmendorf und Niendorf). Lediglich das Foto aus Klein Timmendorf zeigt neben dem Hauptmotiv, ein Bachlauf mit Kühen, auch noch ein einzelnes Gehöft in der Landschaft.

Alle in Dresden vorhandenen Papierabzüge geben nicht das volle Negativformat wieder, sondern stellen recht eigenwillige Ausschnitte aus der ursprünglichen Aufnahme dar. Sie sind teilweise auf ein fast quadratisches Format reduziert bzw. auch auf ein extremes Breitformat beschnitten. Wahrscheinlich sollte damit die grafische Wirkung bzw. Bildaussage unterstrichen werden. Durch die Wahl des Bildausschnittes wurde offensichtlich zusätzlich der Charakter eines künstlerischen Unikates betont. Die Titelwahl bei der Bezeichnung der Arbeiten im Kupferstichkabinett weicht von den in der Sammlung Wande vorhandenen Beschriftungen ab. Die lokale Komponente des Titels spielte dabei keine Rolle. Hier tauchen nur die allgemeinen Landschaftssujets auf. So wurde aus *„Bei der Pervermühle“* unter Weglassung des Ortes *„Zugefrorener Fluss“*, aus *„Am Teufelsbeek südl. bei Osterwohle“* nur *„Bach“* oder aus *„An der Dumme bei der Böddenstedter Mühle“* eine *„Flußlandschaft“*.

Bei der Inventarisierung im Kupferstichkabinett sind offensichtlich die genauen Datierungen nicht vermerkt worden. Die Fotografien werden dort nur mit „um 1899“ angegeben. In der Dokumentation der „Sammlung Albert Wande“ sind durchaus die taggenauen Angaben zum Aufnahmezeitpunkt zu recherchieren. Tatsächlich wurden vier der Aufnahmen im Jahr 1889 und weitere vier erst zwischen Januar und Juni 1900 von Albert Wande aufgenommen.

Öffentliche Ausstellungen der Arbeiten von Albert Wande fanden wohl zu seinen Lebzeiten kaum statt. Allerdings gab es eine Präsentation mehrerer Fotografien bereits wenige Jahre nach dem Beginn seiner Fotoleidenschaft im Zusammenhang mit der Übernahme seiner Fotografien durch das Dresdener Kupferstichkabinett. Im November 1900 wollte Max Lehrs die gerade erst neu erworbenen Fotografien ausstellen. Er äußerte sich konkret zu Wandes Bildern, als er in einem Beitrag im „Dresdener Anzeiger“ vom 21. November 1900 auf populäre Weise dem Dresdener Publikum die Neuzugänge vorstellte. Er begrüßte bei den Fotografien von Albert Wande die *„geschmackvolle Wahl des Standpunktes“* und die *„Klarheit der Luft bis zum fernsten Hintergrunde“.*[19]

Neben dieser ersten Gruppenausstellung gab es noch zu seinen Lebzeiten zumindest eine Einzelausstellung mit Arbeiten Albert Wandes, wenn auch nur im kleinen lokalen Rahmen. Darüber berichtete das Salzwedeler Wochenblatt im Jahre 1923.[20] Im Oktober 1923 war im Salzwedeler Gymnasium eine Ausstellung mit Fotografien aus der Lüneburger Heide zu sehen. Diese Präsentation fand vom 16. bis zum 21. Oktober 1923 im Zeichensaal des Gymnasiums statt. Der Rezensent betrachtete die Ausstellung als eine Krönung der bisherigen bildkünstlerischen Arbeit des Fotografen, deren Resultate bis dahin wohl sonst nur im engeren familiären bzw. Bekanntenkreise zu sehen waren:

„…hat Herr Wande der Heide manch unbewußtes Geheimnis stillverborgener Schönheit der stimmungsvollen Landschaft, der birken- oder buchenbestandenen wechselvollen Flächen, der malerischen Wacholder- oder Eichengruppen, der Heidschnuckenherden und so mancher stiller, aber um so charakteristischer bäuerlicher Gehöfte abgelauscht…“

Die Ausstellung in Salzwedel kam wohl durch den Einsatz des Leiters des deutschen Kunstverlages zustande. Dieser hatte das Schaffen des Freizeitfotografen entdeckt und Kontakte zur Staatlichen Bildstelle (Messbildstelle) hergestellt. Hier wurden dann die qualitätsvollen Abzüge hergestellt. Es bestand wohl ursprünglich der Plan, zuerst eine Ausstellung in Berlin zu organisieren. Letztlich fiel die Entscheidung zugunsten Salzwedels. Ob es danach tatsächlich noch eine weitere Präsentation in Berlin gab, ist nicht bekannt. Der Rezensent schwärmte über die Qualität der Abzüge: *„den warmen, weichen und stimmungsvollen Ton der Aufnahmen beeinträchtigen nicht die ganz wundervoll durchgeführten Vergrößerungen …“*

Ein Stückchen Zeitkolorit schwingt in der abschließenden Bemerkung des Zeitungsartikels zu den Eintrittspreisen mit: *„Der sehr geringe Eintritt von 3 Millionen, für Schüler 1 Million, ist wirklich für niemand eine Belastung.“* Hier spiegelt sich die Inflationszeit wider.

Hinsichtlich der Wertschätzung des Schaffens von Albert Wande durch die Salzwedeler Zeitgenossen gab eine Überlegung von Paul Pflanz Auskunft. Dieser formulierte im Nachruf die Anregung, den fotografischen Nachlass von Albert Wande als Grundstock zu nutzen, um ein „altmärkisches Lichtbildarchiv“ aufzubauen und damit eine wichtige Bildquellensammlung für die Region zu schaffen.[21] Leider ist es offensichtlich bei der Idee geblieben, sie wurde nicht in die Tat umgesetzt.

In den folgenden Jahrzehnten war das fotografische Vermächtnis von Albert Wande in der Öffentlichkeit wenig präsent. Bis 2022 gab es keinen Wikipedia-Eintrag zu Albert Wande. Ein ehemals vorhandener Eintrag im Sonderportal FotografenWiki war später nicht mehr zugänglich. Hier stand auch nur vermerkt: *„Zu Beginn des 20. Jh. im Kreis der Kunstphotographie-Bewegung in Salzwedel tätig. Mitglied der Hamburger Gesellschaft zur Förderung der Amateur-Photographie.“*[22]

Es gab bislang nur einen expliziten Fach-Beitrag aus dem Jahre 2008, der sich mit dem Schaffen von Albert Wande auseinandersetzte. Die Autorin Stefanie Hoch widmete sich in einem Artikel in den Dresdener Kunstblättern der Schenkung von acht Fotografien, die Albert Wande im Jahre 1900 dem Dresdener Kupferstichkabinett übereignete. Im Jahre 2010 veröffentlichten dann die Staatlichen Kunstsammlungen Dresden einen Katalog ihres Fotografiebestandes aus den Jahren von 1839 bis 1945.[23] Der Katalog vereinte 3.800 Objekte von 280 Bildautoren. Hier sind auch die Arbeiten von Albert Wande aufgeführt und abgedruckt. Biografisch wurde dabei allerdings auch hier kaum auf den Fotografen eingegangen. Im Fotografenverzeichnis wird lediglich darauf verwiesen, dass Wande um 1900 als Amateurfotograf in Salzwedel tätig, Mitglied der Gesellschaft zur Förderung der Amateur-Photographie in Hamburg war und einen Preis bekommen hätte: *„1903/1904 gewann er einen Preis im Goerz-Preisausschreiben in der Gruppe Künstlerische Aufnahmen.“*

Auch im Piktoralismus-Portal der Kunstbibliothek Berlin war Albert Wande, wenn auch nur mit zwei Arbeiten, vertreten. Hier entstand 2013/2014 eine Datenbank, in der neben den tatsächlich in der Berliner Sammlung der Kunstbibliothek vorhandenen Original-Fotografien auch solche in zeitgenössischen Ausstellungen und Publikationen der Entstehungszeit erfasst wurden.[24]

Mit der Übernahme der Sammlung Albert Wande in das Danneil-Museum im Jahre 2010 setzte dann eine intensivere Auseinandersetzung mit seinem Werk ein. In der ersten Phase wurde dazu der gesamte Negativbestand inventarisiert und digitalisiert. Ein erstes Ergebnis der Beschäftigung mit der Sammlung war dann eine kleine Kabinettausstellung im Museum im Jahre 2014.[25] Mit deren weiterer Erschließung war auch die repräsentative Ausstellung im Salzwedeler Danneil-Museum im Jahre 2022/ 2023 möglich.[26] Unter dem Titel „Altmark, Wendland, Heide" geriet das Schaffen von Albert Wande auch überregional in den Blickpunkt der Öffentlichkeit. Die Ausstellung selbst war in den beiden Sonderausstellungsräumen des Danneil-Museums zu sehen.

Für die Präsentation wurde eine Auswahl qualitätsvoller und archivfester Digital-Ausdrucke hergestellt, die gleichzeitig für die Langzeitarchivierung vorgesehen sind. Als besondere Kostbarkeiten waren zusätzlich noch erhaltene zeitgenössische Originalabzüge aus der Lebenszeit des begabten Fotografen zu sehen.

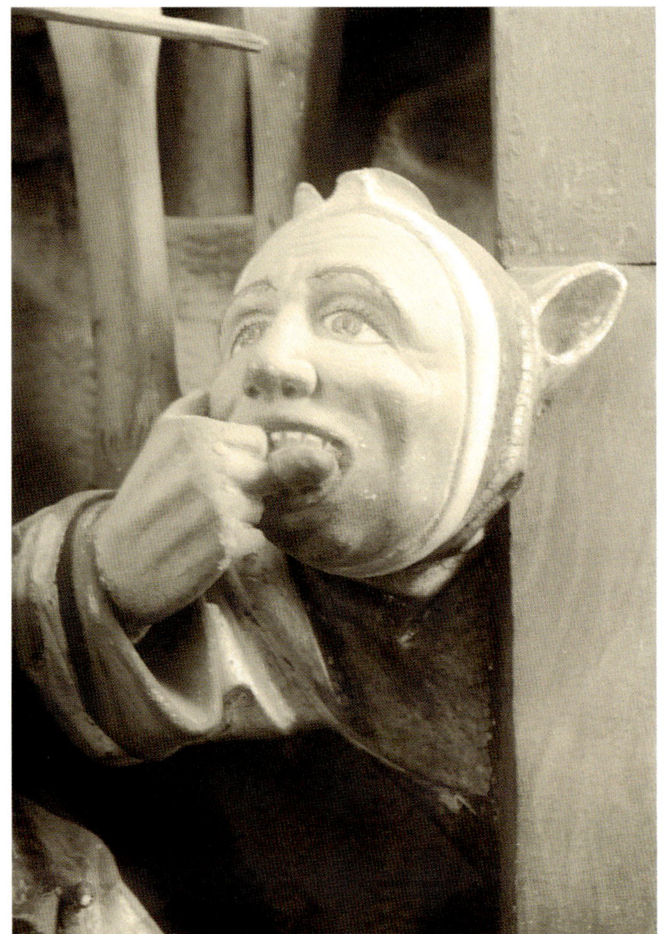

17: Narrendarstellung von der Mitteltafel des Hochaltars der Marienkirche Salzwedel, 25. November 1930
Albert Wande fertigte eine Reihe von Detail-Aufnahmen aus der Marienkirche an. Einige der Aufnahmen verwendete Wilhelm Stapel für Publikationen. Der Narrenkopf diente 1931 zur Illustration seines Artikels „Neue Sachlichkeit in der Gotik" in der Zeitschrift Deutsches Volkstum.

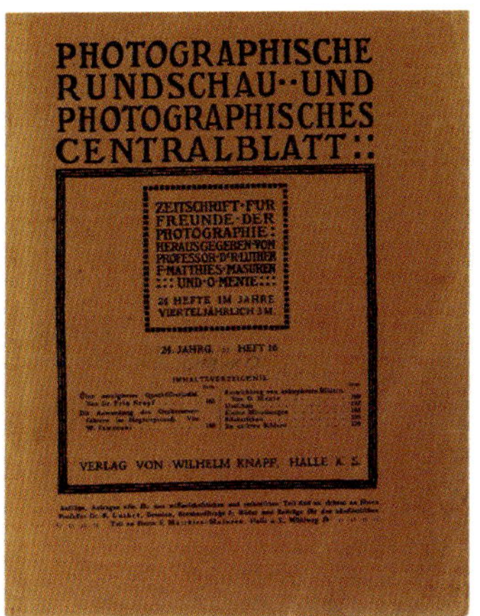

PHOTOGRAPHISCHE RUNDSCHAU UND PHOTOGRAPHISCHES CENTRALBLATT ::

ZEITSCHRIFT FÜR FREUNDE DER PHOTOGRAPHIE: HERAUSGEGEBEN VON PROFESSOR DR. R. LUTHER F. MATTHIES-MASUREN UND O. MENTE

24 HEFTE IM JAHRE VIERTELJÄHRLICH 3 M.

24. JAHRG. HEFT 16

VERLAG VON WILHELM KNAPP, HALLE A. S.

18

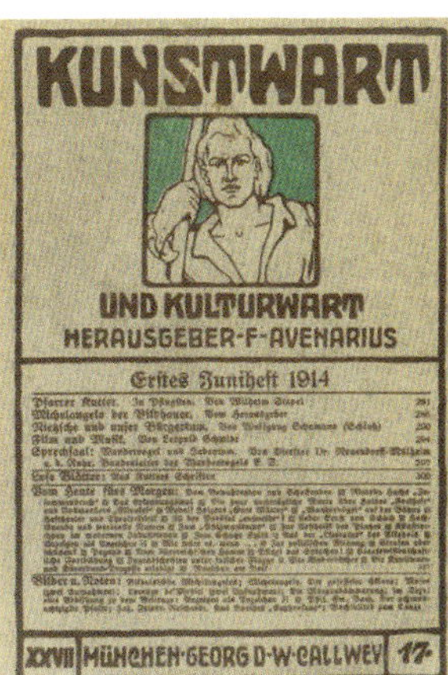

KUNSTWART

UND KULTURWART

HERAUSGEBER F. AVENARIUS

Erstes Juniheft 1914

XXVII MÜNCHEN GEORG D. W. CALLWEY 17

19

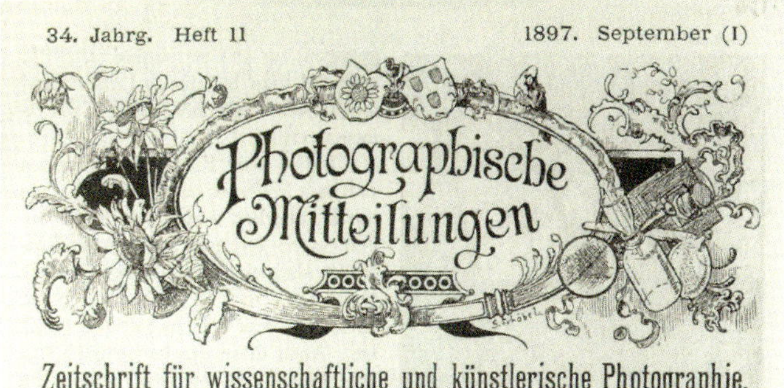

34. Jahrg. Heft 11 1897. September (I)

Photographische Mitteilungen

Zeitschrift für wissenschaftliche und künstlerische Photographie.

Unter Mitwirkung von **Prof. Dr. H. W. Vogel**, Inhaber der goldenen Medaille der Wiener photographischen Gesellschaft für hervorragende wissenschaftliche und praktische Leistungen im Gebiete der Photographie, Vorsteher des photochemischen Laboratoriums der Kgl. Technischen Hochschule, Berlin-Charlottenburg, herausgegeben von

Dr. E. Vogel in Berlin.

Zeitschrift des Vereins zur Förderung der Photographie in Berlin, des Photographischen Vereins in Posen, der Photographischen Gesellschaft in Kiel, des Klubs der Amateur-Photographen in Lemberg.

Jährlich erscheinen 24, vierteljährlich 6 Hefte. Abonnementspreis pro Vierteljahr M 3.— bei allen Buchhandlungen und Postämtern.

Über die Aufnahme von Architekturbildern.

Die Photographieen der hervorragenden öffentlichen und privaten Bauten der einzelnen Städte von allgemeinerem Interesse sind wohl fast sämtlich und zwar in den verschiedensten Formaten und im grossen Ganzen auch in recht guter Ausführung im Handel käuflich zu haben. Der Kostenpreis der Kopieen ist in den einzelnen Ländern ein sehr verschiedener; am wohlfeilsten sind die Ansichtsbilder ohne Zweifel in Italien und Frankreich. So zahlt man z. B. in den renommierten Photographieen-Handlungen Venedigs für eine vorzügliche Albuminkopie in Grösse 24 × 36 *cm* (unauf-

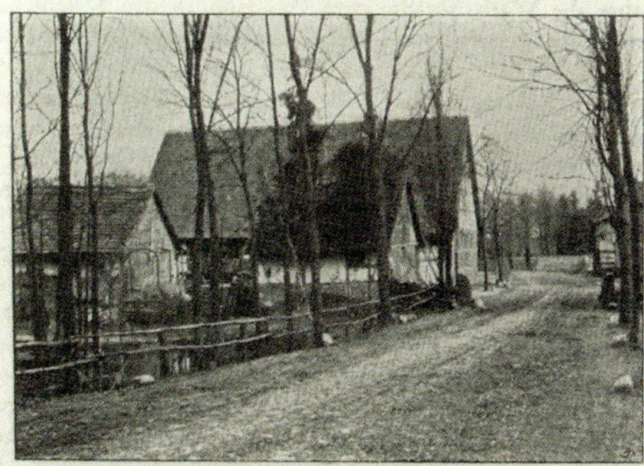

Dorfmotiv. *A. Wande phot.*

20

18: Fachzeitschrift „Photographische Rundschau“ mit Bildbeiträgen von Albert Wande, 1910

In der Foto-Fachzeitschrift „Photographische Rundschau und photographisches Centralblatt“ erschienen in mehreren Ausgaben (1900, 1910, 1911) Bildbeiträge von Albert Wande. Dazu wurden in der Regel nur sehr kurze Erwähnungen bzw. Rezensionen der Bilder vorgenommen.

19: Zeitschrift Kunstwart und Kulturwart, 1914

In der Zeitschrift „Kunstwart und Kulturwart“ erschienen 1914 mehrere Bildbeiträge von Albert Wande. Der Inhalt der Zeitschrift war spartenübergreifend allen Gattungen der Kunst gewidmet. Gesonderte Bildbeilagen ergänzten die Textbeiträge.

20: Titelseite eines Beitrages in den Photographischen Mitteilungen von September 1897

In dem Artikel werden allgemein Grundsätze bei der Aufnahme von Architektur behandelt. Mehrere Aufnahmen von Albert Wande, darunter hier die eines Gehöftes in Niephagen sind dem Artikel beigegeben.

166

[illegible], d. 13. März 1900.

Eing. 16/3 1900 zu No 73 K.C.

Hochgeehrter Herr Professor!

Für Ihre freundliche Beurteilung meiner photographischen Versuche spreche ich Ihnen meinen verbindlichsten Dank aus. Dieselbe ist mir um so wertvoller, als ich hier in der Kleinstadt keine Gelegenheit habe, wirklich sachverständiger, fachmännischer Kritik zu begegnen. Es wird für mich eine große Ehre sein, in Ihrer Sammlung Aufnahme zu finden, und ich bin gern bereit, Ihnen eine Anzahl meiner Bilder zur freundlichen

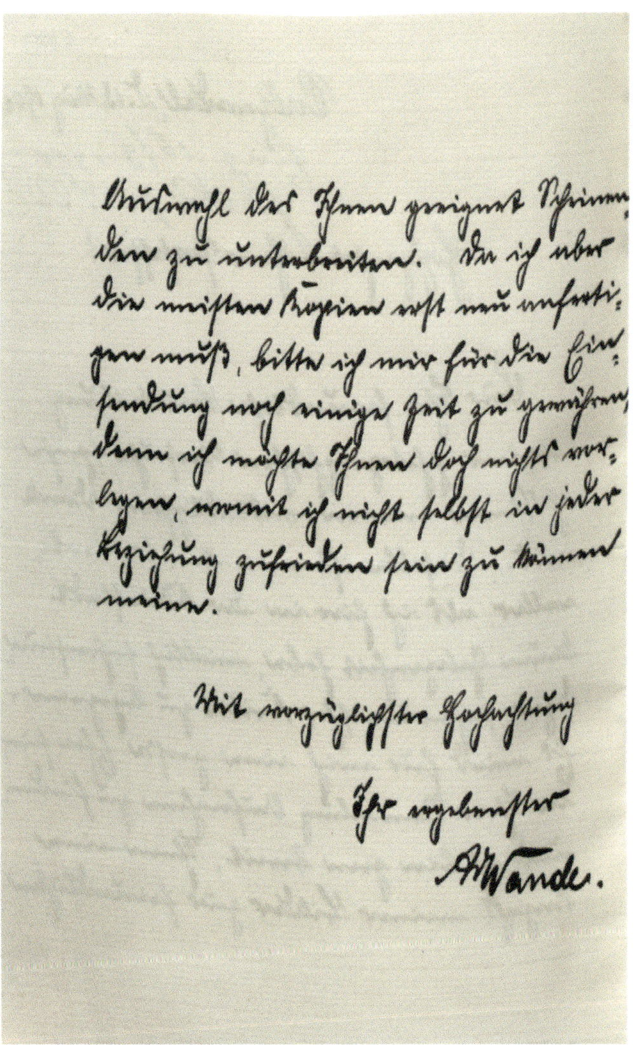

Auswahl der Ihnen geeignet Scheinenden zu unterbreiten. Da ich aber die meisten Kopien erst neu anfertigen muß, bitte ich mir für die Einsendung noch einige Zeit zu gewähren, denn ich möchte Ihnen doch nichts vorlegen, womit ich nicht selbst in jeder Beziehung zufrieden sein zu können meine.

Mit vorzüglichster Hochachtung

Ihr ergebenster

A. Wande.

21: Brief von Albert Wande an Max Lehrs, Direktor des Kupferstichkabinettes in Dresden, 13. März 1900

Archiv Staatliche Kunstsammlungen Dresden, SKD 01-KK 4 Bd. 5

Im Archiv des traditionsreichen Kupferstichkabinettes der Staatlichen Kunstsammlungen Dresden befindet sich der Schriftverkehr, den Albert Wande mit dem damaligen Leiter des Kupferstichkabinetts, Max Lehrs (1855-1938), im Jahre 1900 führte.

In den Briefen ging es um die Aufnahme von Fotografien in die gerade im Aufbau befindliche Fotografie-Sammlung. Albert Wande hat acht seiner Bilder dem Kupferstichkabinett als Schenkung überlassen. Diese befinden sich noch heute im Dresdener Sammlungsbestand.

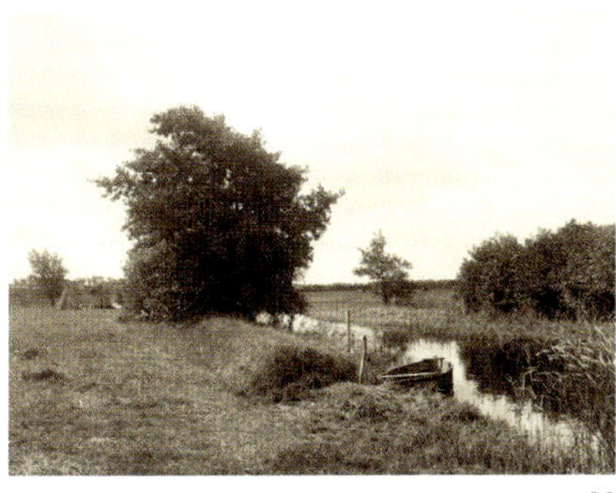

22

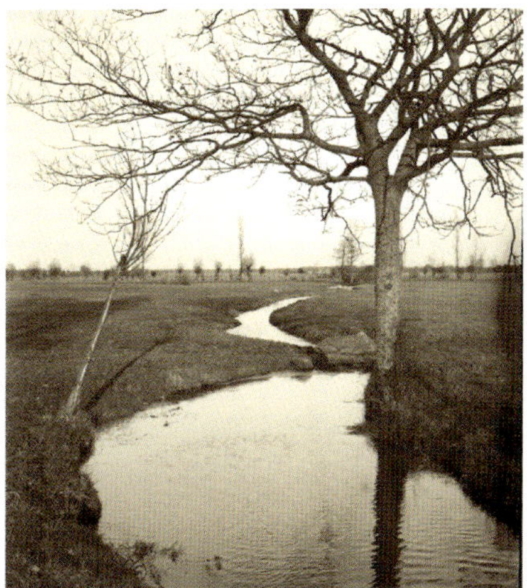

25

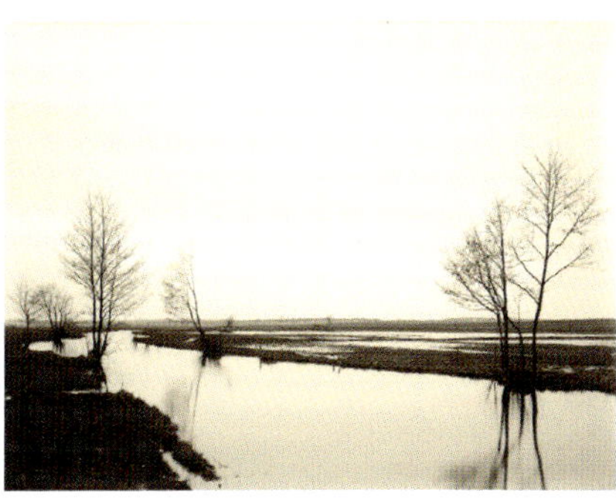

27

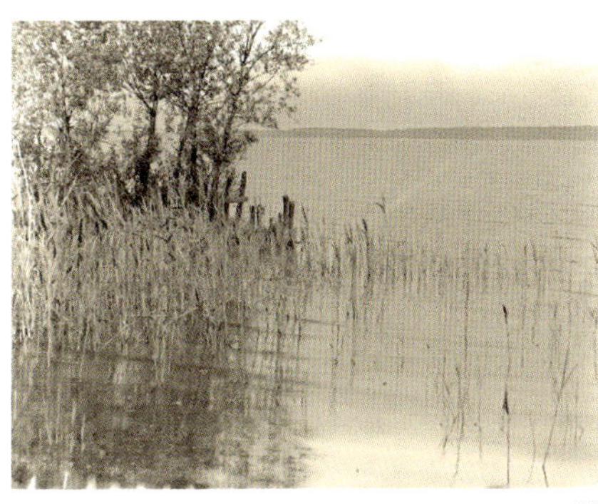

23

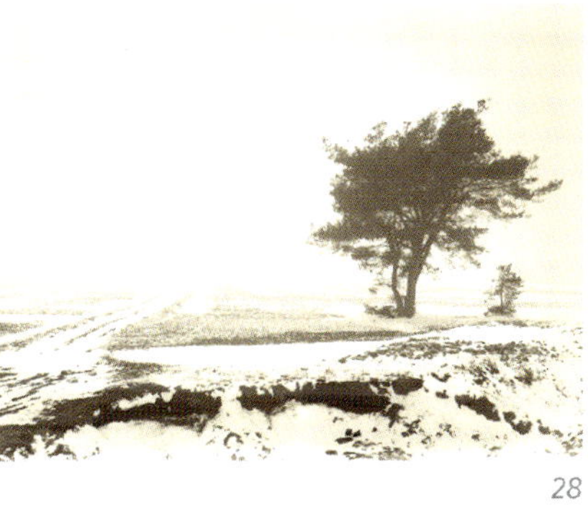

28

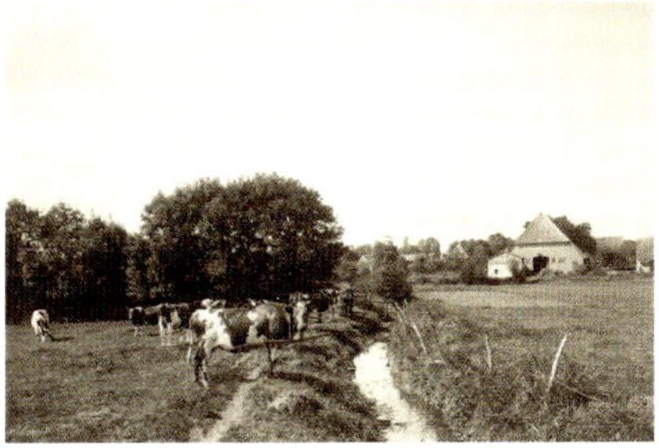

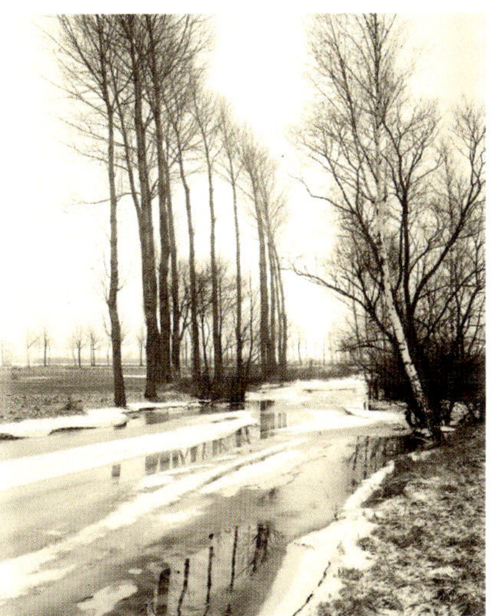

26

24

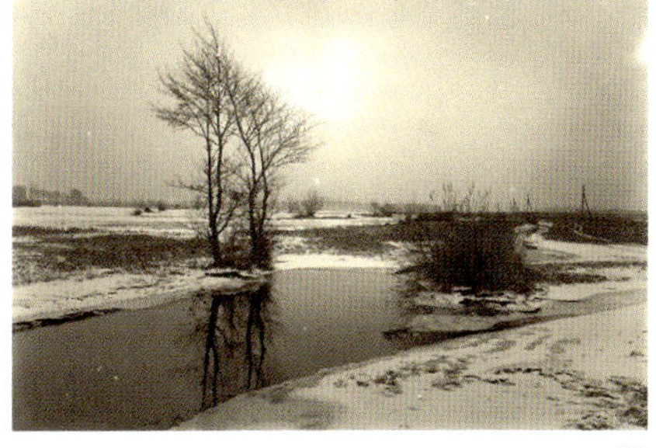

29

22: **Bachlauf mit Boot auf einer Weide bei Niendorf (Ostsee), 3. September 1899**

23: **Blick über den Arendsee mit Weide und Schilf am Uferbereich, 3. Juni 1900**

24: **Weide mit Kühen an einem Bach bei Klein Timmendorf (Ostsee), 3. September 1899**

25: **Bachlauf Teufelsbeek mit zwei Bäumen in der Nähe von Osterwohle, 5. November 1899**

26: **Tauende Eisfläche bei der Pervermühle in Salzwedel, 8. Januar 1900**

27: **Blick über die Dumme bei Böddenstedt mit Baumspiegelungen, 4. Januar 1899**

28: **Einzelne Kiefer in nebeliger Winterlandschaft bei Böddenstedt, 4. Februar 1900**

29: **Wasserflächen in der Nähe der Pervermühle, 8. Januar 1900**

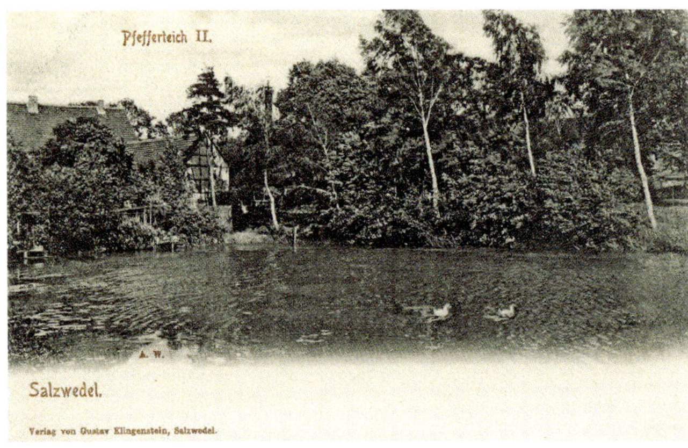

30

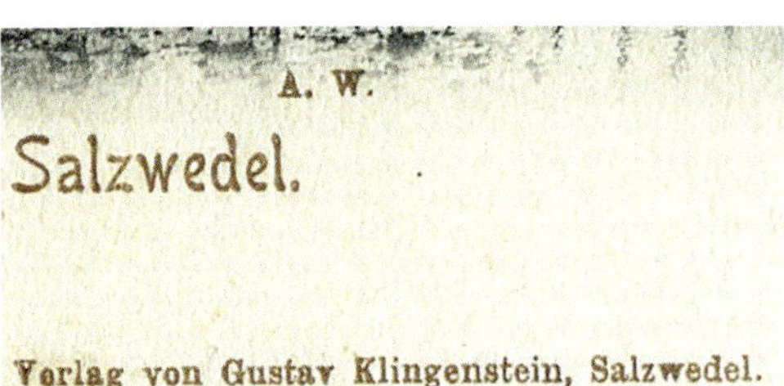

31

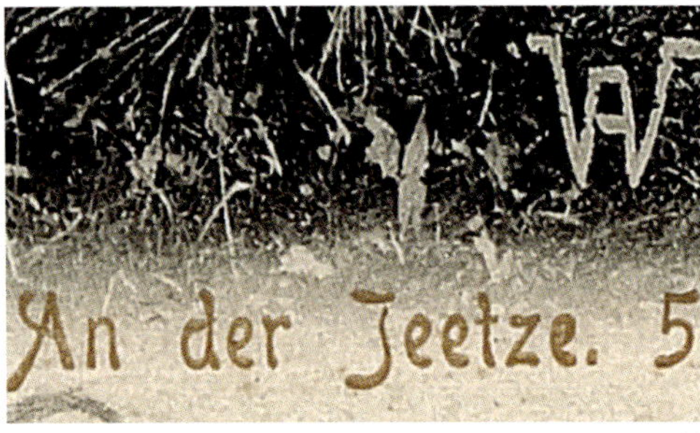

32

33

30: Bildpostkarte vom Pfefferteich in Salzwedel nach einer Aufnahme von Albert Wande, nach 1900
Die Bildpostkarte „Pfefferteich II." gehört zu einer Serie von Karten mit Impressionen des Gewässers. Links im unteren Bildfeld ist die Signatur „A.W." für den Bildautoren Albert Wande eingearbeitet. Die Enten im Bildvordergrund sind eine Montage und auf der ursprünglichen Fotografie nicht enthalten.

31: Signatur „A. W." für Albert Wande auf einer Postkarte des Verlages Gustav Klingenstein, um 1901

32: Buchstabenlogo „AW" für Albert Wande auf einer Postkarte des Verlages Gustav Klingenstein, um 1901

33: Bildpostkarte aus der Serie „An der Jeetze" nach einer Aufnahme von Albert Wande, um 1901
Hier ist der sogenannte Tiburtiusgraben mit Blick in Richtung Propstei zu sehen. Rechts unten im Bild wurde das Buchstabenlogo „AW" für Albert Wande abgedruckt.

Die Wanderungen

Der Untertitel dieser Publikation lautet *„Fotografische Wanderungen"*. Das bezieht sich einmal darauf, dass die Landschaft den Hauptgegenstand des fotografischen Interesses von Albert Wande bildete und die Begegnung mit und Bewegung in der Landschaft ihm offensichtlich ein inneres Bedürfnis war. Andererseits ging es dabei auch um das Naturerleben an sich. Auch zur Festlegung eines Standpunktes für die Kamera musste sich der Fotograf seinen konkreten Standort erlaufen. In den Fotografien selbst tauchen auch immer wieder Spaziergänger oder Wanderer auf. Diese sind dabei manchmal das Hauptmotiv. Gelegentlich gibt es jedoch auch einsame Fußgänger oder Wanderer, die die Bildaussage einer Landschaftsfotografie nur als Staffagefiguren unterstützen sollten.

Landschaftsdarstellungen und Naturabbildungen waren wichtige Themen für die fotografische Freizeitbetätigung von Albert Wande. Dazu trugen wohl auch die entschleunigte Arbeitsweise und eine fußläufige Aneignung seiner Motive bei. Über seine Einstellung zum Wandern direkt sind keine Eigenäußerungen bekannt. Anhand seiner bevorzugten Motivwahl mit malerischen Impressionen aus Altmark, Wendland und Lüneburger Heide lässt sich das jedoch vermuten. Ebenso lässt sein Freundes- und Bekanntenkreis darauf schließen. Im städtischen Umfeld gehörten dazu besonders der Gymnasialprofessor Karl Gaedcke und der Apotheker Konrad Zechlin. Beide waren äußerst aktiv in der Heimat- und Geschichtsforschung zur Altmark tätig. Im Nachlass von Karl Gaedcke befinden sich tatsächlich auch als solche bezeichnete „Wandertagebücher", die von dessen Unternehmungen und Recherchen innerhalb der Altmark und des Wendlandes berichten.[27] Leider ist Gleiches von Albert Wandes Hand nicht überliefert.

Über die innige Verbindung Albert Wandes mit Landschaft und Natur jedoch gibt auch ein Zitat aus dem Gästebuch des Hauses Wande Auskunft, in dem ein Gast Lobendes über den Fotografen äußert:

„Salzwedel, du Eingangstor zur Lüneburger Heide, du birgst in deinen Mauern einen Mann, der noch Sinn hat für die verschwiegenen Schönheiten der Natur, dem ich aufs herzlichste danke, mich mit den erhabenen Denkmälern vergessener Helden, mit den wundervollsten Idyllen ferner Weltabgeschiedenheit, mit den traulichsten Stätten der malerischen Heide bekannt gemacht zu haben."[28]

Zum Thema Wanderungen lassen sich im weiteren Sinne auch Aussagen in einem Artikel von Wilhelm Stapel über die Lüneburger Heide anführen, zu dem sechs ganzseitige Fotografien von Albert Wande abgedruckt wurden. Zu dem im altmärkischen Kalbe geborenen Wilhelm Stapel gab es offensichtlich sehr freundschaftliche Beziehungen. Wilhelm Stapel taucht auch als Taufpate in der Familie Wande auf. Stapel hat sich im Gästebuch der Familie Wande verewigt (Abb. 9). Widmungen an die Familie in die an Albert Wande übereigneten Druckschriften stammen von seiner Hand. Wilhelm Stapel ist heute eher durch eine grundlegende Arbeit, seine Dissertation zur sakralen Plastik der Altmark, bekannt, die er 1911 bzw. 1913 auch in den Jahresberichten des Altmärkischen Geschichtsvereins veröffentlichte.[29]

Stapel äußert sich in seinem Artikel über die Lüneburger Heide zur Landschaftsrezeption und dabei auch zum Wandern:

„Wiewohl man die Heidelandschaft als besonders malerisch rühmt und die Entdeckung ihrer Schönheit mit dem Erwachen des malerischen Sinnes zusammenbringt, gilt doch auch von ihr, daß ihr eigentümliches Wesen sich mit den Augen allein nicht ausschöpfen läßt. Nur dem erschließt sich recht das urweltliche Raumgefühl der Heide, der körperlich in ihr wandert. Erst die ameisenhaft emsige und doch wunderlich langsam erscheinende Bewegung des Menschenkörpers über die weiten Halden, die flachen Gründe und die bis zum Horizont gedehnten Ebenen gibt einen festen Maßstab für die unbestimmten Empfindungen. ... Aber „landschaftlich hervorragende Gegenden" sind nicht die Landschaft. Die ist unendlich viel mehr, nicht nur äußerlich, sondern auch seelisch. Sie muß vom Sonnenaufgang bis in die sinkende Nacht erwandert werden."[30]

An anderer Stelle dieses Beitrages führt der Autor schlaglichtartig Einzelheiten der Landschaft auf, die für ihn das Bild oder den Charakter der Heide prägen. Diese beispielhaften Kurzbeschreibungen können gleichzeitig auch fast identisch für einzelne Bildelemente bzw. Teile der Bilderwelt des Landschaftsfotografen Albert Wande verwendet werden:

„Die vordersten Wegebirken heben ihre dunklen Umrisse klar aus dem Grau heraus. ... Vor und neben uns zahllose Wagenspuren, die ungefähr den Weg bezeichnen. Hier und da ein Wacholder wie ein

brummiger Einsiedler. ... Ein uralter Schnuckenstall. Ein paar Gehöfte, von Eichen umstanden. Eine Feldsteinkirche. Wieder weite Heideflächen. Ein Leiterwagen, der uns langsam entgegenkommt. Ein Schäfer, auf seinen dicken Stock gestützt, die Schnuckenherde weit herum zerstreut. ... Nur die zerzausten Wegebirken und die Wacholder behaupten sich überall auf den braunen Flächen und zwischen den weit geschwungenen Linien. Wenn der Abend kommt, werden die Wacholder lebendig als Kobolde und Gespenster.“

Neben diesen Landschaftscharakterisierungen oder -beschreibungen wird aber auch ein Anliegen des Textautoren Stapel, der sich hier sicher in Geistesverwandtschaft mit dem Fotografen Wande, dem Bild-Autoren, sieht, deutlich:

„Seit Jahren stirbt die Lüneburger Heide. Unsre Kinder werden sie nicht mehr kennen. Zwar, einzelne „Schutzgebiete“ wird man ihnen zeigen wie Bison und Elch im Tiergarten. Aber wie soll man die Heide kennen lernen, wenn man nicht mehr tagelang in ihr wandern kann?“

In diesen Aussagen von Wilhelm Stapel werden neben dem Wandern auch noch andere Aspekte bzw. Ideenfelder berührt, die möglicherweise auch ein Antrieb für das Fotografieren und die Lebenseinstellung Albert Wandes bildeten. Wie schon erwähnt, war der Fotograf in der Familienüberlieferung bekannt für die Ablehnung moderner Technologien und Bewahrung des Althergebrachten. Hier liegt in den Grundansichten möglicherweise auch eine inhaltliche Nähe zur damaligen Heimat- bzw. Heimatschutzbewegung vor. Diese konservative und völkische Bewegung hatte sich besonders im Bildungsbürgertum etabliert und verfolgte teilweise antimodernistische Ziele.

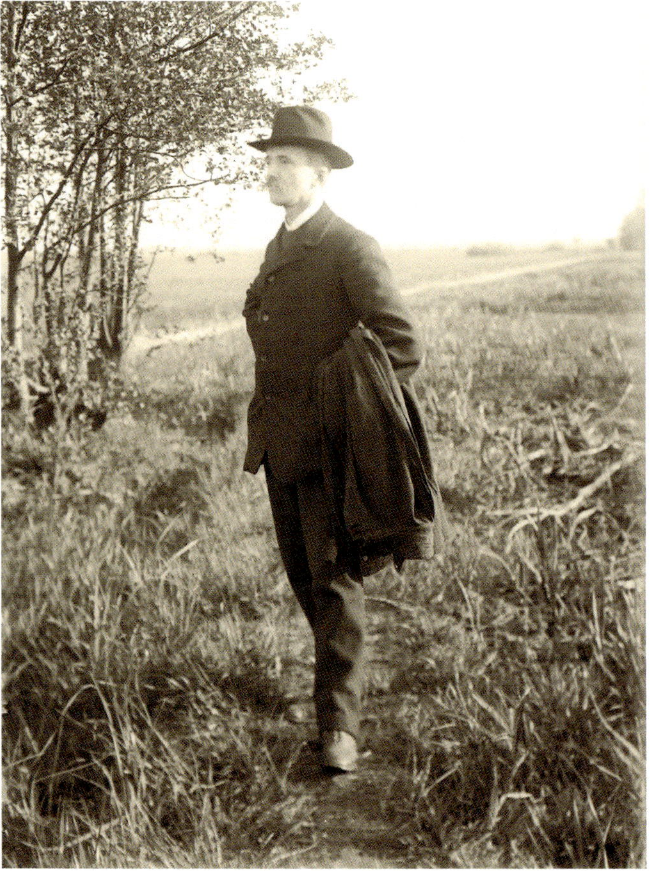

34: Ganzporträt Albert Wande in der Buchhorst bei Hoyersburg, 14. Februar 1905
Albert Wande ist hier stehend an einem kleinen Weg abgebildet. Die Buchhorst ist ein Waldgebiet nördlich von Salzwedel und westlich von Hoyersburg.

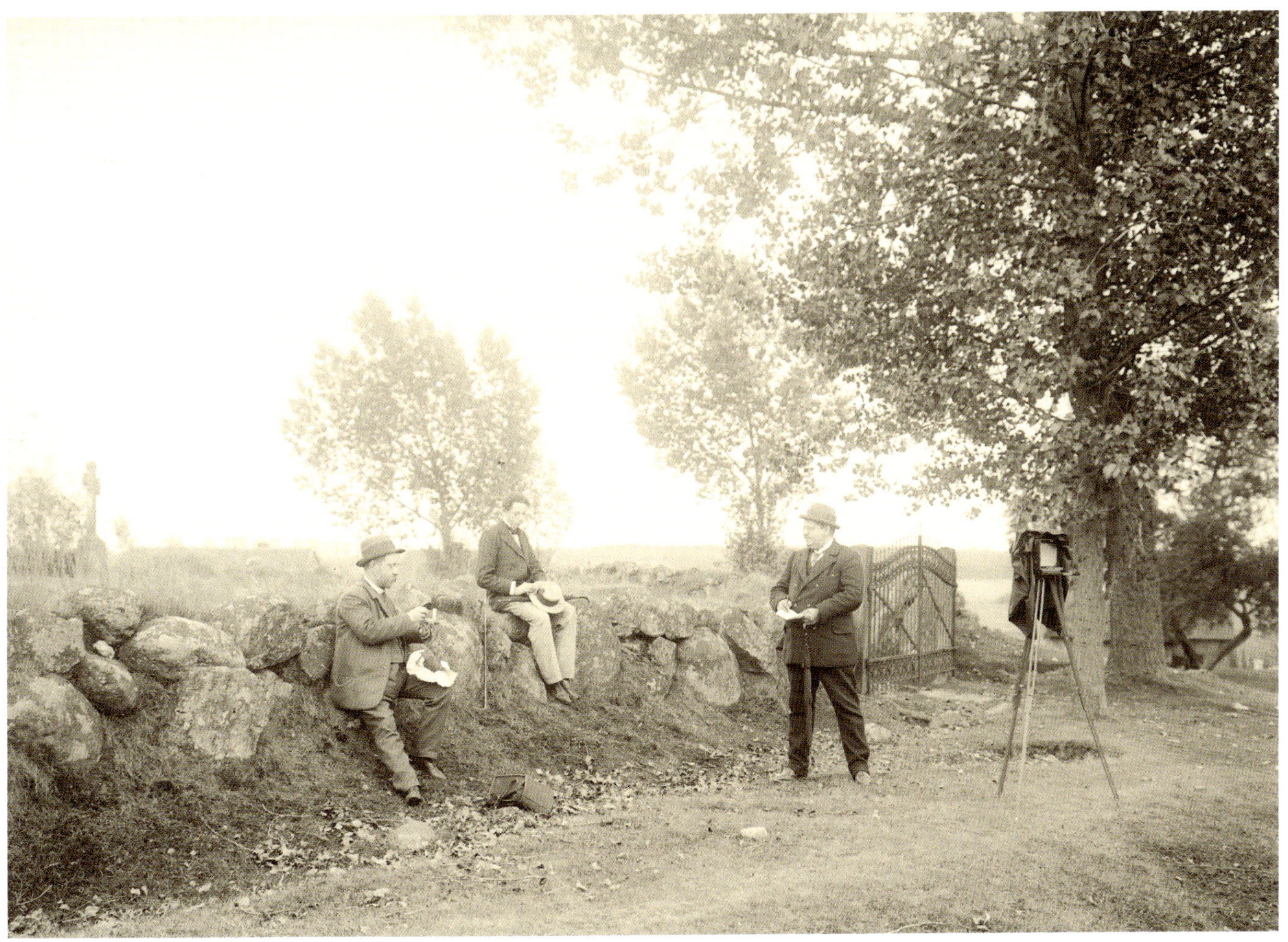

35: Fotografen und Heimatforscher an der Kirche in Rockenthin, 5. Oktober 1898
Die Gruppe aus drei Personen pausiert an der Friedhofsmauer von Rockenthin. Rechts im Bild mit einem Notizbuch in der Hand ist der Salzwedeler Apotheker Konrad Zechlin zu erkennen, neben ihm steht eine Plattenkamera auf Stativ. Mit einer zweiten Kamera fertigte dann Albert Wande diese Aufnahme an.

Die Sammlung

Die Negativsammlung von Albert Wande mitsamt dem eigens dafür angefertigten Archivierungsschrank kam mit dem Umzug von Gertrud Wande, der letzten Bewohnerin der Familie im Wandeschen Haus, im Jahre 1970 nach Hannover und blieb dort wohlverwahrt. Gertrud Wande beschrieb die Umstände ihres Umzugs in der kleinen Familienchronik:

„Fast volle 5 Monate brauchte ich um diesen Umzug vorzubereiten. Denn jedes Möbelstück, jedes Buch, jedes Bild, jedes Haushaltsgerät musste einzeln aufgezählt u. in vierfacher Ausführung dem Behördenhaus u. dem Zollamt in Salzwedel vorgelegt u. dort genehmigt werden. ... Leider musste der ganze Hausrat in einem Eisenbahn-Waggon (eigentlich Viehwagen) mit wenig Stroh (Mangelware), alten Decken u. Säcken lose verladen werden unter Aufsicht zweier Zollbeamter u. man kann sich wohl vorstellen, in welch schlechtem Zustand das Mobiliar in Hannover ankam, handelte es sich doch um viele antike Stücke, die tagelang unterwegs waren. Aber welch ein Glück, der Flügel hatte nicht gelitten. Endlich am 1. November 1970 war es dann so weit, dass auch ich über die Grenze in Oebisfelde gen Westen reisen durfte."

Unter diesen Umständen ist es sicher ein großes Glück, dass die Fotoplattensammlung fast unbeschadet in Hannover ankam. Die Negativsammlung wurde dann mehrere Jahrzehnte im Familienbesitz gut aufbewahrt und sporadisch und in kleinem Umfang genutzt, um von ausgewählten Negativen Abzüge anfertigen zu lassen.[31] Später traten dann die Nachfahren der Familie Albert Wande an das Danneil-Museum heran und übergaben das komplette Negativ-Archiv dankenswerterweise im Jahre 2010 als *„Sammlung Albert Wande"* dem Museum als Dauerleihgabe. Das Museum erhielt damit die Möglichkeit, den historischen Bilderschatz zu heben und durch Auswertung und Aufarbeitung öffentlich zugänglich zu machen.

Bestandteil der Leihgabe ist auch der Archivschrank, in dem die Negativ-Sammlung über Jahrzehnte aufbewahrt wird. Dieser Schrank wurde in der Leipziger Firma Theodor Schröter gefertigt, die sich auf solche Archivmöbel spezialisiert hatte und für den Bereich Fotoaufbewahrung verschiedene Varianten parat hielt. Ein kleiner Schriftverkehr mit der Firma dazu ist erhalten geblieben. Albert Wande wählte seine bevorzugte Ausstattungsvariante aus einem kleinen gedruckten Angebots-Katalog aus. Der erhaltene zwölfseitige Prospekt zeigt verschiedene Archivkastenvarianten zur Aufbewahrung von Fotografien und Fotoplatten. Darunter befindet sich auch das „Modell L", für das sich Albert Wande letztlich entschieden hatte. Bei den schriftlichen Anfragen agierte Albert Wande durchaus preisbewusst und fragte hier mögliches Material (Eichen- oder Erlenholz) und Ausstattung ab. Schließlich entschied er sich für eine Variante mit vier Einzelgehäusen zu je drei Schubladen, die mit einem Sockel und Aufsatzkranz versehen waren (Abb. 40, 41).

Neben der Hauptsammlung in den Archivkästen gab es auch eine Reihe von Glasnegativen, die in zeitgenössischen Verpackungskartons für unbelichtete Negativplatten aufbewahrt wurden. Dabei handelte es sich um die ursprünglichen Verkaufsverpackungen für Glasnegative im Format von 9 x 12 cm. Sie gehören mit als zusätzliche Bestandteile zur eigentlichen Sammlung Wande. In einer Schachtel waren in der Regel zwölf Platten verpackt.

Außer diesen kleineren Formaten bzw. Schwarz-Weiß-Diapositiven besteht der überwiegende Teil der Sammlung aus Platten im Format 13 x 18 cm.
Die größeren Formate waren in der Regel auch in solchen Schachteln archiviert worden. Auf einem der Kartons sieht man eine später mit Kugelschreiber aufgebrachte Inschrift „Prag". Hierbei handelt es sich offensichtlich um die Beschreibung des Inhaltes der Schachtel, in der sich tatsächlich Aufnahmen aus Prag befanden (Abb. 38).

Die Plattenschachteln tragen im Original auch die Aufschriften bzw. Aufkleber der Verkaufsstellen in Salzwedel. Dazu gehörten die Drogerie Louis Rehfeld und das Salzwedeler Photo-Haus Paul Oberst (Abb. 38). Offensichtlich hatte Albert Wande auch geschäftliche Kontakte nach Halle. Von dort stammt der Beschriftung nach noch eine weitere Schachtel, die dann mit dem Hausstempel von Albert Wande versehen wurde.
Zur „Sammlung Albert Wande" gehören mit Stand Dezember 2022 genau 2604 Glasnegative und Diapositive aus der Zeit von 1895 bis 1936. Innerhalb dieser Gesamtsammlung gibt es vier Teilkomplexe: die Kernsammlung im Format 13 x 18 cm mit 1909 Glasnegativen, deren Negativhüllen ausführlich

bezeichnet sind und die auch durch einen überlieferten Katalog erschlossen ist. Ein zweiter Komplex umfasst weitere 468 Negativplatten im kleineren Format 9 x 12 cm, ein drittes Konvolut Negativplatten verschiedener Formate und Diapositive. Letztere sind teilweise ohne Originalbeschriftung, manche mit späterer Sekundärbeschriftung, andere ganz ohne Verweis. Diese drei Sammlungskomplexe waren Bestandteil der Dauerleihgabe von 2010. Im Laufe der Recherche zur Ausstellung wurden noch kleinere verstreute Konvolute an Negativplatten aufgefunden, die dem Danneil-Museum übergeben wurden.

Bei der Übergabe der Sammlung an das Museum waren im Abgleich mit der vorhandenen Auflistung der Kernsammlung Fehlbestände zu verzeichnen. Nicht alle ursprünglich erfassten Negative waren mehr vorhanden, wenn auch nur ein im Verhältnis zur Gesamtzahl sehr kleiner Teil. Im Laufe der Recherchen zur Ausstellung konnten jedoch einige dieser Fehlstellen aufgeklärt und wiedergefundene Negative einsortiert werden.

Neben den Originalnegativen der eigentlichen „Sammlung Albert Wande" existieren auch noch mehrere historische Papierabzüge von einzelnen Platten in der Museumssammlung. Neben der schon erwähnten Serie von Fotoabzügen für die Geschenkmappe für den Ex-Bürgermeister Kersten sind das noch einzelne zeitgenössische und teilweise signierte Abzüge. Hierbei handelt es sich um mehrere gerahmte Arbeiten, die aus anderen Zusammenhängen stammen und durch Schenkung bzw. Ankauf in die Museumssammlung kamen.

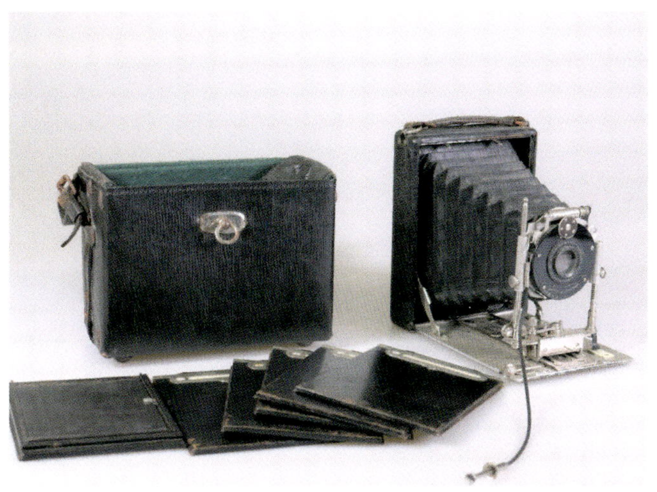

36

37

36: Plattenkamera aus dem Besitz von Albert Wande, Modell 1908
Diese Plattenkamera von Albert Wande hat sich in der familiären Überlieferung erhalten. Die Transporttasche zeigt noch handschriftliche Besitzervermerke des Fotografen. Die zur Kamera gehörigen Metallkassetten enthalten die passenden Negativplatten im Format 9 x 12 cm. Diese werden zur Belichtung an der Rückseite der Kamera angebracht und nach erfolgter Aufnahme durch eine neue, noch unbelichtete Kassette ersetzt.

37: Besitzsignatur als Einlageblatt im Boden der Kameratasche, um 1908
Zur Eigentumskennzeichnung seiner Plattenkamera hatte Albert Wande diesen handgeschrieben Zettel auf dem Boden seiner Kameratasche eingelegt. Er nutzte dazu die beschnittene Rückseite eines Kartons mit Werbung für Fotoutensilien.

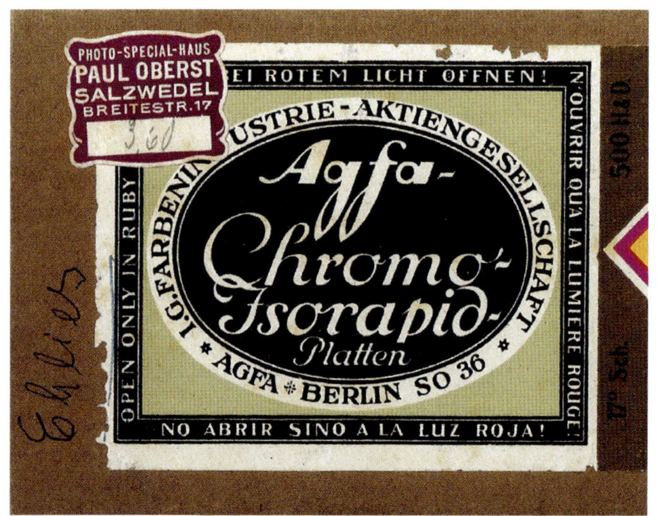

38

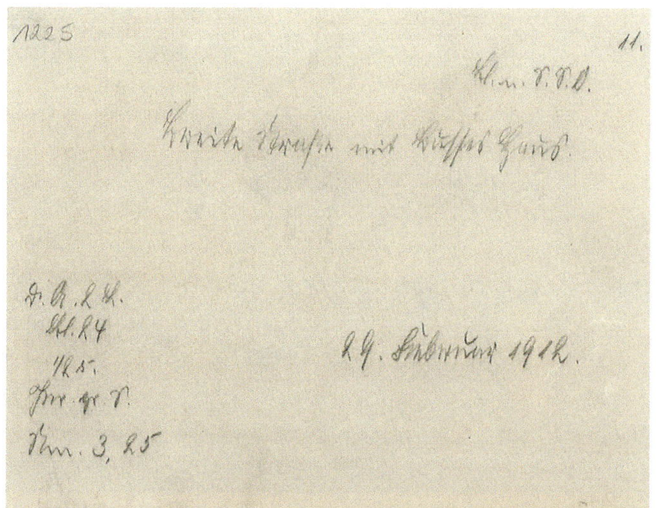

39

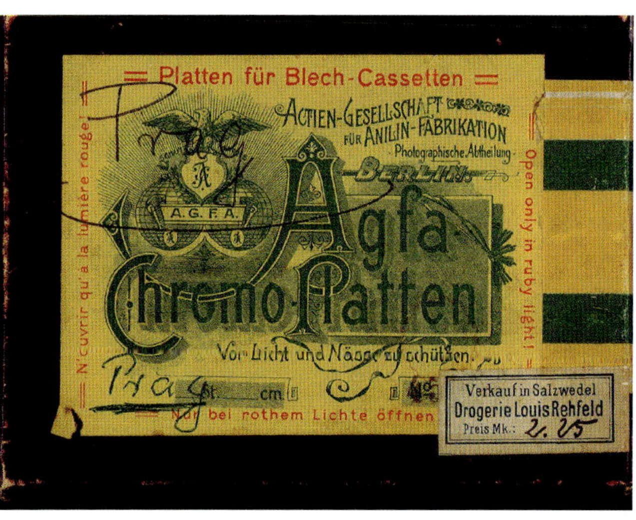

38

39

38: Schachteln für Glasnegative im Format 9 x 12 cm, E. 19./Anfg. 20. Jh.
Die Schachteln dienten als Verkaufsverpackung für Glasnegative im Format von 9 x 12 cm. In einer Schachtel waren in der Regel zwölf Platten verpackt.

39: Zwei Negative aus der Sammlung Albert Wande mit Beschriftung der Papierhüllen, 1907/1912
Die Beschriftung auf den Verpackungshüllen der Negativplatten ist in der Regel sehr ausführlich und eine große Besonderheit bei derartigen Sammlungen. Neben der Bezeichnung des Bildmotives ist immer das taggenaue Datum angeführt.

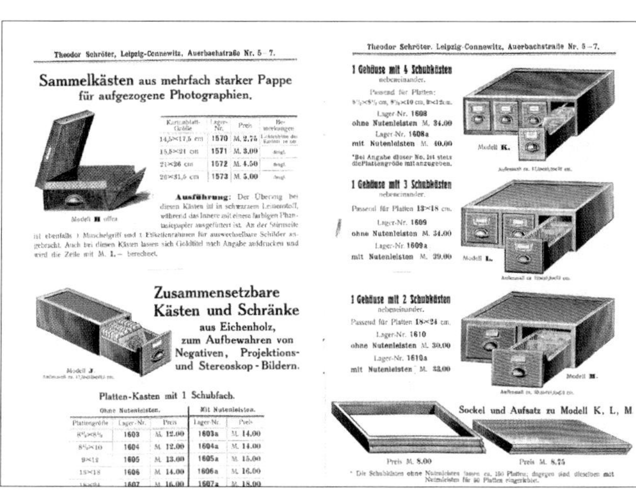

Theodor Schröter, Leipzig-Connewitz, Auerbachstraße Nr. 5–7.

Sammelkästen aus mehrfach starker Pappe für aufgezogene Photographien.

Kartonblatt-Größe	Lager-Nr.	Preis	Bemerkungen
14,5×17,5 cm	1570	M. 2.75	
15,5×21 cm	1571	M. 3.00	desgl.
21×26 cm	1572	M. 4.50	desgl.
26×31,5 cm	1573	M. 5.00	desgl.

Modell H offen

Ausführung: Der Überzug bei diesen Kästen ist in schwarzem Leinenstoff, während das Innere mit einem farbigen Phantasiepapier ausgefüttert ist. An der Stirnseite ist ebenfalls 1 Muschelgriff und 1 Etikettenrahmen für auswechselbare Schilder angebracht. Auch bei diesen Kästen lassen sich Goldtitel nach Angabe aufdrucken und wird die Zeile mit M. 1.– berechnet.

Zusammensetzbare Kästen und Schränke aus Eichenholz, zum Aufbewahren von Negativen, Projektions- und Stereoskop-Bildern.

Modell J.

Platten-Kasten mit 1 Schubfach.

	Ohne Nutenleisten.		Mit Nutenleisten.	
Plattengröße	Lager-Nr.	Preis	Lager-Nr.	Preis
8½×8½	1603	M. 12.00	1603a	M. 14.00
8½×10	1604	M. 12.00	1604a	M. 14.00
9×12	1605	M. 13.00	1605a	M. 15.00
13×18	1606	M. 14.00	1606a	M. 16.00
[illegible]	1607	M. 16.00	1607a	M. 18.00

Theodor Schröter, Leipzig-Connewitz, Auerbachstraße Nr. 5–7.

1 Gehäuse mit 4 Schubkästen nebeneinander.
Passend für Platten: 8½×8½ cm, 8½×10 cm, 9×12 cm.
Lager-Nr. 1608 ohne Nutenleisten M. 34.00
Lager-Nr. 1608a mit Nutenleisten M. 40.00
*Bei Angabe dieser No. ist stets die Plattengröße mit anzugeben.

Modell K.

1 Gehäuse mit 3 Schubkästen nebeneinander.
Passend für Platten 13×18 cm.
Lager-Nr. 1609 ohne Nutenleisten M. 34.00
Lager-Nr. 1609a mit Nutenleisten M. 39.00

Modell L.

1 Gehäuse mit 2 Schubkästen nebeneinander.
Passend für Platten 18×24 cm.
Lager-Nr. 1610 ohne Nutenleisten M. 30.00
Lager-Nr. 1610a mit Nutenleisten M. 33.00

Modell M.

Sockel und Aufsatz zu Modell K, L, M

Preis M. 8.00 — Preis M. 8.75

* Die Schubkästen ohne Nutenleisten fassen ca. 150 Platten; dagegen sind dieselben mit Nutenleisten für 50 Platten eingerichtet.

40

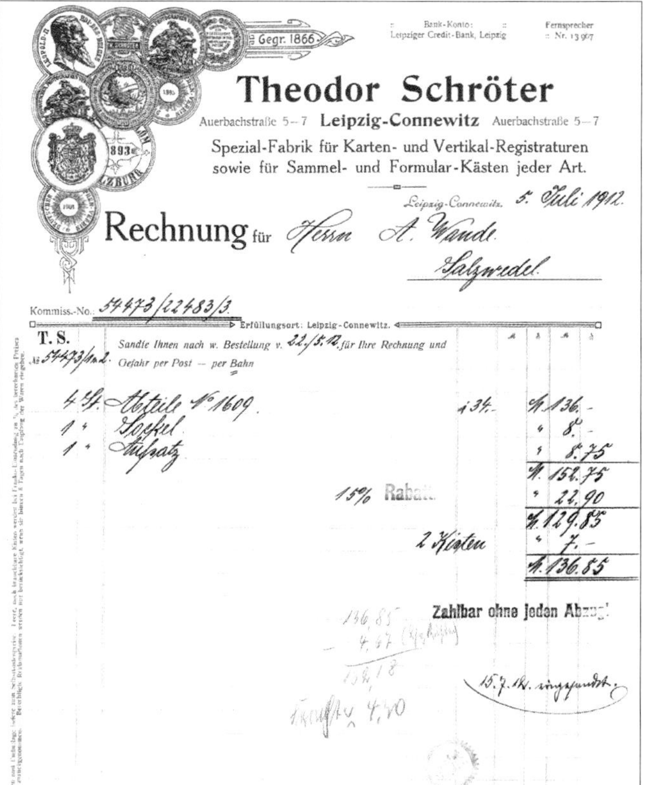

Gegr. 1866

Bank-Konto: Leipziger Credit-Bank, Leipzig — Fernsprecher Nr. 13 907

Theodor Schröter

Auerbachstraße 5–7 **Leipzig-Connewitz** Auerbachstraße 5–7

Spezial-Fabrik für Karten- und Vertikal-Registraturen sowie für Sammel- und Formular-Kästen jeder Art.

Leipzig-Connewitz, 5. Juli 1912.

Rechnung für Herrn A. Wande Salzwedel.

Kommiss.-No. 54473/22483/3.

Erfüllungsort: Leipzig-Connewitz.

T. S.

54473/[illegible]

Sandte Ihnen nach w. Bestellung v. 22/5.12. für Ihre Rechnung und Gefahr per Post – per Bahn

			M	
4 St.	Abteile No 1609.	34.–	M. 136.–	
1 "	Sockel		" 8.–	
1 "	Aufsatz		" 8.75	
			M. 152.75	
	15% Rabatt		" 22.90	
			M. 129.85	
	2 Kisten		" 7.–	
			M. 136.85	

Zahlbar ohne jeden Abzug!

136,85
4,47 [illegible]
132,18

15.7.12. eingesandt

41

40: Angebotskatalog für Materialien zur Fotoarchivierung der Leipziger Firma Theodor Schröter, 1912
Albert Wande hatte bei der Leipziger Firma Theodor Schröter seinen Archivschrank bestellt. Die Auswahl aus mehreren Varianten erfolgte nach diesem kleinen Katalog. Der zwölfseitige Prospekt enthält Angebote für verschiedene Archivkastenvarianten zur Aufbewahrung von Fotografien und Fotoplatten.

41: Rechnung der Leipziger Firma Theodor Schröter an Albert Wande über die Lieferung des Negativarchivschrankes, 5. Juli 1912
Albert Wande hatte am 22. Mai 1912 bei Firma Theodor Schröter in Leipzig-Connewitz einen Archivschrank für seine Negativsammlung im Format 13 x 18 cm bestellt. Der Schrank bestand, wie auf der Rechnung vermerkt, aus vier Einzelgehäusen (Nr. 1609) zu je drei Schubladen, dem Sockel und dem Aufsatzteil. Dafür waren insgesamt 136,85 Mark fällig, die Albert Wande dann am 15. Juli 1912 bezahlte.

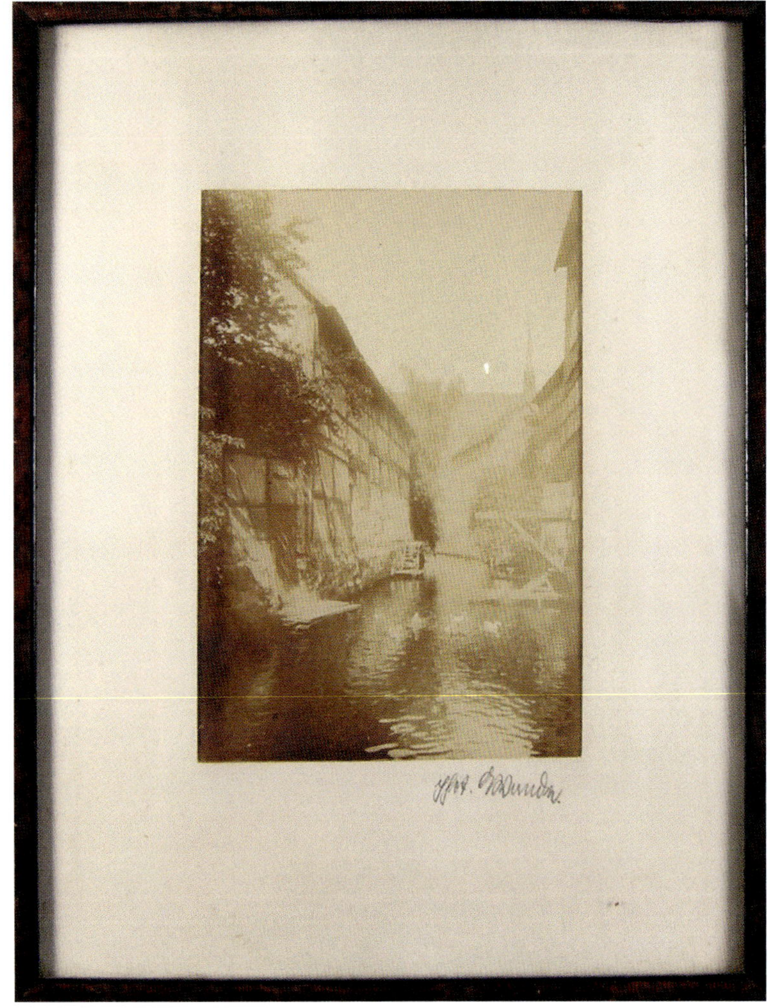

42

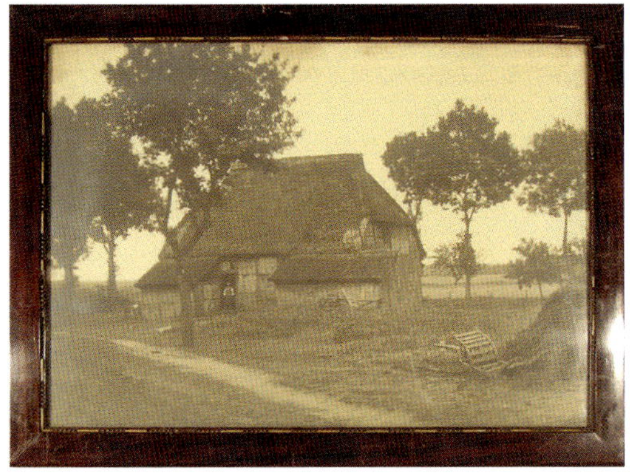

43

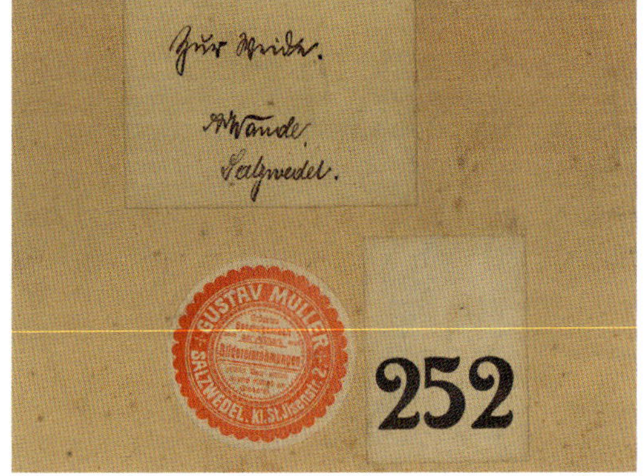

44

42: An der Jeetze beim Paradeplatz in Salzwedel, 22. September 1902
Dieses Foto ist als zeitgenössischer, gerahmter Abzug Teil der Sammlung des Danneil-Museums. Albert Wande hat es eigenhändig signiert. Das romantische Wassermotiv wurde auch als Vorlage für Bildpostkarten verwendet.

43: Reetgedecktes Haus in Kallenbrock, 12. Juli 1903
Das zeitgenössisch gerahmte und rückseitig von Albert Wande signierte Bild aus der Lüneburger Heide wurde möglicherweise für eine Ausstellung gerahmt. Es trägt den Originaltitel „Sonntagsstille."

44: Rückseite einer zeitgenössischen gerahmten Fotografie mit Signatur von Albert Wande, Anfang 20. Jh.
Die Rückseite eines zeitgenössisch gerahmten Bildes zeigt neben der Signatur und dem Bildtitel „Zur Weide" auch einen Werbeaufkleber der Salzwedeler Glaserei Gustav Müller, die die Einrahmung vorgenommen hatte. Die Zahl „252" könnte ev. auf eine Ausstellungsbeteiligung hinweisen.

Die Bildmotive

Die umfangreiche und gut dokumentierte Fotosammlung umfasst über 2.600 Negative. Alle Aufnahmen der Sammlung Wande wurden inzwischen digitalisiert. Die älteste Fotografie vom 25. April 1895 zeigt ein Mutter-Tochterporträt im Garten (Abb. 45). Die jüngste datierte Aufnahme fertigte der Fotograf am 16. Juni 1936, drei Tage vor seinem Tod, an. Hier sind in einer Panoramaaufnahme die Katharinenkirche und die Lateinschule in Salzwedel zu sehen (Abb. 46).

Die Sammlung lässt sich von den Bildmotiven her in vier größere Gruppen teilen. Zum einen handelt es sich um Aufnahmen aus der Altmark (ca. 1.100 Fotografien, davon über 750 aus Salzwedel). Auch die Nachbarregionen in Niedersachsen mit dem Hannoverschen Wendland und der Lüneburger Heide sind gut vertreten (ca. 750 Fotografien). Als dritter Bereich sind Reisefotos mit weiter entfernten Zielen zu nennen. Hierzu gehören neben Aufnahmen aus Böhmen bzw. dem Riesengebirge u. a. auch solche aus Hessen und Thüringen wie auch von der Ostsee (über 300 Fotografien). Ein vierter Sammlungsschwerpunkt ist den Porträts vorbehalten. Neben vielen Einzelporträts sind hier auch Gruppenaufnahmen zu verzeichnen (ca. 250 Fotografien).

Innerhalb der Sammlung findet man auch mehrere Porträts bzw. Selbstporträts, die Albert Wande zeigen. Es ist nicht überprüfbar, ob bei diesen Aufnahmen eine weitere Person hinter dem Fotoapparat stand und diesen betätigte oder ob Albert Wande hier mit einem Selbstauslöser arbeitete. Anfang des 20. Jahrhunderts gab es bereits eine Reihe industriell hergestellter Selbstauslöser, die man auf die Kamera montieren konnte. Es gibt lediglich zwei Porträts, die Albert Wande mit einem fototechnischen Gegenstand abbilden. Dabei handelt es sich einmal um ein Brustporträt mit Fotostativ (Abb. 1). Zu diesem in Familienbesitz erhaltenen Papierabzug gibt es keine Negativ-Vorlage in der Sammlung. Möglicherweise gehörte es nicht zur eigentlichen Negativsammlung, sondern wurde von einem anderen Bildautor angefertigt. Ein anderes Negativ zeigt den Fotografen am Großsteingrab in Stöckheim (Abb. 124). Hier trägt er eine Kamera in der Ledertasche. Bei weiteren Aufnahmen ist Albert Wande als Ganzporträt sitzend oder stehend in der Landschaft zu sehen (Abb. 1, 3, 34, 123, 124). Wenige Bilder zeigen den Fotografen im Kreise der Familie. Dazu gehört eine frühe Aufnahme aus dem Jahre 1896 mit dem jungen Ehepaar (Abb. 4) und auch eine spätere Aufnahme des Paares, die anlässlich der silbernen Hochzeit entstand.

Die größte Anzahl der Porträtaufnahmen stammt dabei ganz konservativ aus dem Familienumfeld. Vor allem die Kinder von Albert und Anna Wande standen hier oft im Mittelpunkt. Besonders interessant ist eine Serie von Doppelbildnissen der Kinder Gertrud und Albrecht Wande, welche das Geschwisterpaar im Zeitraum von 1900 bis 1912 zeigen (Abb. 57, 58). Neben der sichtbaren Entwicklung von Kindern zu Jugendlichen findet man hier auch zeittypische Mode, Kostüme und Spielzeuge. Neben den Familienbildern existieren auch noch Aufnahmen, die enge Bekannte bzw. Freunde der Familie zeigen. Alle Aufnahmen sind fast ausschließlich im Freien angefertigt. Meist dienen Garten- bzw. Hofsituationen als Hintergrund. Öfter sind dann auch Ausflüge, Spaziergänge oder Wanderungen Anlass für die Anfertigung von Bildnissen. Verschiedentlich findet man auch kleine unscheinbare Personenabbildungen in den Landschaftsaufnahmen von Albert Wande. Hier dienten die Personen in der Regel zur Betonung des Bildausdruckes, waren also reine Staffagefiguren.

Auch die Ereignisfotografie spielt eine untergeordnete Rolle im Schaffen von Albert Wande. Nichtsdestotrotz gibt es auch aus dieser Motivgruppe eine Reihe von Aufnahmen. Hier sind es vor allem Geschehen aus dem Stadtgebiet von Salzwedel wie Markttreiben, Schulausflüge, Aufmärsche von Vereinen, Schützengilde oder Ulanen, die dem Fotografen als abbildungswürdig galten. Auch einzelne Genre- bzw. Alltagsszenen aus der Stadt bzw. den dörflichen Gegebenheiten findet man in der Sammlung: Beladung eines Jeetzekahnes (Abb. 83), Transporte mit dem Ackerwagen, Erntearbeiten. Dem ländlichen Alltagsleben zuzurechnen sind auch Fotografien, die Tierherden auf der Weide bzw. auch mit dazugehörigen Hirten zeigen.

Ausgehend von Albert Wandes Lebensmittelpunkt und Wohnort in Salzwedel stellen Aufnahmen aus dem Stadtgebiet die größte Position dar. Dabei handelt es sich in der Regel um reine Architekturbilder, also Haus- und Straßensituationen (Abb. 59-82).

Auch das Wohnhaus der Familie Wande in der Altperverstraße ist in einer Reihe von Aufnahmen und mehreren Zeitschnitten dokumentiert. Leider finden sich darunter fast keine Aufnahmen aus dem inneren Wohnumfeld und keine, die Belege aus der Brauerei bzw. Brennerei, dem wirtschaftlichen Standbein der Familie, darstellen. Lediglich zwei Fotos geben eine Ansicht des Innenhofes des Wohn- und Geschäftsgrundstückes wieder (Abb. 15, 16).

Bei den städtischen Motiven widmete sich Albert Wande auffällig auch den zu seiner Zeit modernen Bauwerken, in der Regel Wohnhäusern in historistischer Klinkerbauweise.

Auch die Salzwedeler Kirchen, vor allem die Katharinen- und Marienkirche waren Gegenstand fotografischer Erkundung. Eine Reihe von Detailabbildungen ist dabei der Innenausstattung mit Altären, sakraler Plastik, Taufen oder Emporen gewidmet (Abb. 17).

Bei vielen Aufnahmen im Stadtgebiet waren immer wieder, der künstlerischen Sichtweise geschuldet, romantische Situationen und Naturmotive Gegenstand der Ablichtung. Wasserläufe, Brückensituationen an der Jeetze, aber auch blühende Bäume reizten den Fotografen. Viele Aufnahmen entstanden an der Stadtperipherie und zeigen malerische Szenen mit Wegen, Wasserläufen und Bäumen.

Bei den fotografischen Aufnahmen aus den großen Regionen Altmark, Hannoversches Wendland und Lüneburger Heide lag der Schwerpunkt Wandes unzweifelhaft auf der Landschaftsabbildung, war er doch ein Landschaftsfotograf schlechthin.

Bei seinen Dorfbildern innerhalb der unterschiedlichen Gebiete gibt es eine Anzahl von Eindrücken direkt aus den Dörfern selbst, mit Kirchen, Wohnhäusern, Scheunen, Ställen und Wegen. Unter den Fotos finden sich u. a. so auch seltene Bilddokumente aus dem während der DDR-Zeit geschleiften Dorf Groß Grabenstedt (Abb. 92, 97). Ebenso enthalten die Fotos aus dem Dorfinneren auch landwirtschaftliche Gerätschaften bzw. dörfliche Infrastruktur wie Brunnen, die im öffentlichen Raum präsent sind (Abb. 95). Das ländliche Alltagsleben findet man nur in sehr wenigen Aufnahmen widergespiegelt. Hier sind es dann vor allem Bilder von weidenden Tierherden (Abb. 103, 104), die diesem Bildgenre entsprechen. Ausnahmen sind dann sehr selten Fotografien, wie das Waschen von Wäsche an den Bachläufen (Abb. 101).

Besonders bei den Landschaftsaufnahmen aus der Lüneburger Heide tauchen immer wieder einzelne Gebäude und Gehöfte, besonders Schafställe in der Bildgestaltung auf, die den malerischen Eindruck der Landschaftsbilder noch verstärken sollten (Abb. 43).

Im Schaffen von Albert Wande finden sich darüber hinaus einige Fotografien, die Burgen, Herrenhäuser und Parkanlagen in der Altmark bzw. anliegenden Gebieten zeigen. Hier gibt es u. a. Aufnahmen aus dem altmärkischen Beetzendorf (Abb. 105), aber auch Fotos von der Wasserburg in Flechtingen oder der Begräbnisstätte der Familie von der Schulenburg in der Burg Apenburg. Aus dem Schloss- bzw. Parkgelände von Breese im Bruch (Hannoversches Wendland) zeugen auch sehr seltene Aufnahmen mit Pavillon und Denkmälern von den Bauzuständen der Vergangenheit (Abb. 106).

Bei den reinen Landschaftsdarstellungen lassen sich bestimmte Vorlieben und Sehweisen des Fotografen erkennen. Baumreihungen und Alleen, die sich bis in den Bildhintergrund ziehen, sind oft vorzufinden, sehr prägnant dabei die eindrucksvollen Birken-Bilder. Die baumbegleiteten Wegelinien verlaufen oft in Richtung Horizont (Abb. 113-116). Hier ergeben sich stimmungsvolle Eindrücke, bei denen man Anklänge an die Birkendarstellungen und die Malerei von Otto Modersohn aus dem Worpsweder Künstlerkreis zu entdecken vermag. Die Birken auf den Wandeschen Fotos wirken mit ihren offensichtlich radikal beschnittenen unteren Bereichen oft wie skurrile Naturplastiken. Dabei inspirierten den Fotografen besonders auch ausdrucksstarke Baumpaare oder Baum-Solitäre an den Wegen.

Nach den gleichen Gestaltungsprinzipien wie bei den Wegeabbildungen greift Albert Wande die Motive der Wasserlandschaften auf. Bachläufe, kleine Flüsse, Teiche reizen ihn, wie auch Wasserflächen, die durch Schnee- und Eisschmelze auf Wiesen und Äckern entstanden waren. Verlaufende Linien und Fluchten setzt er hier durch die Auswahl von Kamerastandort, Blickwinkel und Ausschnittauswahl in Szene. Dabei ging es ihm nicht primär um Abbildung einer Topographie. Vielmehr verstand er Landschaft als künstlerisches Rohmaterial, dem er seine Bilder entlockte. Ein schönes Beispiel für diese Sichtweise ist eine Fotografie aus dem Bereich des altmärkischen Dorfes Osterwohle aus dem November 1899 (Abb. 25). Hier windet sich zwischen Wiesen ein Bachlauf in den Bildhintergrund. An einer Verengung, die durch einen Stein markiert wird, stehen sich zwei Bäume unterschiedlicher Gestalt, wegen der Jahreszeit völlig ohne Laub, gegenüber. Die Originalbezeichnung des Fotos lautet: *„Am Teufelsbeek südl. bei Osterwohle. Rechts starker, links schwacher Baum."* Den Fotografen hatte also die besondere Konstellation, das ungleiche grafische Kräfteverhältnis zwischen den beiden Bäumen gereizt.

Auch einzelne Bäume, die wegen ihrer besonderen Gestalt, ihres hohen Alters oder Größe in anderen räumlichen Zusammenhängen aufzufinden waren, hatten es Albert Wande angetan. Dazu gehört u.a. die sogenannte 1000-jährige Eiche bei der Wüstung Nieps, nahe dem Ort Lüdelsen oder die große Kroneiche im Ferchau (Abb. 119-122). Bei letzterem Baum handelt es sich um die sogenannte „Schlageter-Eiche" im Forst Ferchau in der Nähe von Salzwedel bzw. Kuhfelde. Die Eiche wurde erst 1924 als Gedenkbaum dem militanten Aktivisten Albert Leo Schlageter (1894-1923) gewidmet.

Anhand einer Reihe von Fotografien lassen sich auch weiter entfernte Reiseorte im Wandeschen Negativarchiv finden. Wenige Aufnahmen gibt es aus der Prignitz, zum Beispiel aus Havelberg, Wootz oder Mödlich. Auch der Harz kommt als Reiseziel vor. Ebenso gibt es Fotografien von mehreren Städten in Thüringen und Hessen, vor allem an den Flussläufen von Werra und Fulda (Abb. 47).

Einige Aufnahmen mit Strandsituationen an der Ostsee zeugen von einem Aufenthalt bei Timmendorf bzw. Niendorf im Jahre 1899 (Abb. 48). Auch Böhmen stand ab 1897 mit auf dem Reiseplan (Abb. 49). Neben Aufnahmen aus Prag gibt es malerische Bilder aus mehreren kleineren Ortschaften bzw. Landschaftsimpressionen. So ist das Riesengebirge mit einer Reihe von Aufnahmen vertreten. Im Jahre 1908 unternahm der Fotograf offensichtlich auch eine Italienreise, wovon einige Aufnahmen Zeugnis ablegen (Abb. 50).

In der Sammlung Albert Wande gibt es dann unter der Rubrik Sonstiges noch mehrere Reproduktionen von historischen Fotos und Grafiken, darunter auch Aquarelle des Salzwedeler Malers Hermann Dietrichs.

Albert Wande war ein begabter Amateurfotograf, dessen reiches, bildkünstlerisches Schaffen in der „Sammlung Albert Wande" erhalten geblieben ist. Mit der Ausstellung „Altmark, Wendland, Heide" im Danneil-Museum Salzwedel im Jahre 2022/2023 wurde erstmals umfassend der Fotograf und sein Nachlass gewürdigt. Die Sammlung Albert Wande enthält mit ihren über 2600 Glasnegativen herausragende Bildquellen für die Geschichte der Altmark und der angrenzenden Regionen. Besonders bemerkenswert ist die ausführliche Dokumentation der einzelnen Aufnahmen. Albert Wande frönte seiner Leidenschaft unter künstlerischen Gesichtspunkten. Der Landschaftsfotograf schuf aber gleichzeitig auch eine Reihe einmaliger Bilddokumente mit teilweise heute nicht mehr vorhandenen Baulichkeiten und topografischen Gegebenheiten. Im Danneil-Museum wird die umfangreiche Negativ-Glasplatten-Sammlung als Dauerleihgabe aufbewahrt und erschlossen und ist für die Öffentlichkeit zugänglich.

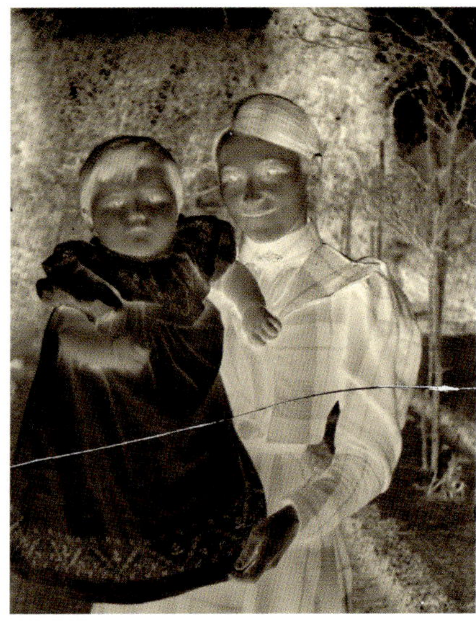

45

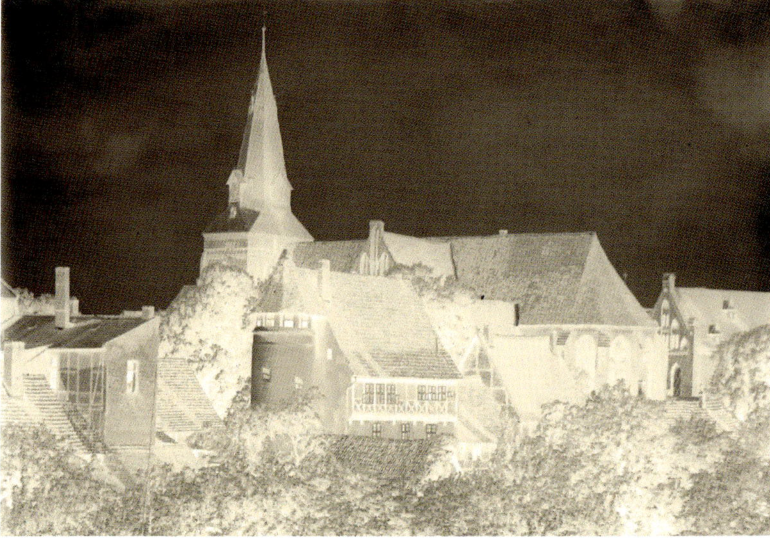

46

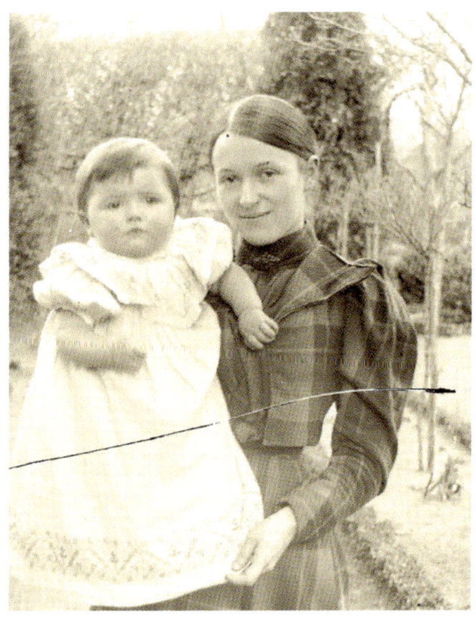

45

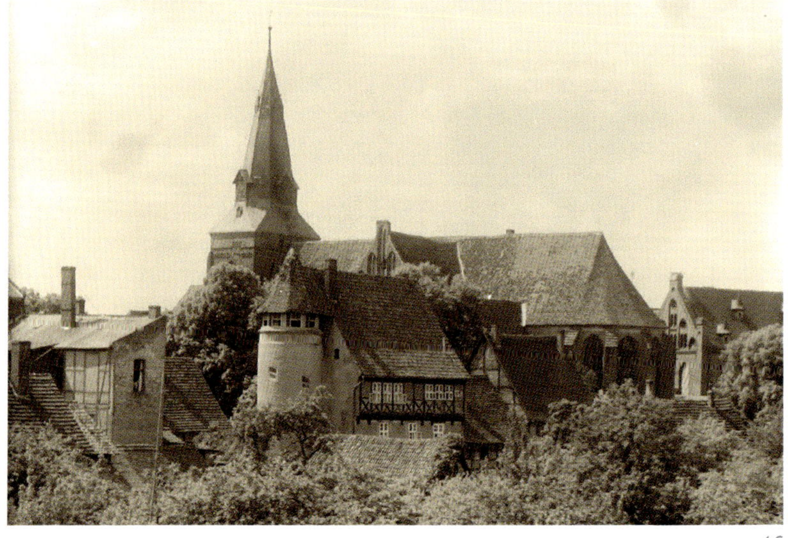

46

45: Das früheste Foto in der Sammlung Albert Wande: Anna Wande und ihre Tochter Gertrud im Garten, 25. April 1895
Diese früheste Aufnahme im Schaffen von Albert Wande entstand am 25. April 1895 (hier als Negativ und Positiv).

46: Letzte Aufnahme von Albert Wande: Blick auf Lateinschule und Katharinenkirche in Salzwedel, 16. Juni 1936
Diese Aufnahme ist die letzte datierte Fotografie aus der Sammlung. Albert Wande fertigte sie am 16. Juni 1936, drei Tage vor seinem Tod, an (hier als Negativ und Positiv).

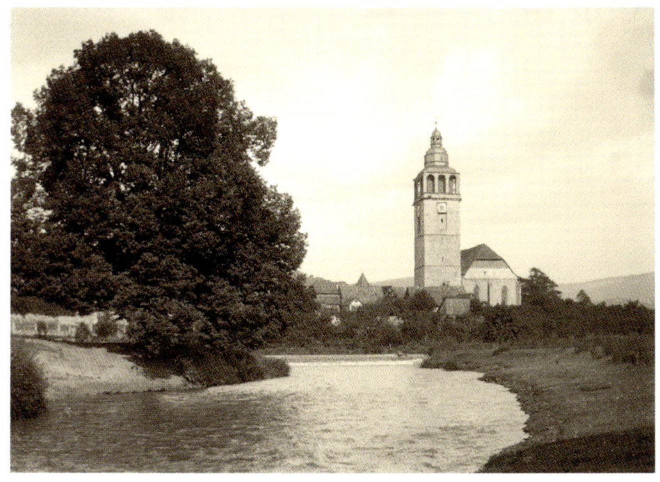

47

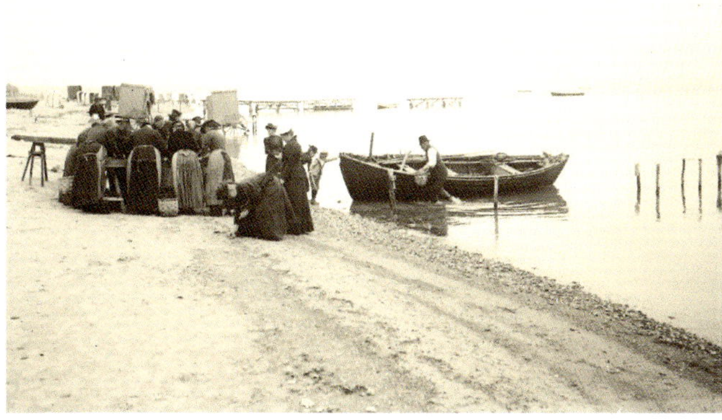

48

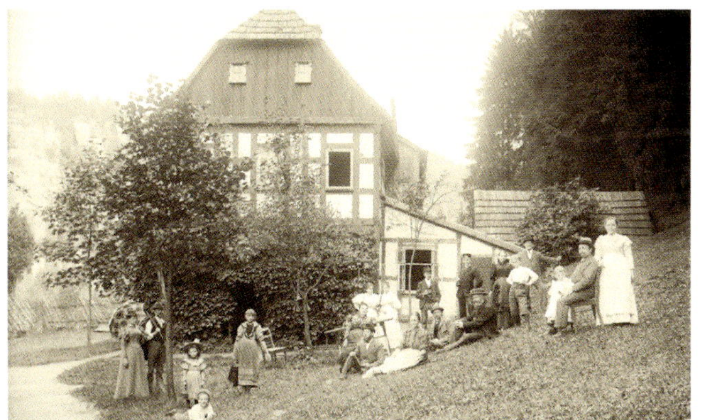

49

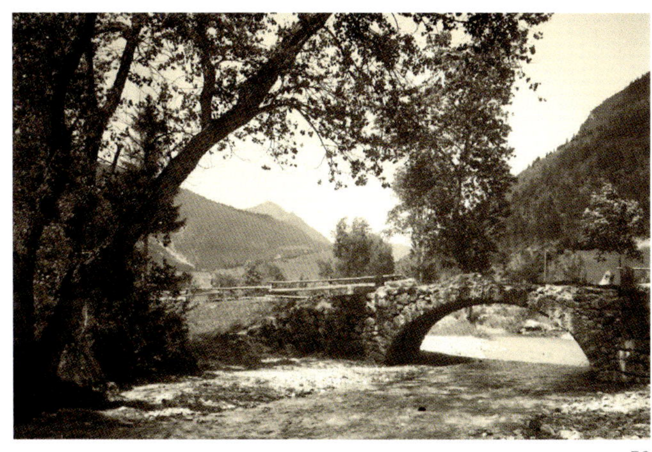

50

47: Blick über die Werra mit Kirchturm von Allendorf, 26. Juli 1913
Albert Wande reizte hier offensichtlich die große, weit ausladende Linde am Flussufer der Werra. Der Baum nimmt die ganze linke Seite des Bildes ein. Im Hintergrund ist der markante Kirchturm der Stadt Allendorf zu sehen. Allendorf gehört seit 1929 zur Doppelstadt Bad Sooden-Allendorf.

48: Besuch beim „Sprottenverlesen" in Niendorf an der Ostsee, 1. September 1899
Ein angelandetes Fischerboot brachte offensichtlich den Fang, nach der Beschriftung des Fotos Sprotten, an Land. Hier wurden die Fische sortiert. Vor der Gruppe der Fischerfrauen sind mehrere Damen in Spaziergangskleidung zu sehen. Weitere Fotos belegen den Aufenthalt der Familie Wande an der Ostsee bei Timmendorf im Jahre 1899.

49: Gruppenbild am Gasthaus „Hegerhaus" in Hinterdittersbach (Sächsisch-Böhmische Schweiz), 25. Juli 1897
Das Bild zeigt eine lose drapierte Personengruppe am Giebel des Gasthauses „Hegerhaus" in Hinterdittersbach (Zadní Jetřichovice). Wahrscheinlich handelt es sich um Bewohner des Gasthauses. Die kleine Ansiedlung lag im romantischen Kirnitzschtal an der Grenze zwischen Böhmen und Sachsen in der Sächsisch-Böhmischen Schweiz.

50: Steinbogenbrücke im Ledrotal bei Bezzecca (Italien), 2. Juni 1908
Die Brücke ist malerisch eingebettet in die Landschaft des Ledrotales im Großgebiet des Gardasees. Den genauen Fotostandort gab Albert Wande wie folgt an: „An der Ledrobrücke bei Bezzecca, am Seitenweg südlich der Landstraße von Bezzecca nach Tiarno."

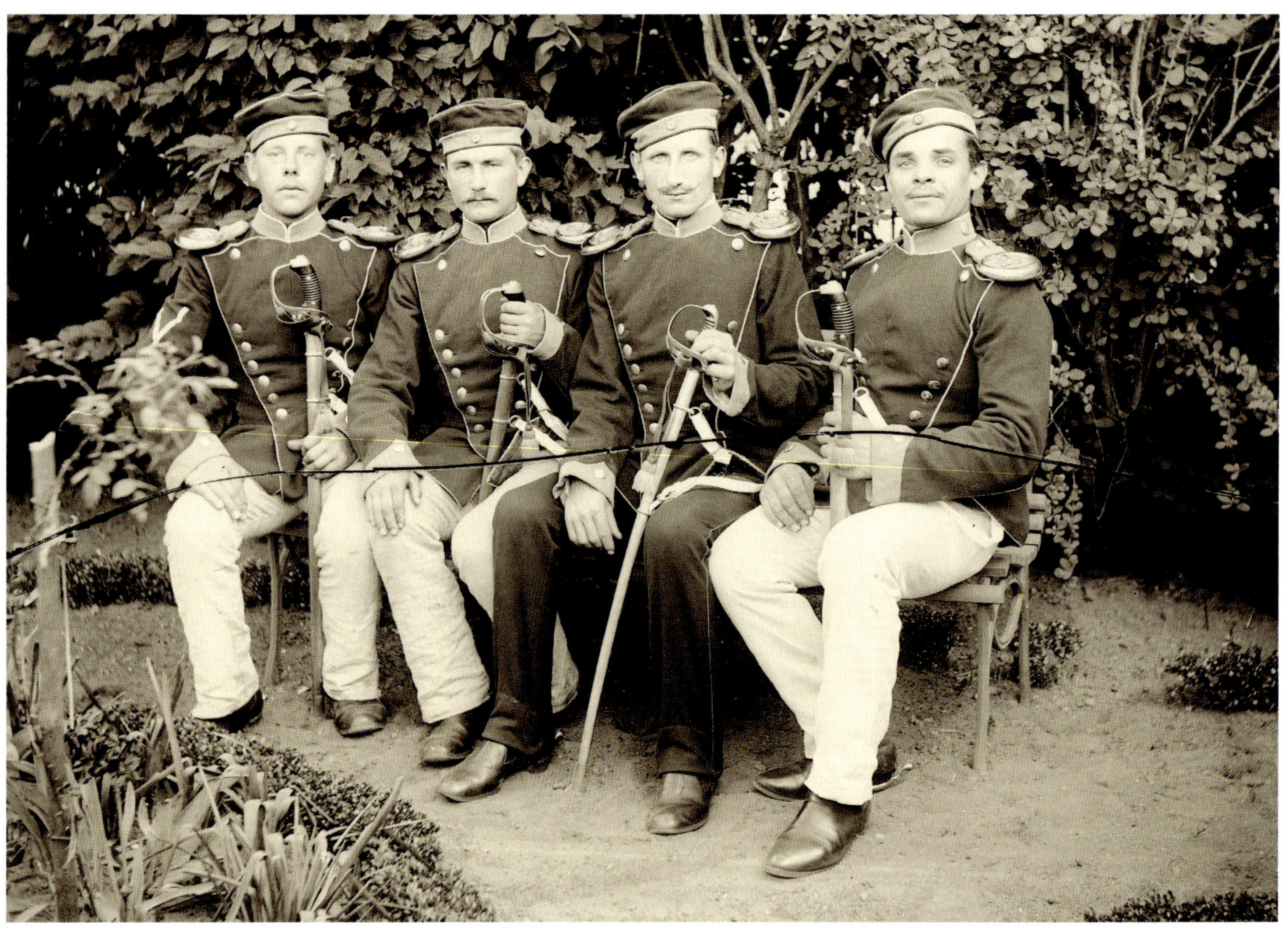

51: Gruppenporträt mit vier Ulanen auf einer Bank, 29. Mai 1895
Das leider gesprungene Glasnegativ zeigt vier Ulanen des in Salzwedel stationierten Reiterregimentes auf einer Bank in einer Garten- oder Parkanlage. Dieses Gruppenporträt vom 29. Mai 1895 ist die früheste bekannte Aufnahme Albert Wandes im Format 13 x 18 cm.

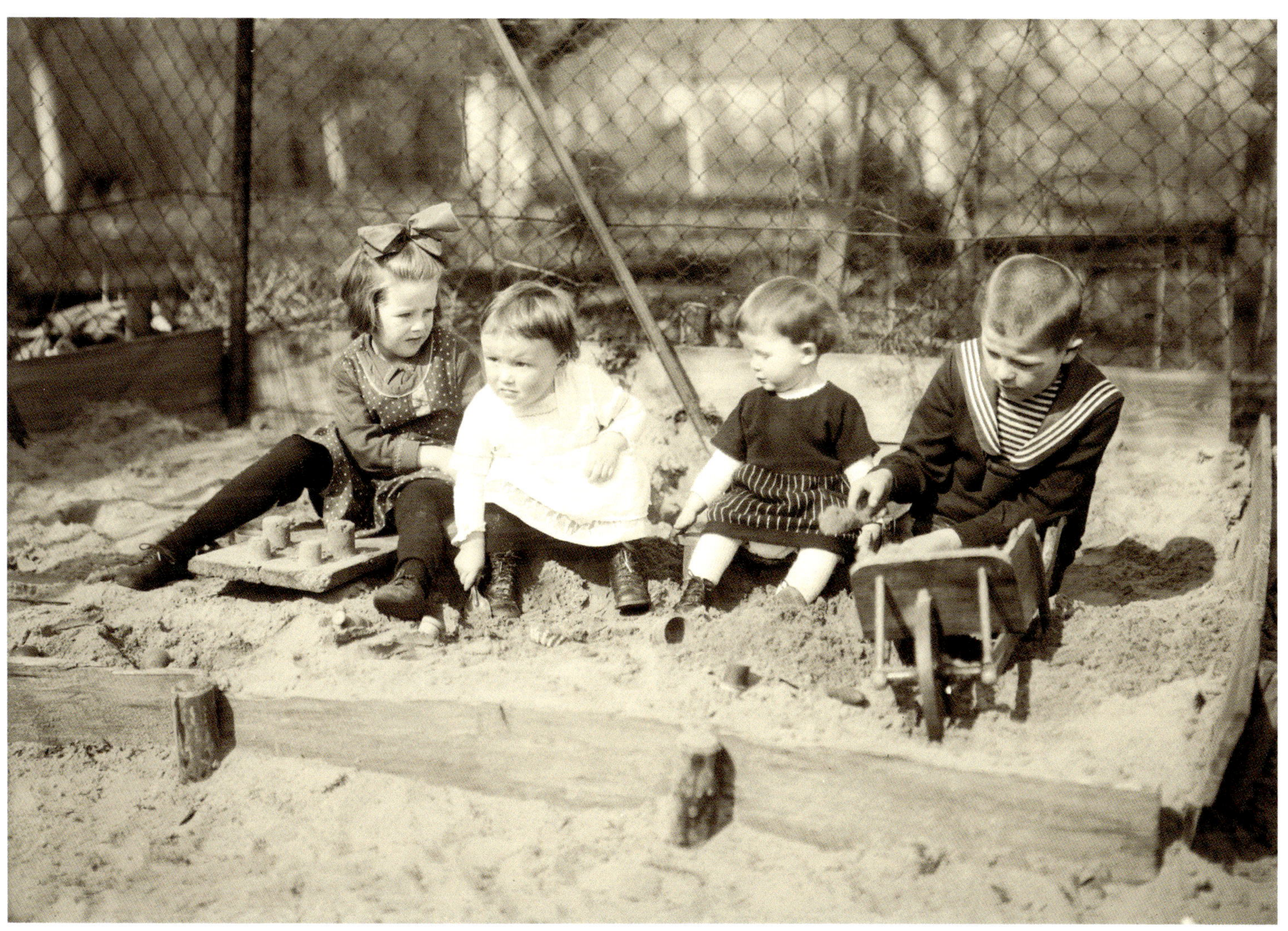

52: Drei Mädchen und ein Junge im jüngeren Alter spielen in einem Sandkasten, 2. April 1926
Bei den vier Kindern handelt es sich um: Irmgard Springguth, Elisabeth Wande, Christel und Gerhard Springguth. Elisabeth Wande (1924-2017, zweite von links), hier im Alter von fast zwei Jahren, war die Enkelin von Albert Wande und Tochter von Albrecht Wande. Sie übergab im Jahre 2014 gemeinsam mit ihren Kindern die Fotosammlung ihres Großvaters dem Danneil-Museum als Dauerleihgabe.

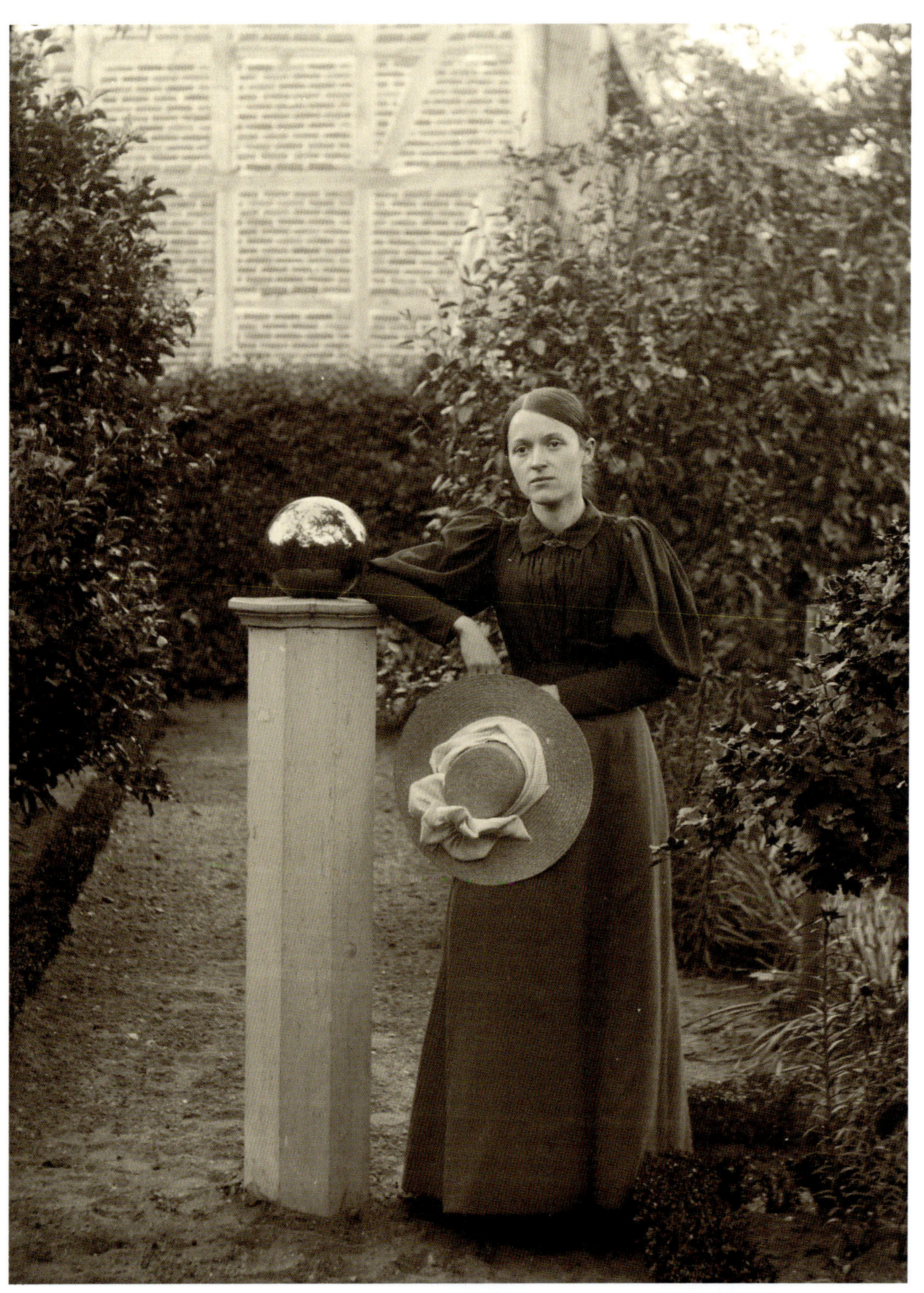

53: Anna Wande an einer Gartenplastik, 29. Mai 1895
Das Ganzporträt zeigt die Ehefrau von Albert Wande, Anna Wande, geb. Randt, im heimischen Garten. Die charakteristische glänzende Kugelplastik wurde in der Originalbeschriftung als „Kugelpfahl" bezeichnet und ist auch ein Zeichen bürgerlicher Gartenkultur.

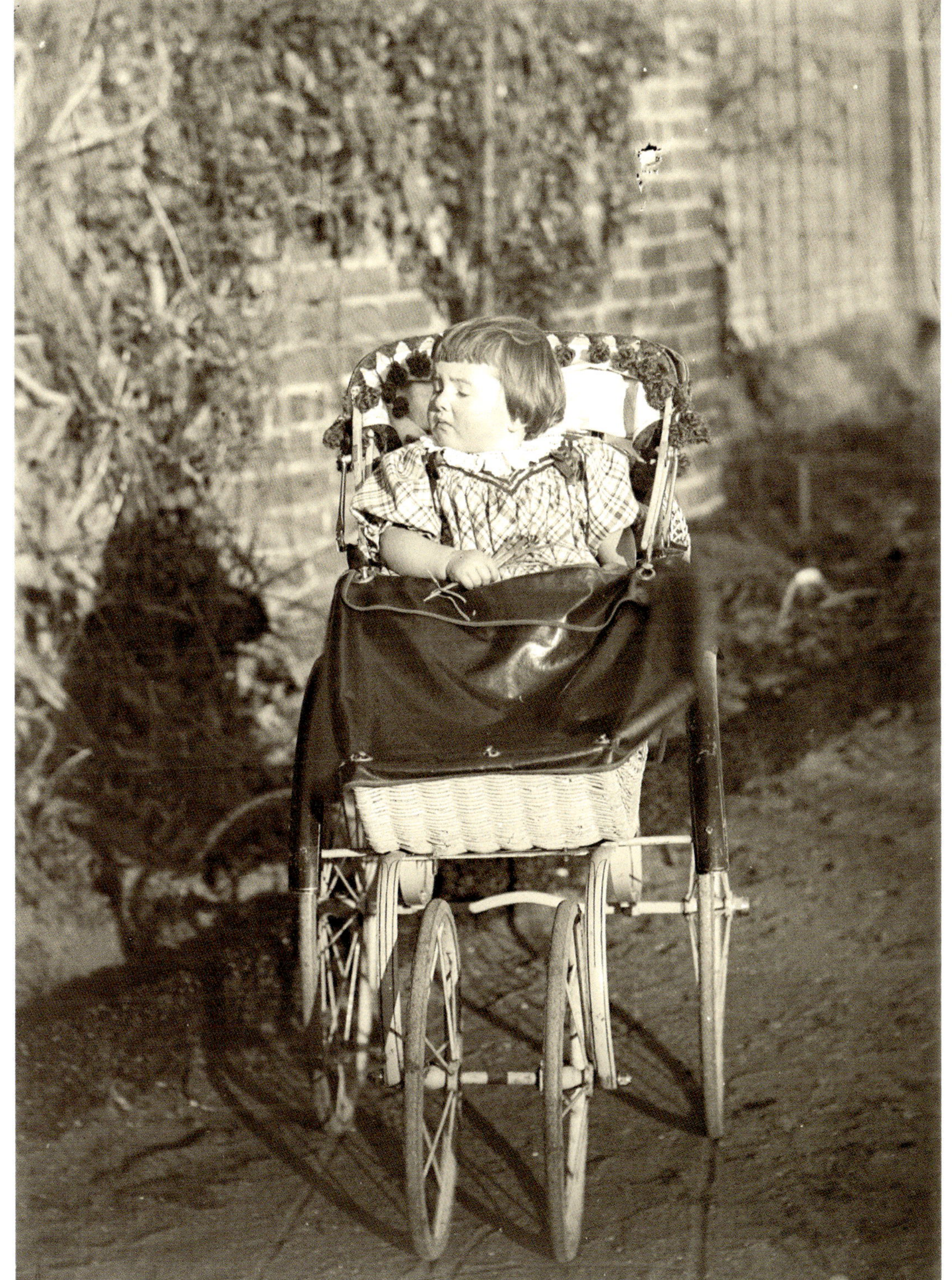

54: Die Tochter Gertrud im Kinderwagen, 22. November 1895
Die Tochter Gertrud schläft im Kinderwagen. Sie wurde am 14. Juli 1894 geboren und ist zur Zeit der Aufnahme bereits über 1 Jahr alt. Der Wagen befindet sich vor einer Gebäudemauer, möglicherweise im Gartengrundstück der Familie Wande.

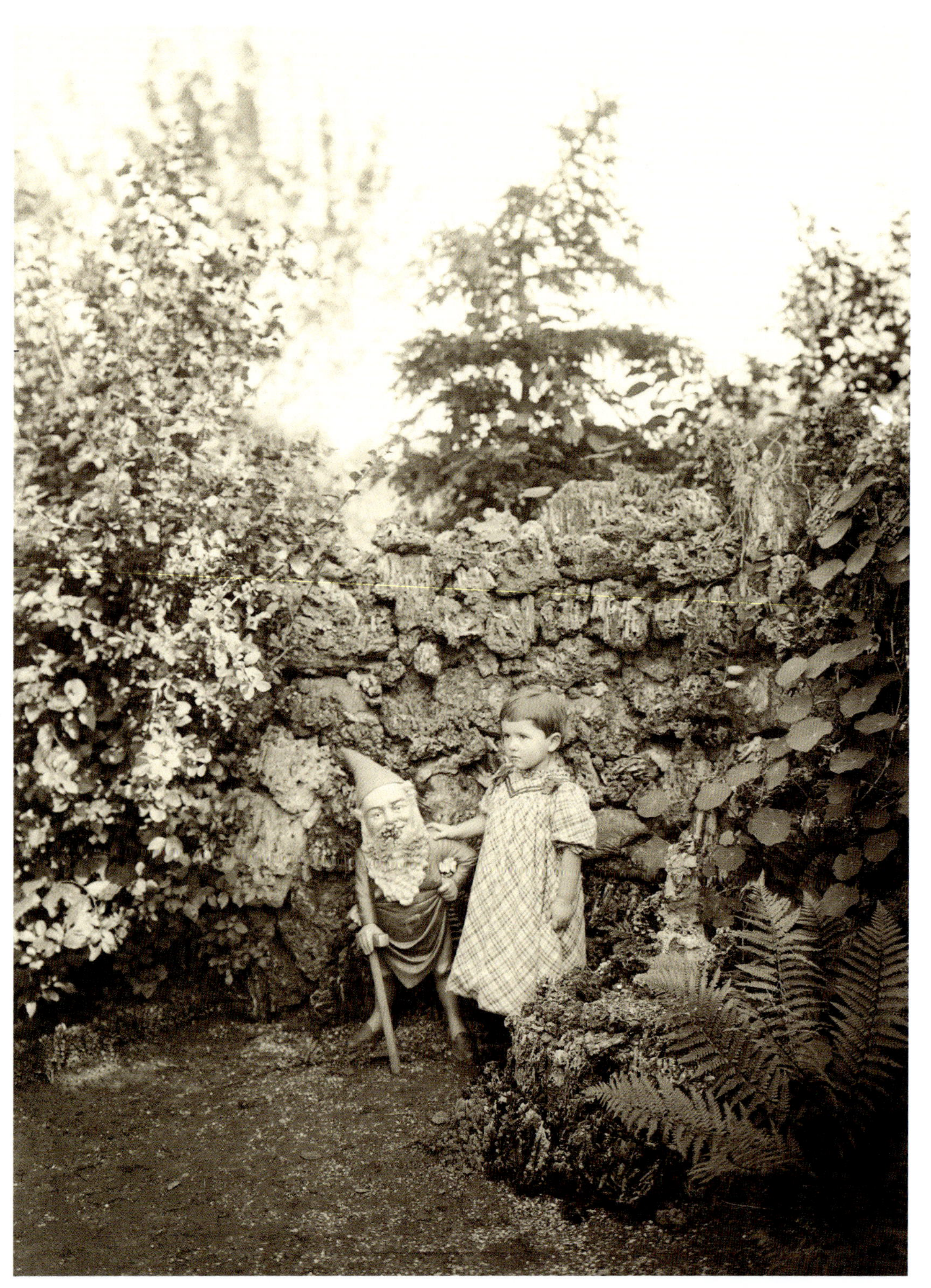

55: Gertrud Wande, die Tochter von Albert Wande mit Gartenzwerg, 16. September 1896
Gertrud Wande steht, wahrscheinlich im Garten der befreundeten Familie Müller, an einem Gartenzwerg. In der Originalbeschriftung des Negatives heißt es: „Gertrud, am kleinen Mann mit Bock." Der „Bock" bezieht sich sicher auf den leicht unwilligen Gesichtsausdruck, den die porträtierte Gertrud hier an den Tag legt.

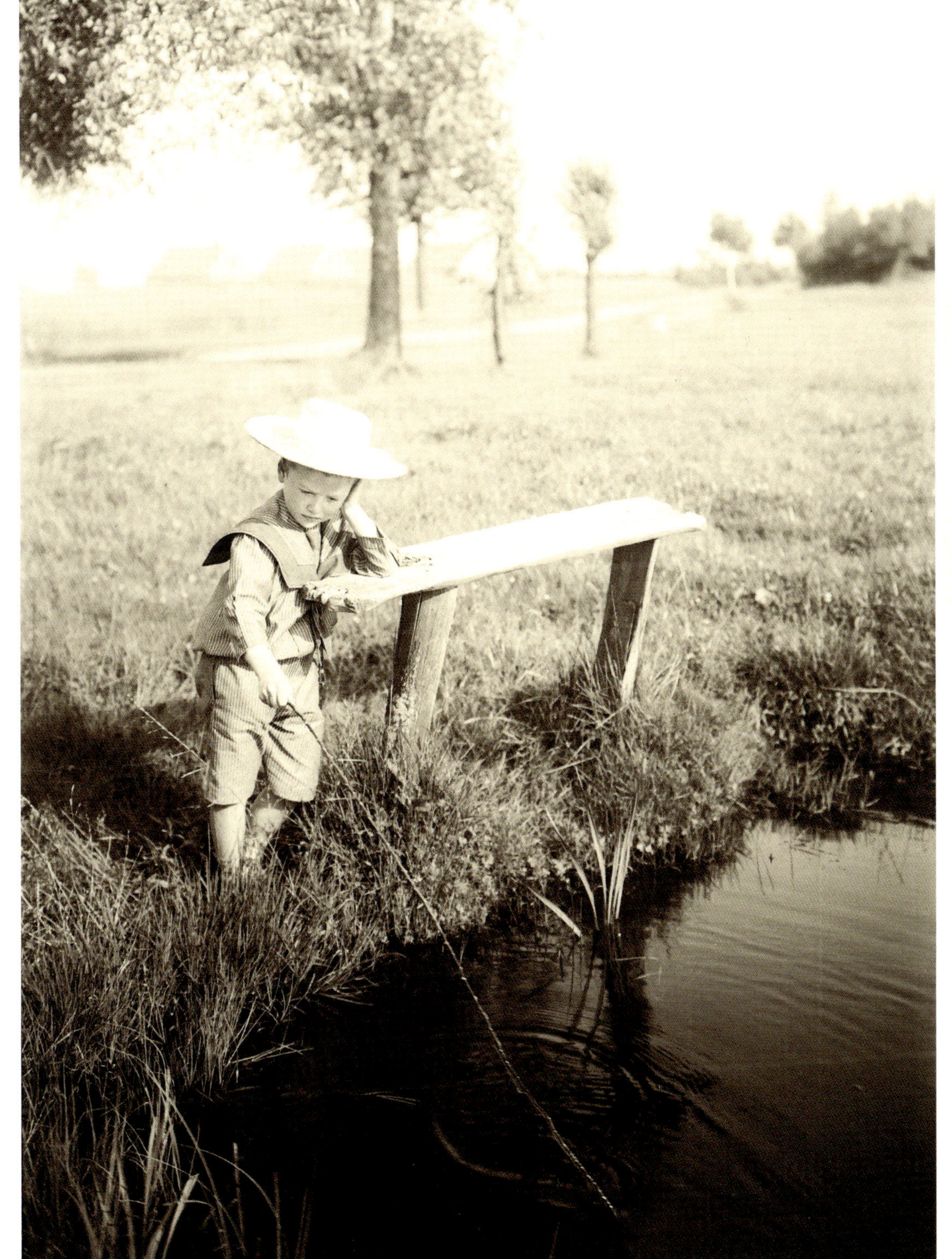

56: Albrecht Wande, der Sohn von Albert Wande an einer Waschbank bei Kemnitz, 23. August 1902
Albrecht Wande steht in Matrosenanzug gekleidet gedankenverloren an einem Gewässer. Er hält eine Gerte in das Wasser und stützt sich dabei auf eine Bank, die sonst als Hilfsmittel zum Wäschewaschen der Dorfbewohnerinnen dient.

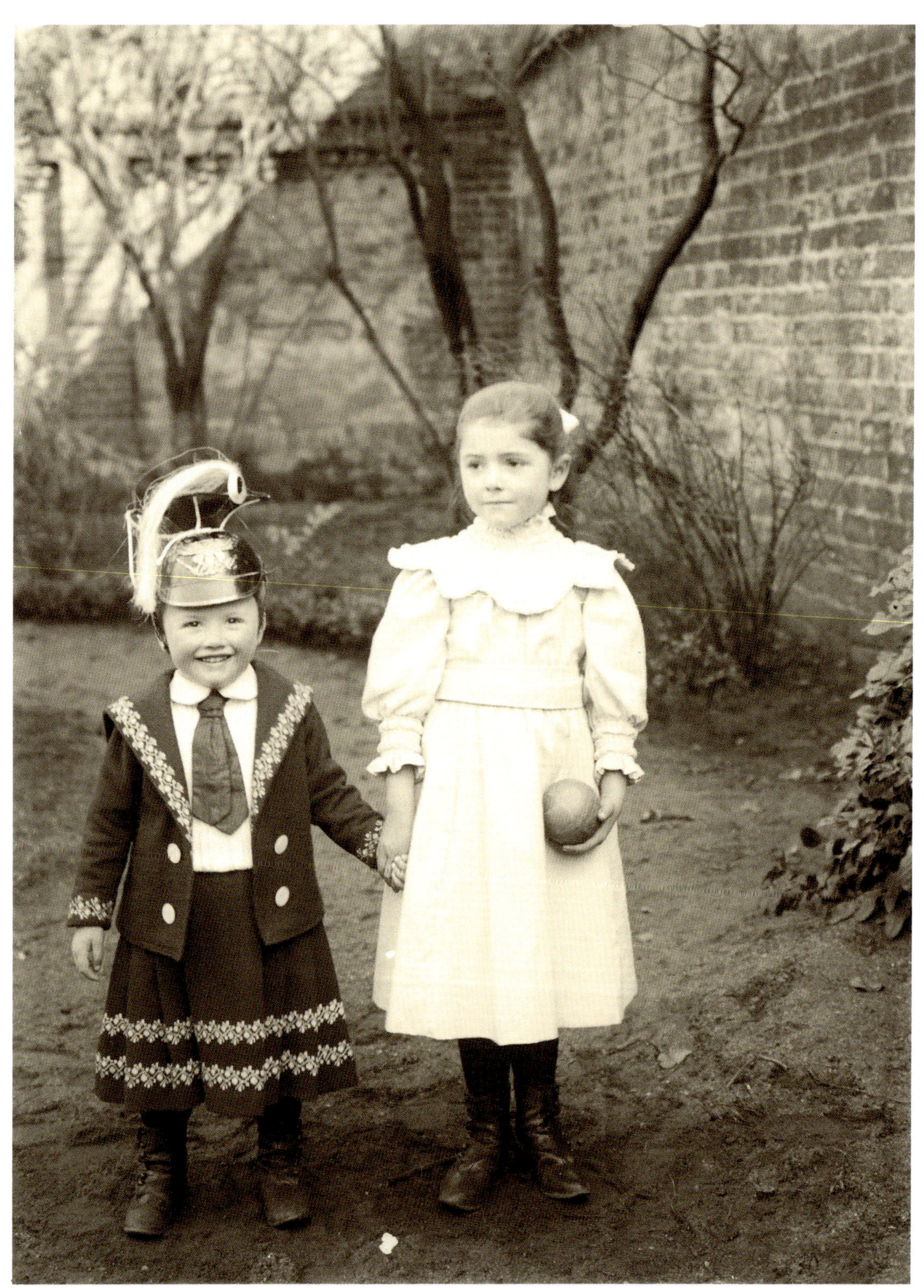

57: **Die Geschwister Albrecht und Gertrud Wande, Kinder von Albert Wande im Garten, 19. März 1900**
Albrecht Wande ist kostümiert in Jacke und Rock und hat einen Kinder-Ulanenhelm auf dem Kopf. Gertrud trägt ein helles Kleid und hält einen kleinen Ball oder Kugel in der Hand.

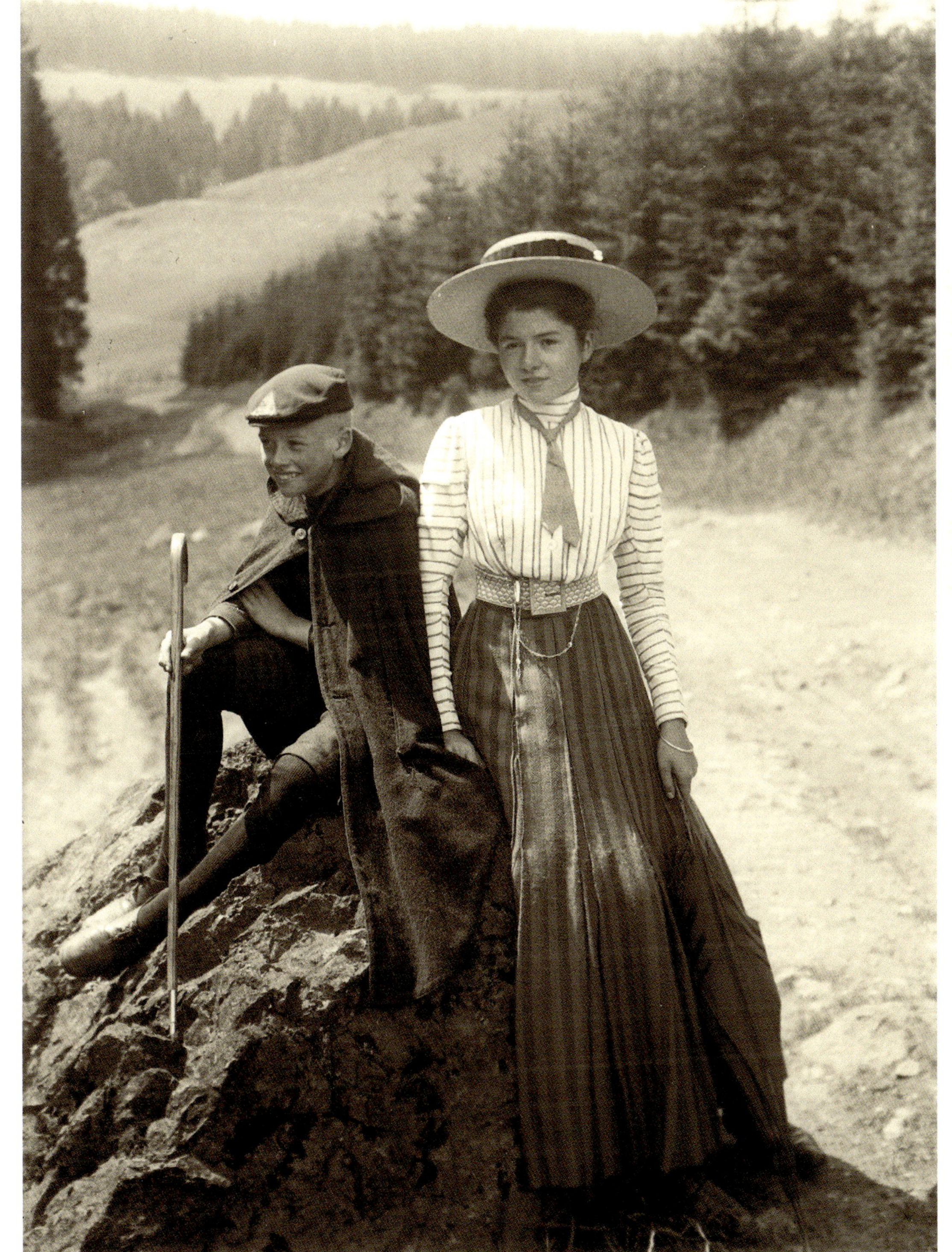

58: Die Kinder der Familie Wande Albrecht und Gertrud bei einem Ausflug im Harz, 23. Juli 1909
Die beiden Geschwister sitzen auf einem Stein. Der Weg befindet sich am Wolfsbachtal bei dem Ort Hohegeiß im Harz. In der Fotosammlung gibt es eine Reihe von Doppelporträts der Geschwister, die sie jeweils im Abstand von einem Jahr zeigen.

Salzwedel

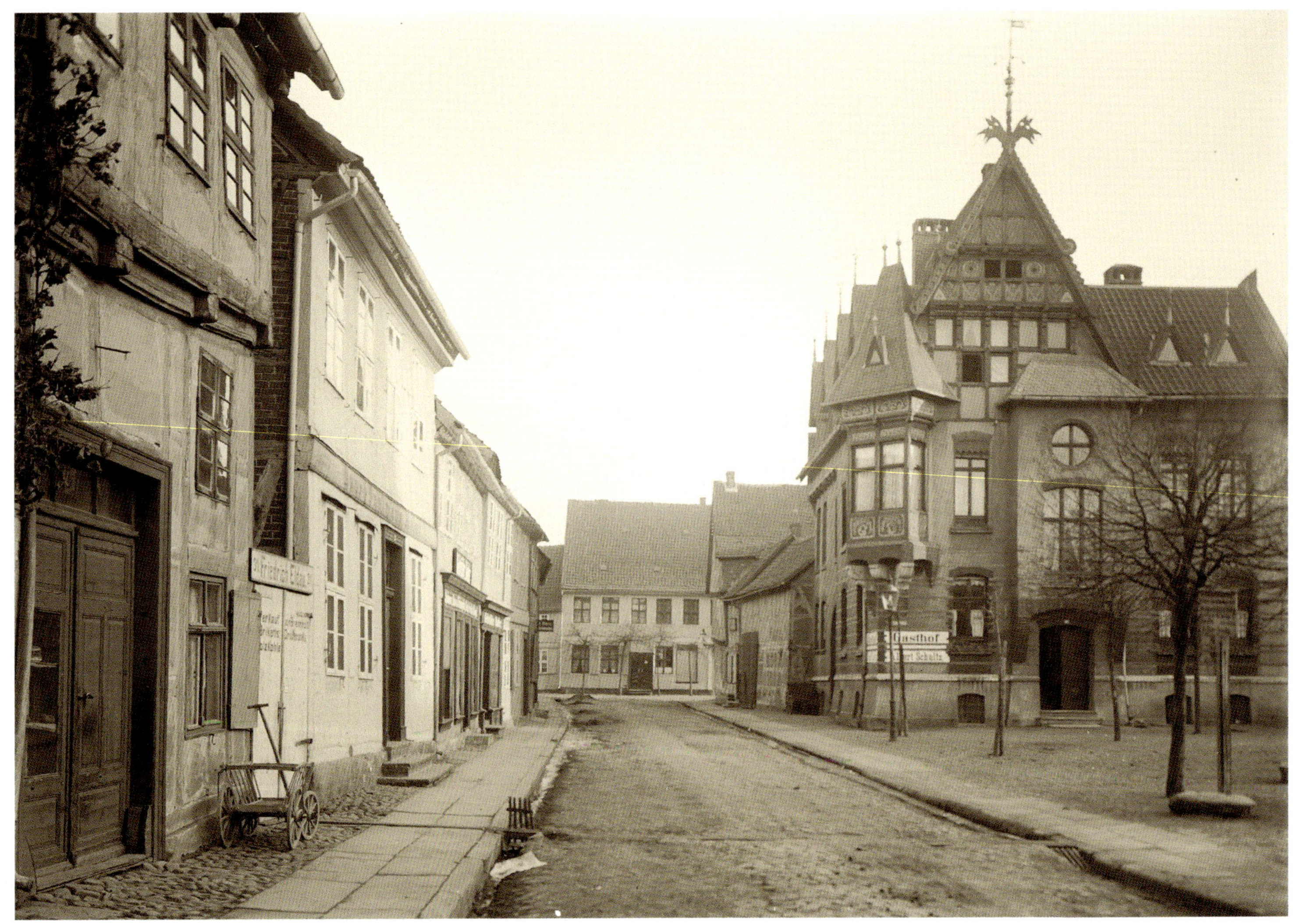

59: Blick durch den Lohteich zur Gastwirtschaft Weißes Roß in Salzwedel, 8. November 1908
Das Bild zeigt die noch vom Fachwerkbau dominierte Straße Lohteich. Rechts im Bild ist das repräsentative Gebäude mit der von Albert Schultz betriebenen Gastwirtschaft „Weißes Roß" (Lohteich 40) zu sehen.

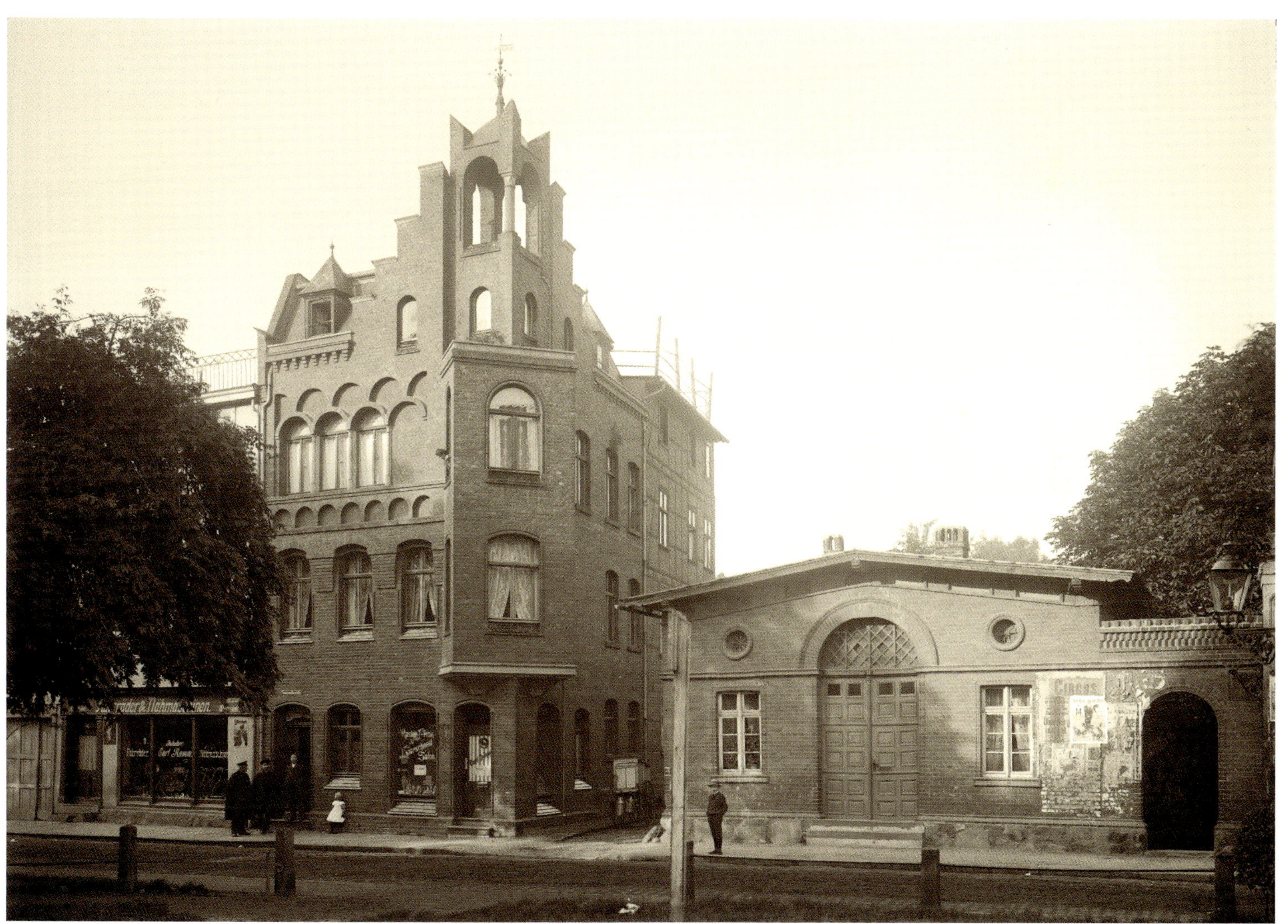

60: Friseursalon Carl Schmidt an der Breiten Straße 47 in Salzwedel, 8. Oktober 1909
Im Mittelpunkt des Bildes steht das markante Gebäude des Friseursalons Carl Schmidt in der Breiten Straße. Das Haus erhielt diese Gestalt im Um- bzw. Neubau im Jahre 1895. Am linken Bildrand befindet sich das Geschäft für Fahrräder und Nähmaschinen von Carl Ramm.

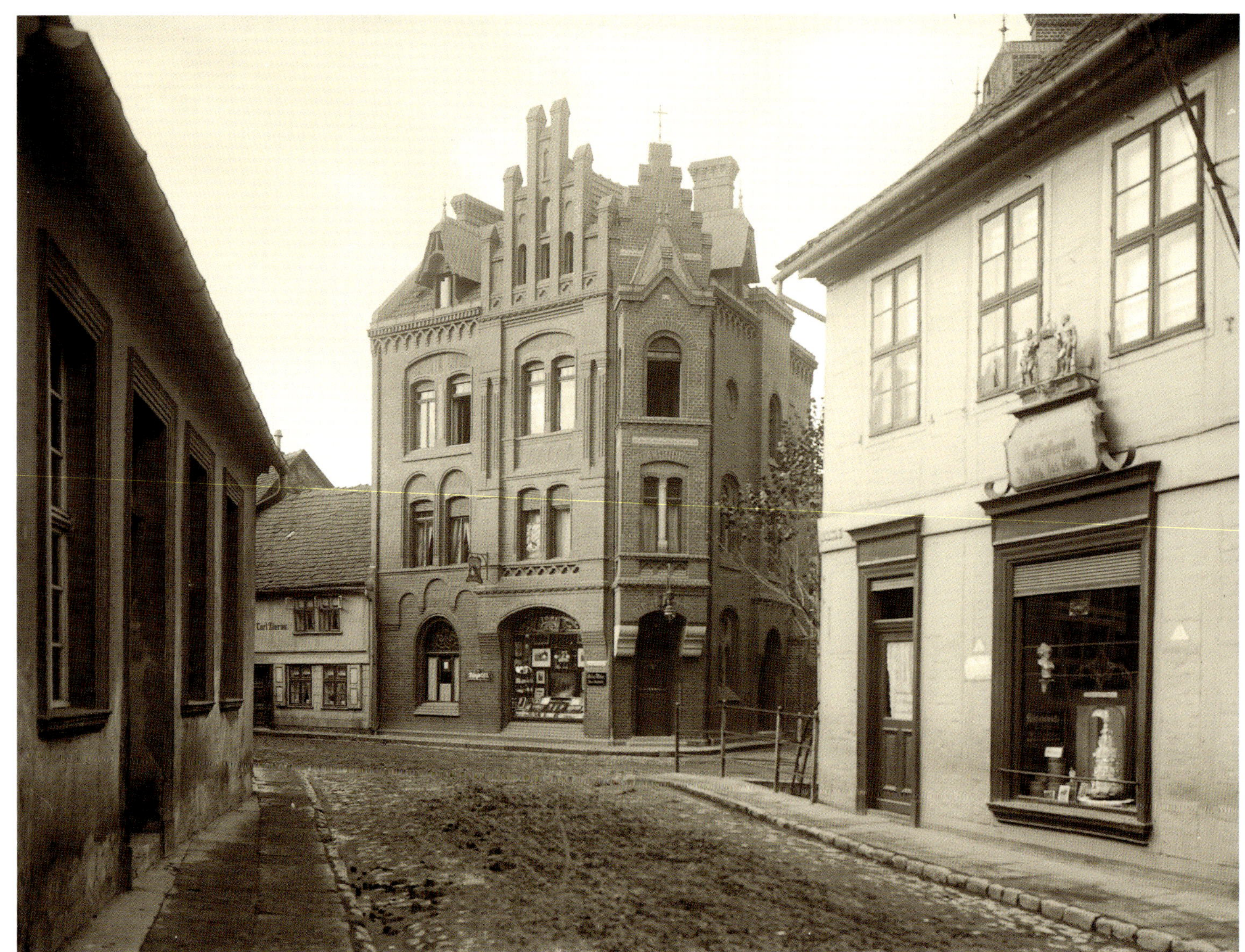

61: Blick durch die Große St. Ilsenstraße zum Haus der Glaserei Müller, 15. Oktober 1909
Das historistische Klinkergebäude im Mittelpunkt der Aufnahme beherbergt die Glaserei Müller. Im Schaufenster sind Beispiele verschiedener Bildereinrahmungen ausgestellt. Rechts am Bildrand verweist die Schaufenster- und Hausdekoration auf die dort ansässige Baumkuchenbäckerei Emil Schernikow.

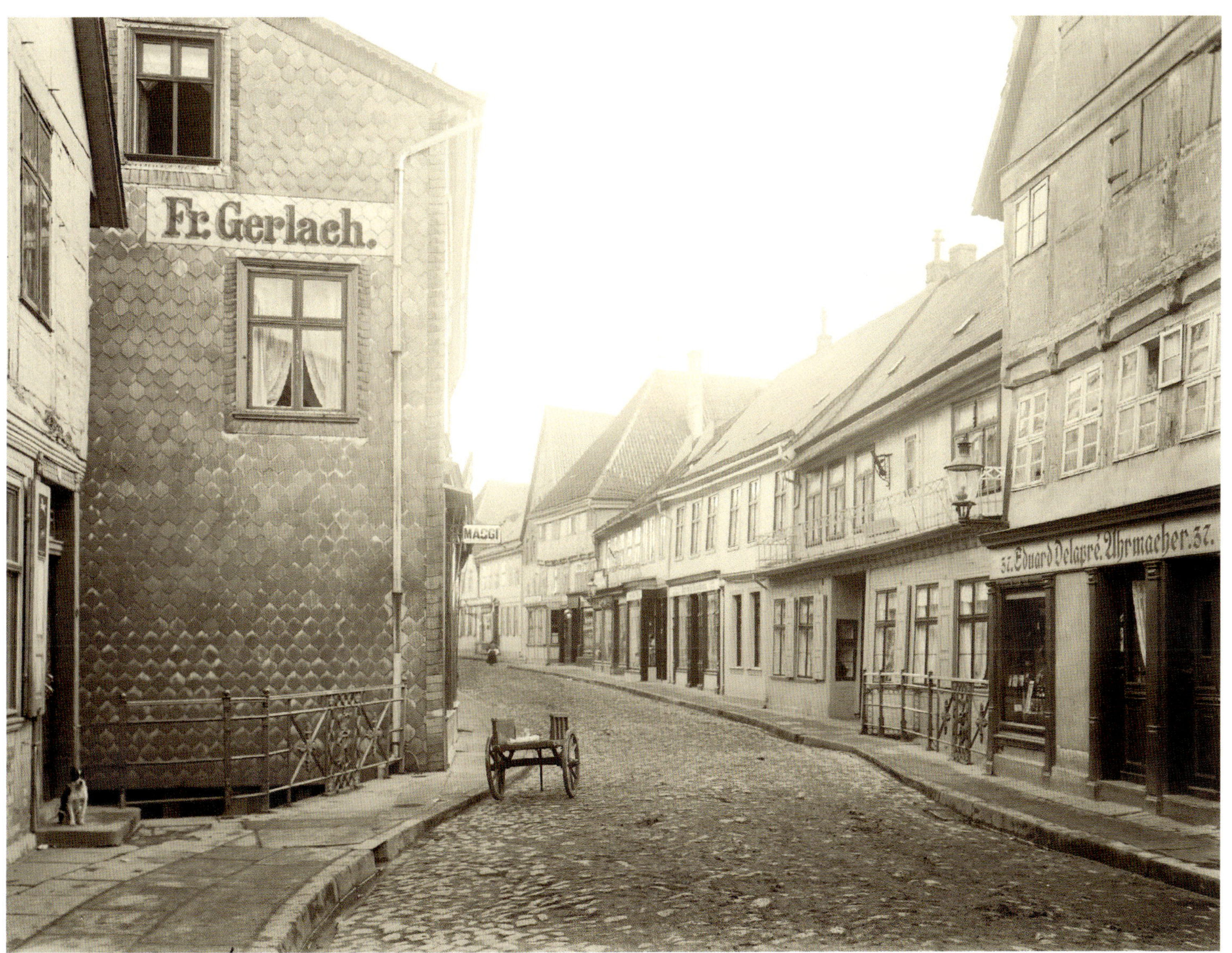

62: Blick über die Königsbrücke in die Altperverstraße in Salzwedel, um 1900
Das Bild gibt einen Einblick in die dichte Häuserreihung der Altperverstraße mit mehreren Wohn- und Geschäftshäusern. Am rechten Bildrand ist das Geschäft des Uhrmachermeisters Eduard Delapré zu sehen. Mehrere Häuser dahinter befindet sich das Haus des Färbereibesitzers Hartwig Dammann. Links am Bildrand die Werbeinschrift der Firma Gerlach.

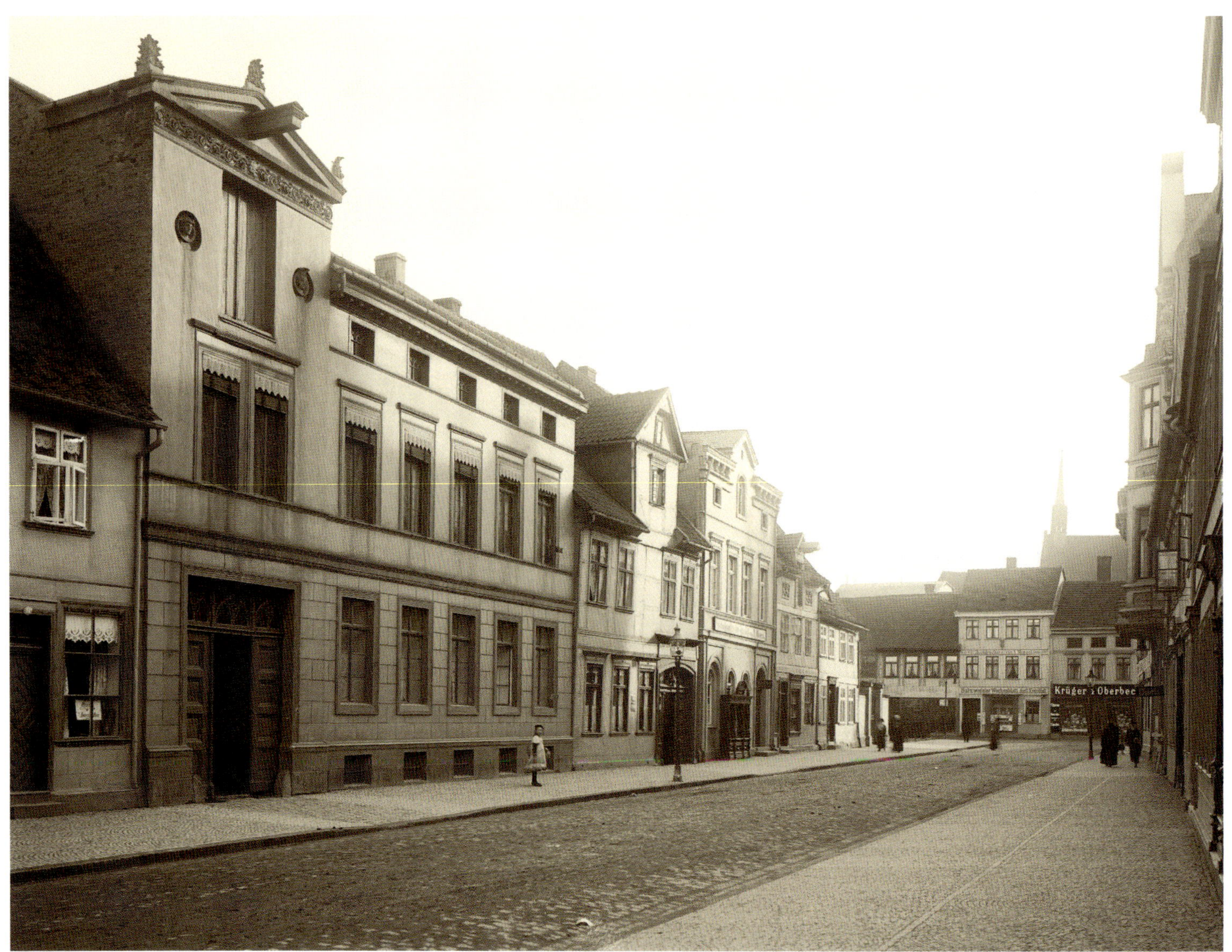

63: Blick in die Breite Straße in Salzwedel, 29. Februar 1912

Albert Wande fotografierte hier die östliche Seite der Breiten Straße in Salzwedel. Im Originaltitel wird „Busses Haus" ausdrücklich erwähnt. Dabei handelt es sich offensichtlich um das große repräsentative Gebäude links mit der offenen Toreinfahrt und dem Ausleger für den Flaschenzug über der Dachspeicherluke, das dem Kaufmann Paul Busse gehörte.

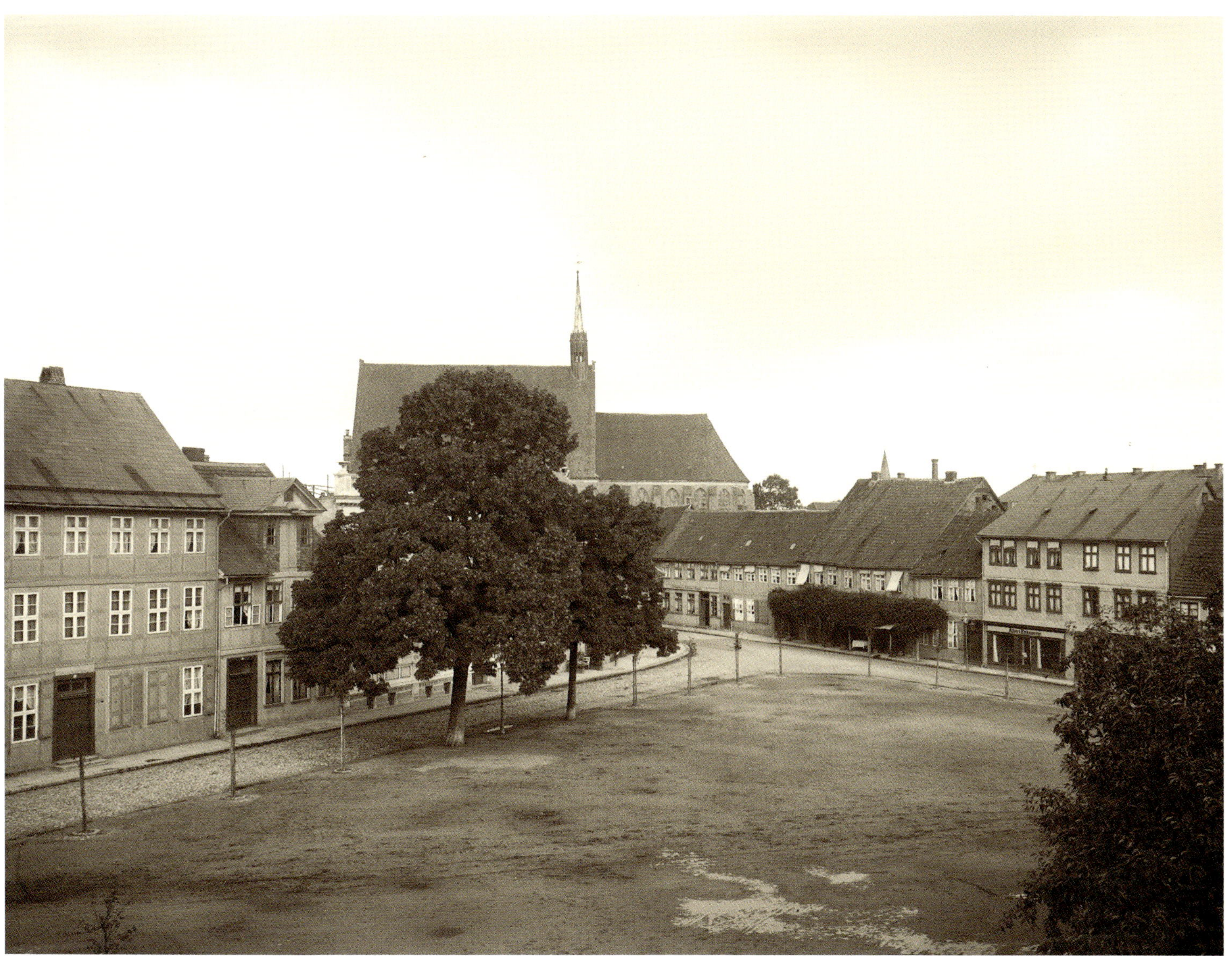

64: Der Paradeplatz in Salzwedel mit Blick zur Mönchskirche, Juni 1897
Das Foto zeigt den leeren Paradeplatz nach einem Regen im Juni 1897. Im Blickpunkt des Fotografen lag die große Dachfläche der Mönchskirche. Auf dem Platz befand sich im Mittelalter die im 18. Jahrhundert abgerissene Nicolaikirche.

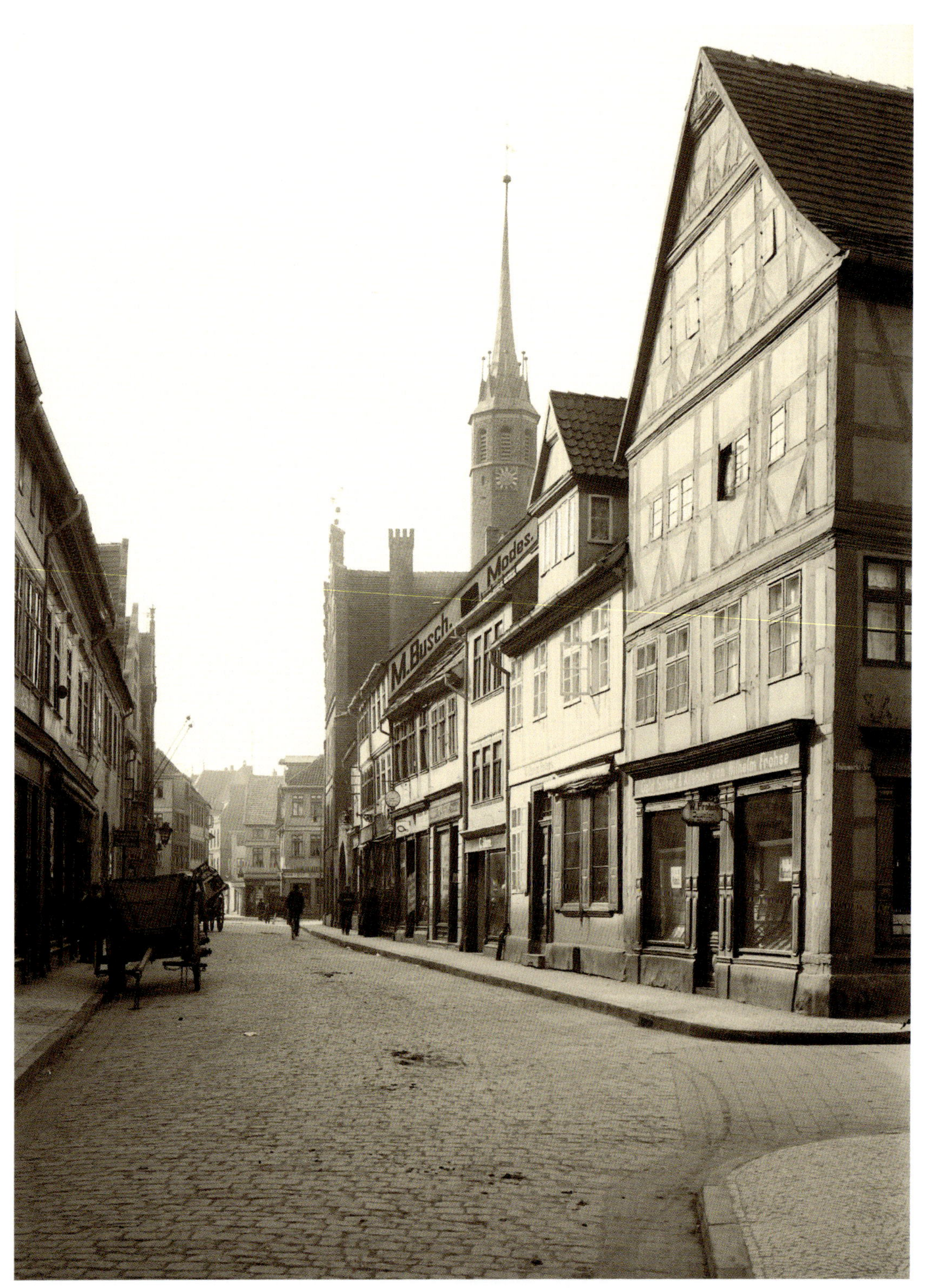

65: Blick in die Burgstraße in Richtung Amtsgericht, 11. März 1912

Rechts am Bildrand an der Ecke Holzmarktstraße ist das Geschäft des Juweliers Wilhelm Frohse. Das Gebäude wurde später umgebaut und eine repräsentative Schaufensterfront eingerichtet.

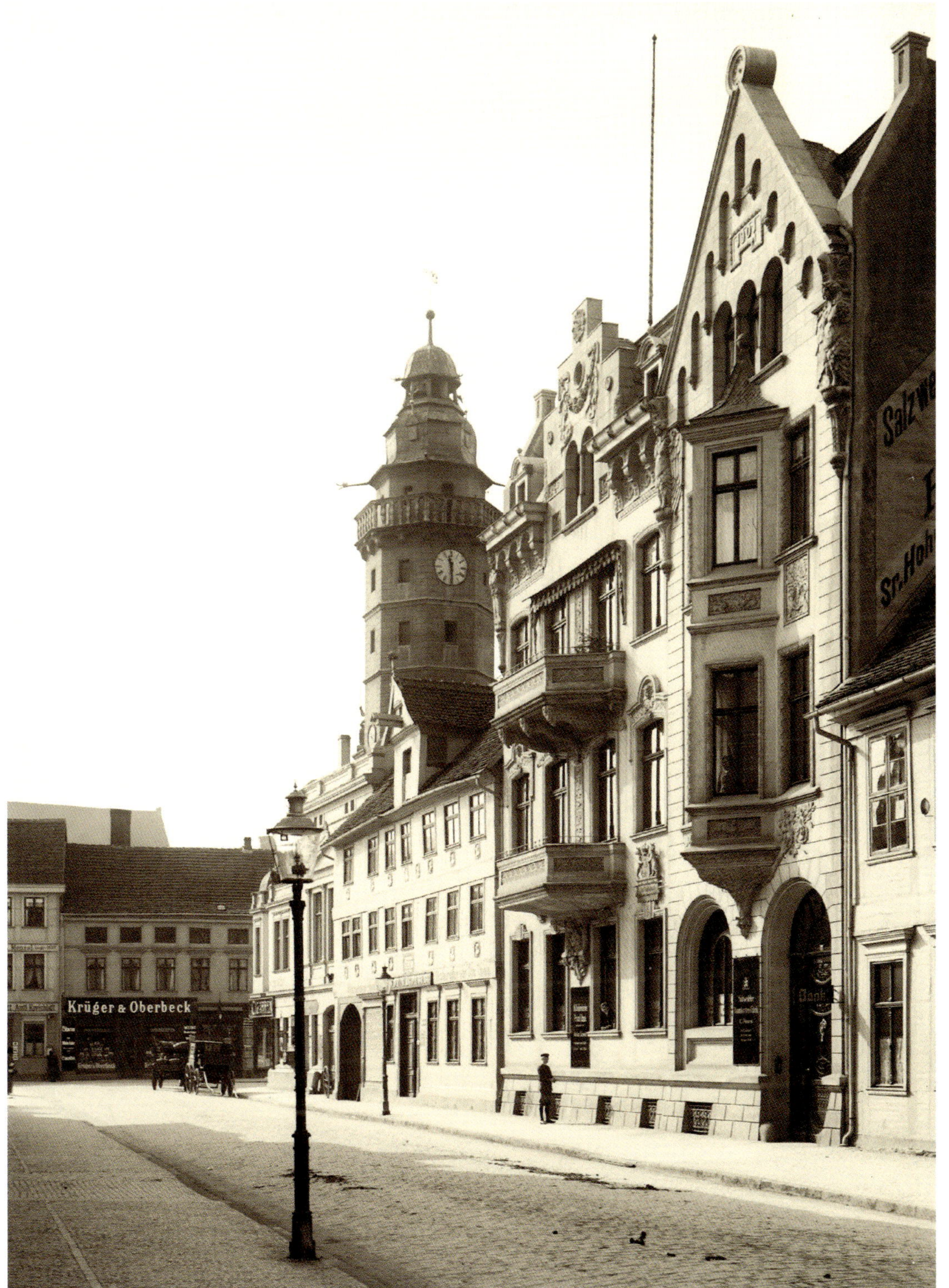

66 Blick in die Breite Straße mit Rathausturm, 11. März 1912
Am rechten Bildrand befindet sich das erst wenige Jahre zuvor errichtete Wohn- und Geschäftshaus des Baumkuchenbäckers C. Peters. Hier im Haus war auch ein Geldinstitut untergebracht.

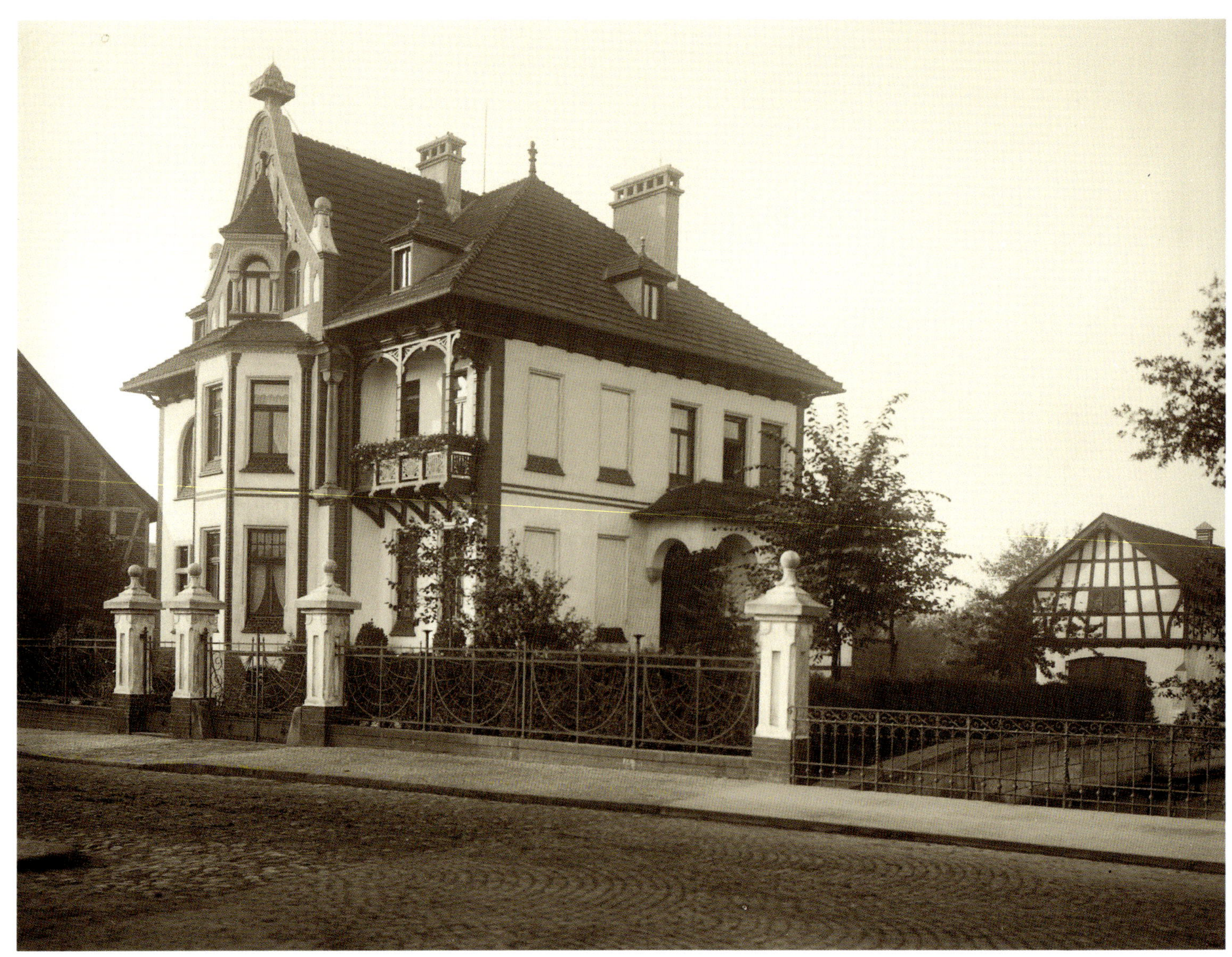

67: Villa des Brauereibesitzers Hermann Freydanck in Salzwedel, Vor dem Neuperver Tor, 8. Oktober 1909
Die repräsentative Villa ließ der Salzwedeler Brauereibesitzer Hermann Freydanck 1904 erbauen. Nach der langjährigen Nutzung als Kinderkrippe (1960-1990) wurde nach grundlegender Sanierung im Mai 1994 hier die Stadt- und Kreisbibliothek Salzwedel eröffnet.

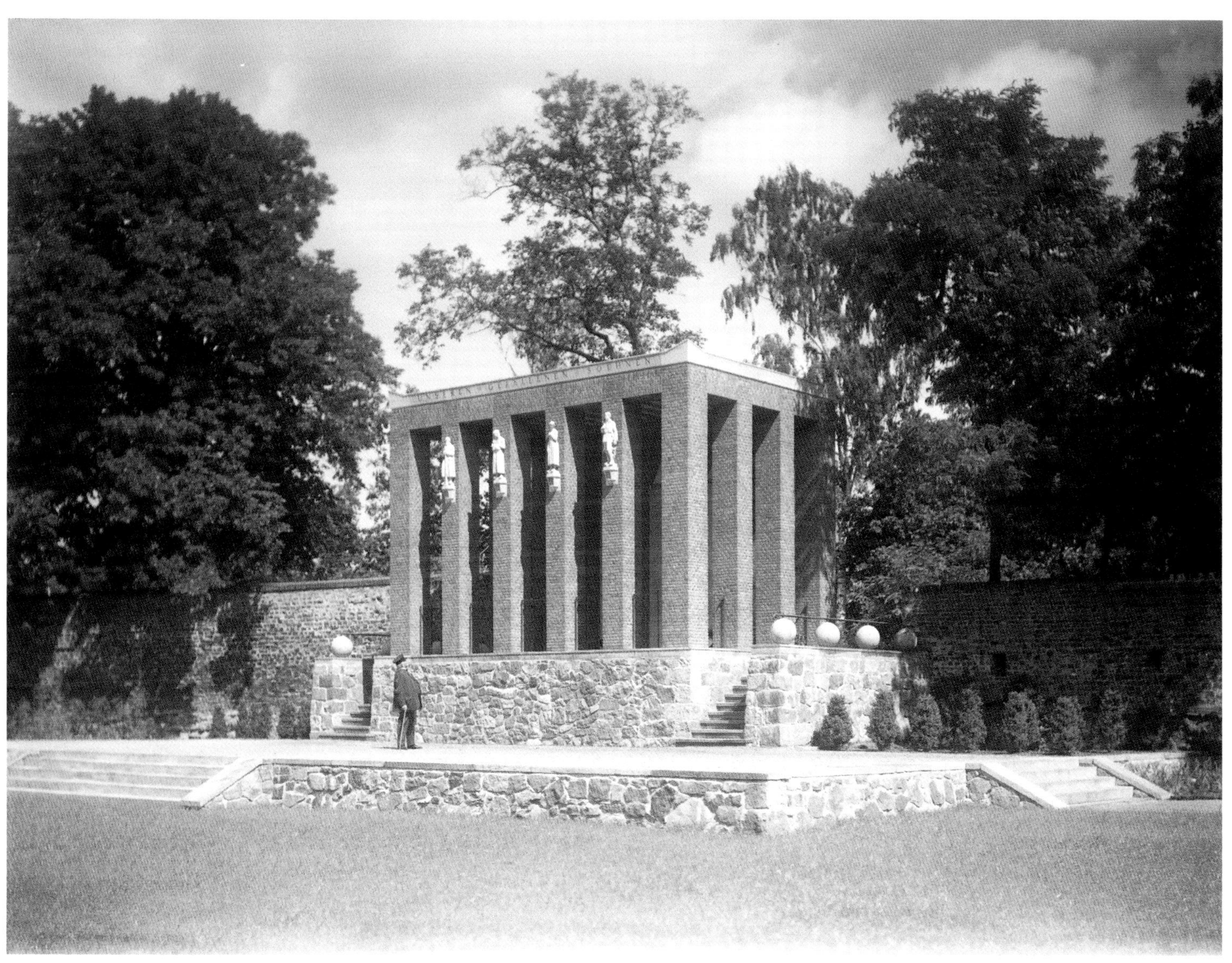

68: Ehrenhalle für die Gefallenen des 1. Weltkrieges im Salzwedeler Burggarten, 27. Juli 1923
Die Aufnahme zeigt die Ehrenhalle für die Salzwedeler Bürger, die im 1. Weltkrieg ihr Leben verloren. Albert Wande hatte den Auftrag zur Bilddokumentation für die am 29. April 1923 eingeweihte Gedenkstätte erhalten. Hierzu existiert eine kleinere Bildserie mit mehreren Detailfotografien.

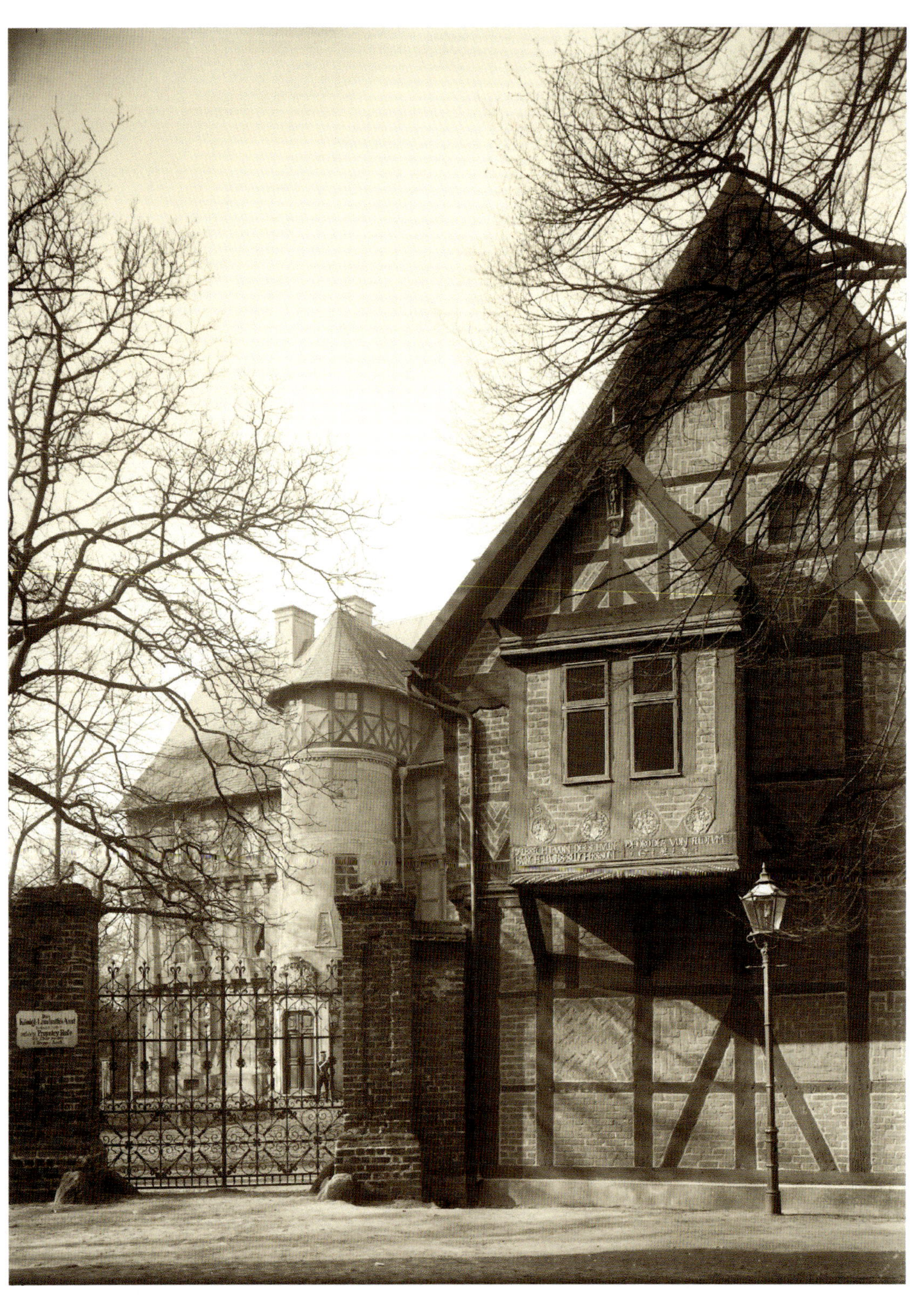

69: Giebel des Marstalls mit Propsteitor, 10. April 1897

Auf dem Hof vor dem heutigen Museumsgebäude steht ein Wachposten der Ulanen. Im repräsentativen Wohngebäude der Familie von der Schulenburg befand sich auch der Wohnsitz des Kommandeurs des hiesigen Ulanenregimentes. Das Schild am Torpfeiler verweist auf das Büro des Landrates im ehemaligen Marstall.

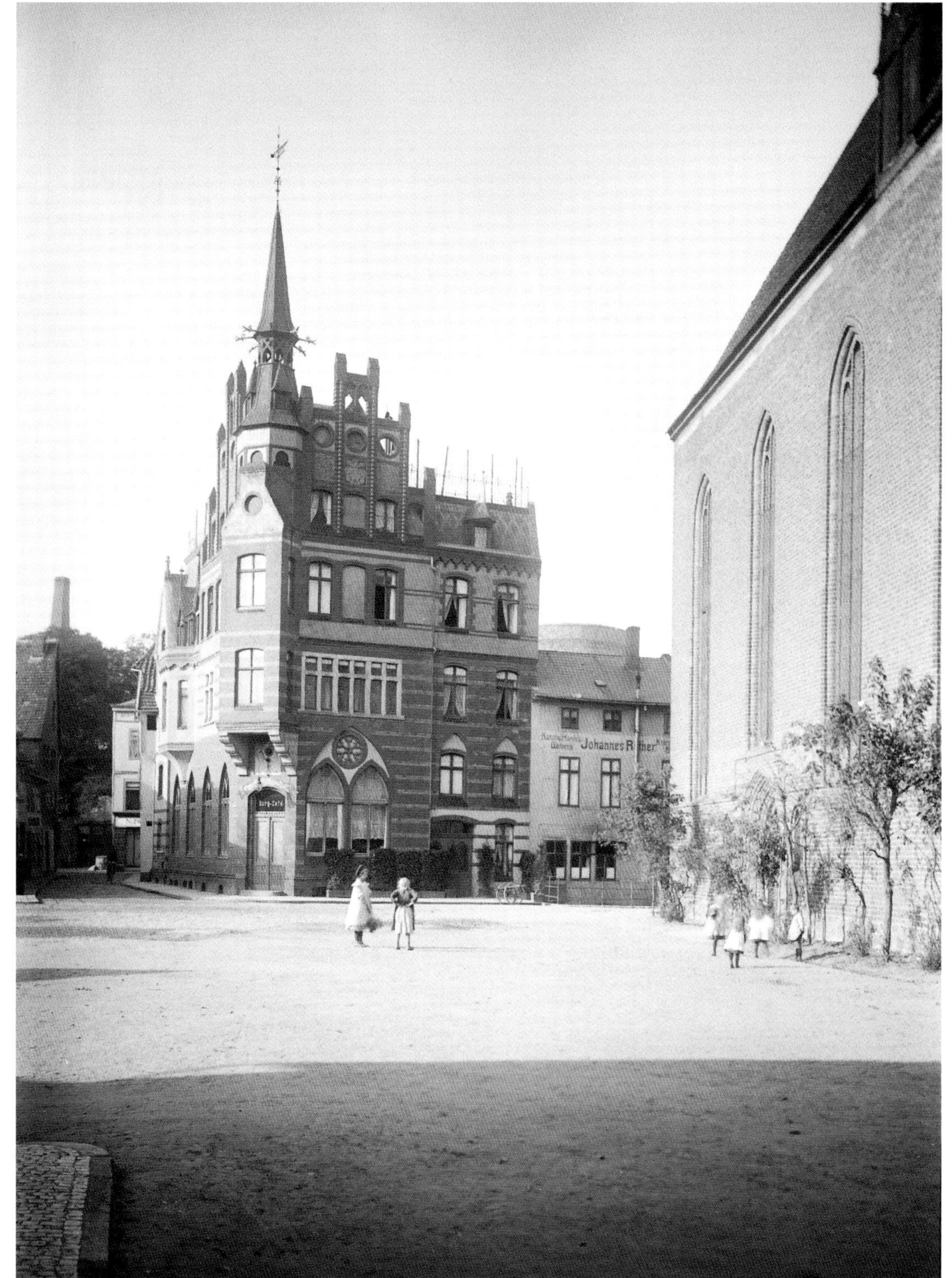

70: Das Burgcafé an der Mönchskirche in Salzwedel, 22. Oktober 1909
Im Zentrum des Bildes steht das historistische Burgcafé an der Mönchskirche. Die Wirtschaft von William Stappenbeck war eine der bekanntesten Gaststätten von Salzwedel. Das 1890 errichtete Haus wurde 1988 abgerissen und durch einen Neubau ersetzt.

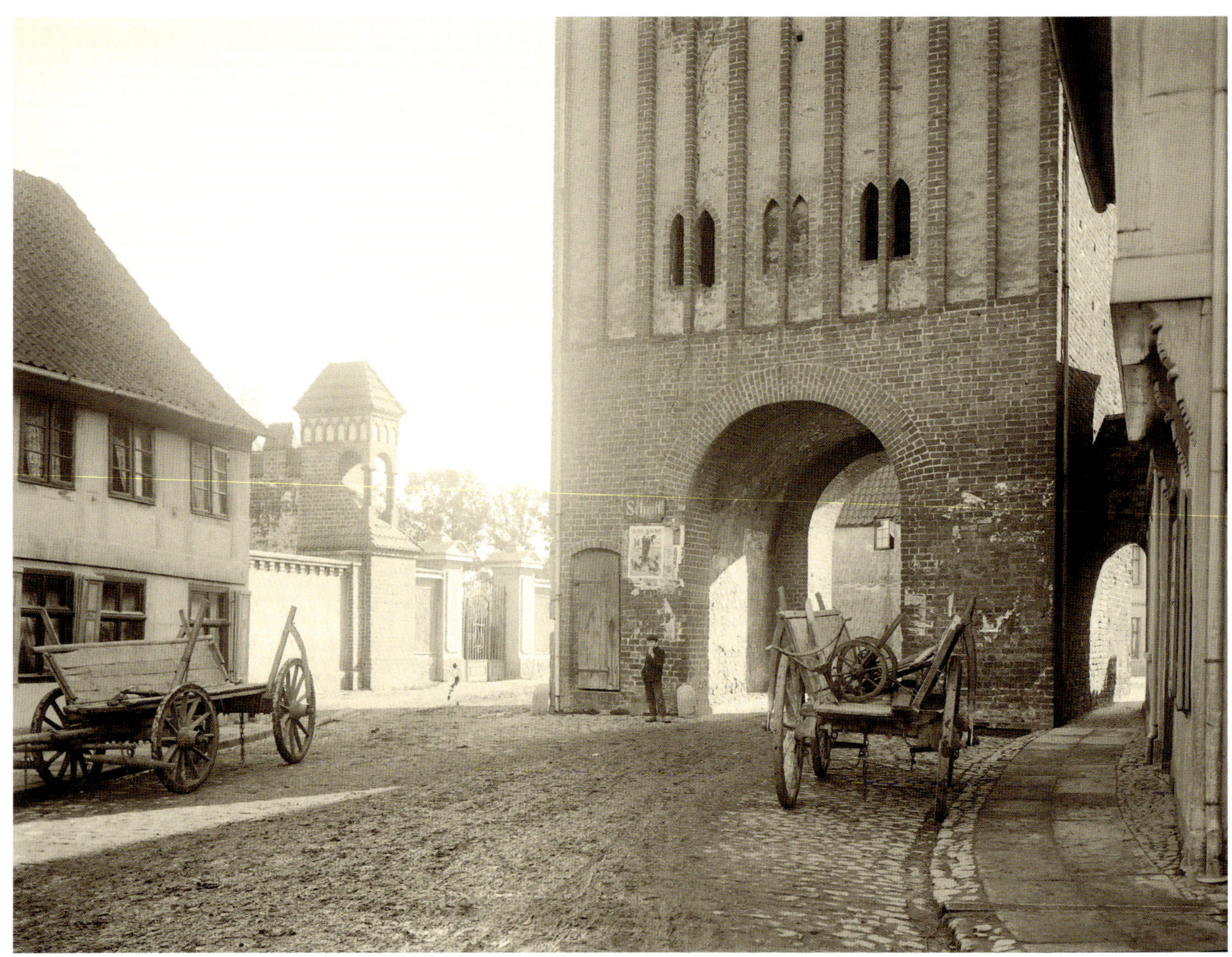

71: Neuperverstraße am Neuperver Tor in Salzwedel, 15. Oktober 1909
Rechts und links des Tores sind zwei Ackerwagen zu erkennen. Die Straße mit Kopfsteinpflaster ist mittig durch eine dünne Schlammschicht bedeckt. Die Mauerflächen rechts und links der Durchfahrt dienten offensichtlich zu dieser Zeit zum Anbringen von Plakaten und Bekanntmachungen.

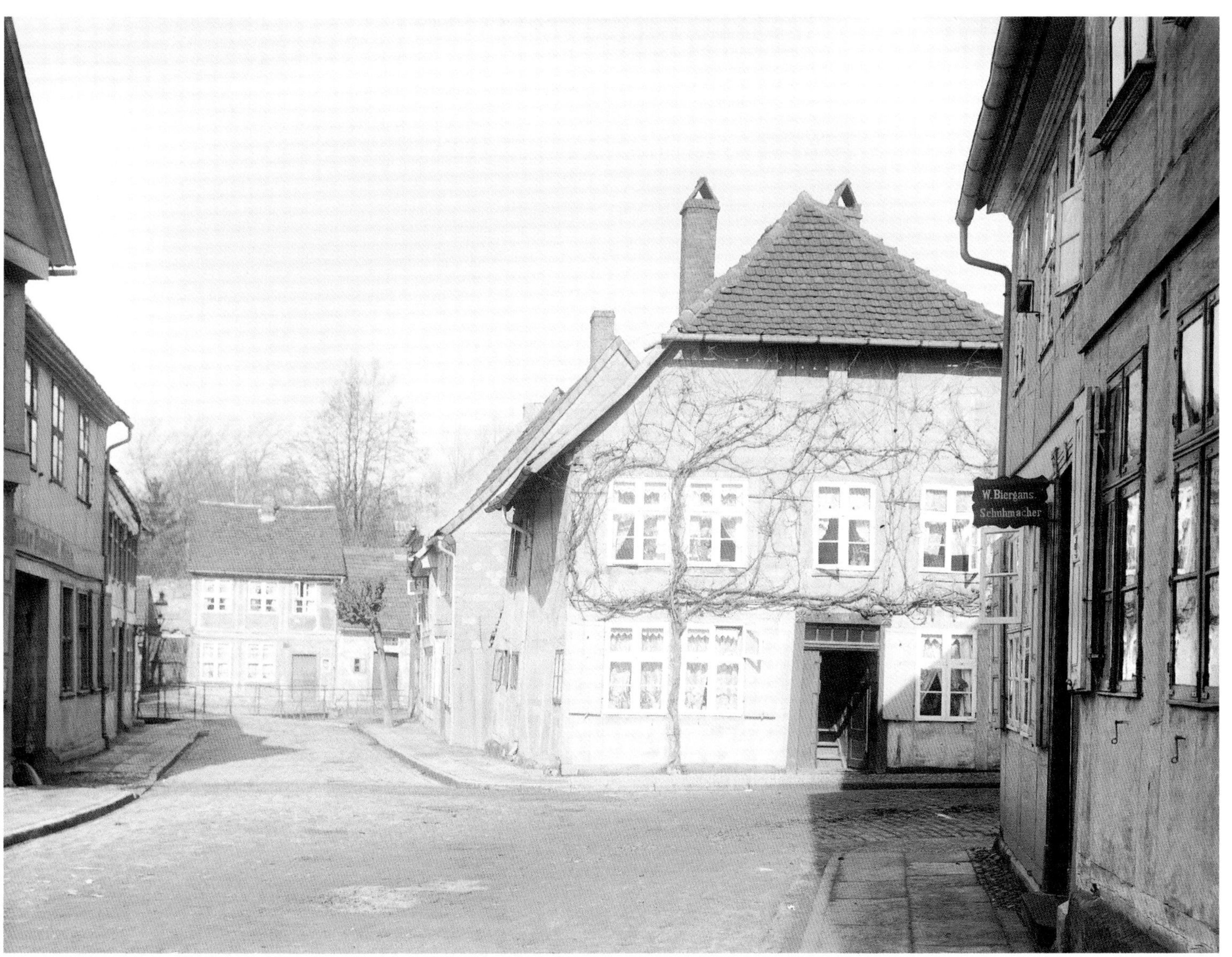

72: Reichestraße mit Blick in Richtung Hafen, 29. Februar 1912
Das hier dominante Eckhaus wie auch das hinten sichtbare kleinere Querhaus wurden später abgerissen. Rechts ist ein kleiner Werbeausleger eines Schuhmachers, links das später ebenfalls abgerissene Torhaus von „Gustav Steinhöfels Mühle" zu erkennen.

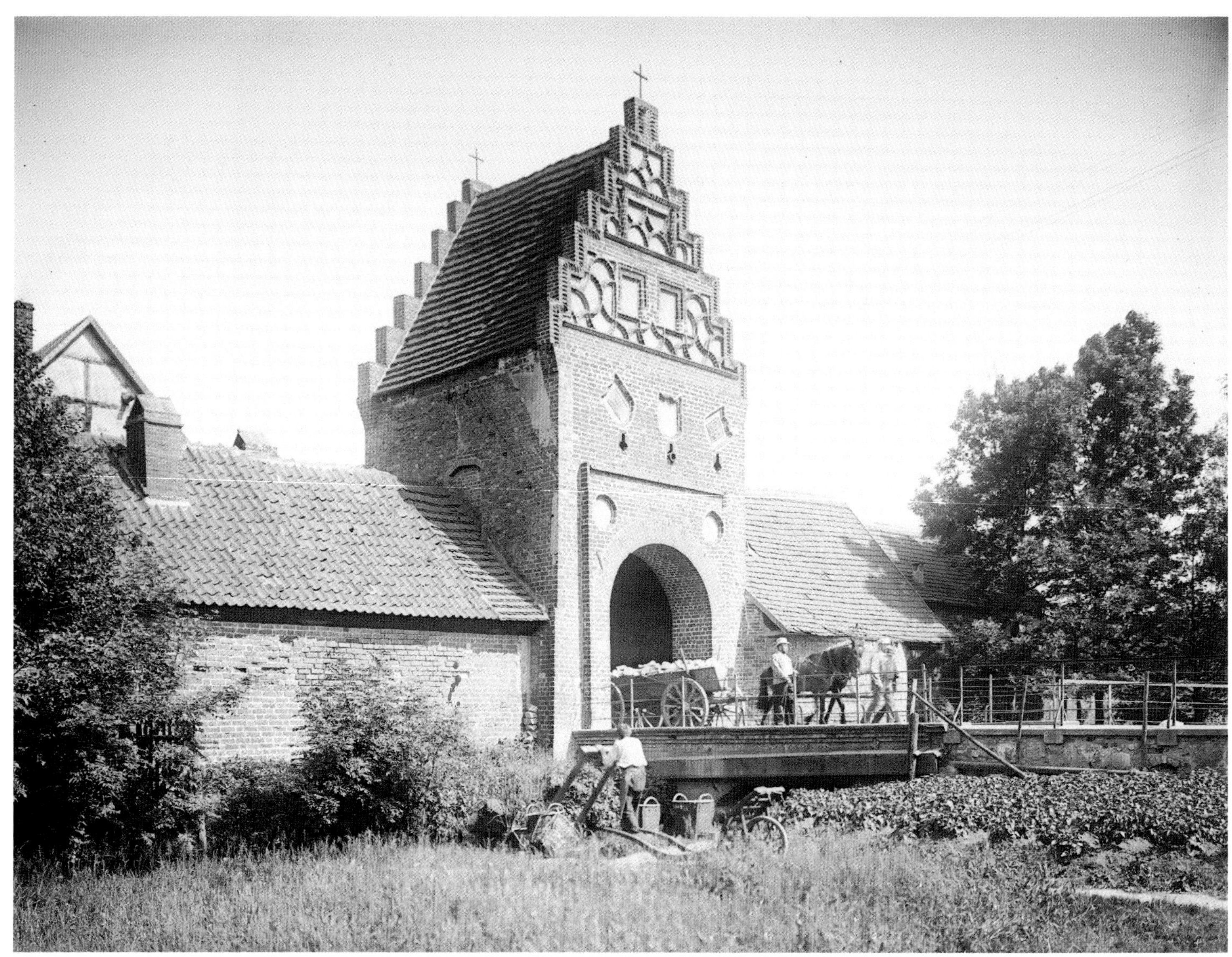

73: Ansicht des Steintores von der Feldseite, 10. Juni 1898
Das Steintor ist eines der beiden erhaltenen inneren Stadttore von Salzwedel. Die Momentaufnahme zeigt einen Ackerwagen, der mit Steinen beladen über die Dumme-Brücke aus der Stadt geführt wird. Am Ufer davor steht ein Mann mit mehreren Kiepen, die wahrscheinlich Wäsche zum Waschen enthielten.

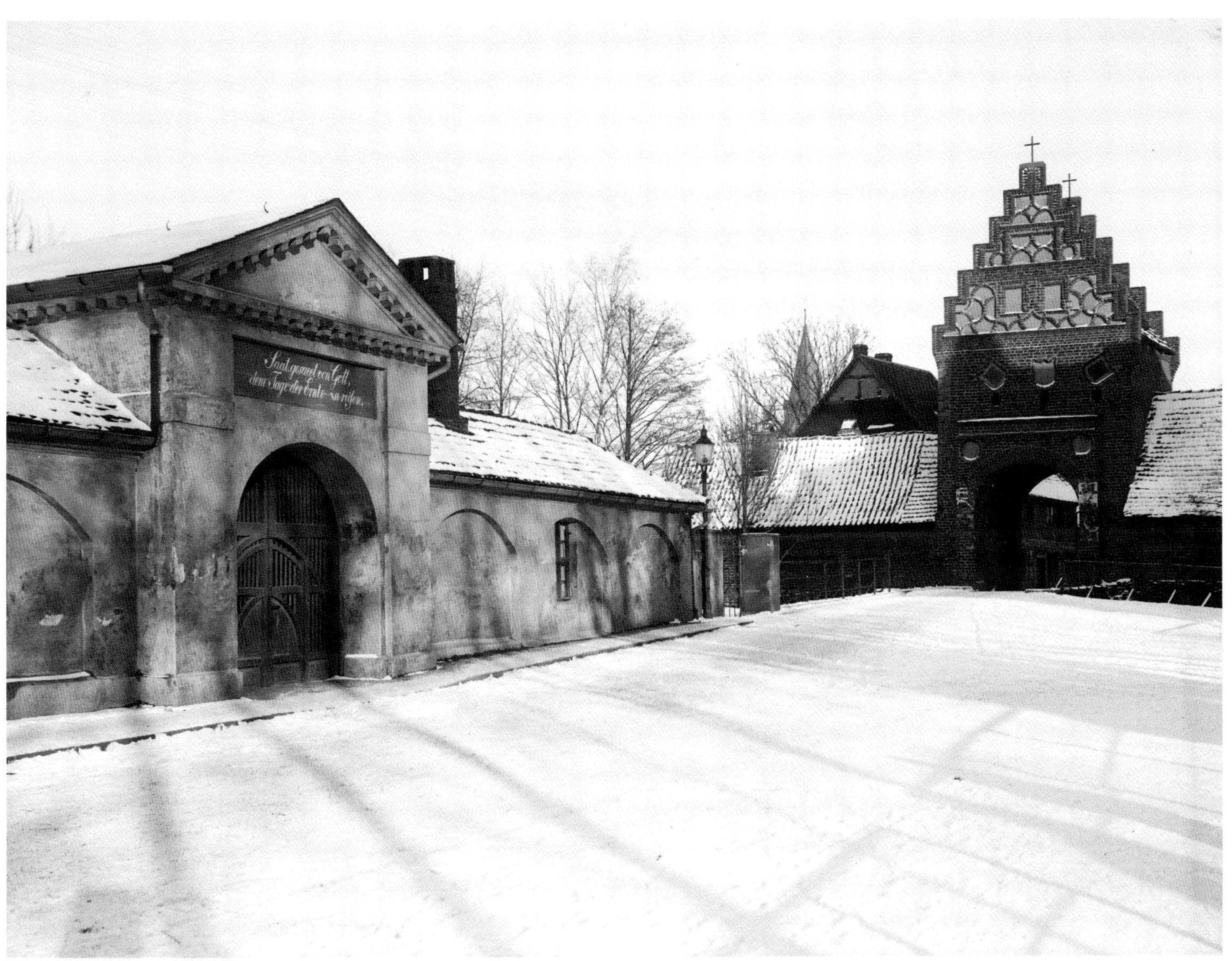

74: Friedhofsgebäude und Steintor an der Steintorstraße in Salzwedel, 2. Februar 1912
Das winterliche Bild zeigt den Schatten von Bäumen, der auf die Eingangshalle am Steintorfriedhof fällt. An dem schlichten Gebäude ist über dem Portal noch der ursprüngliche Schriftzug zu erkennen: *„Saat, gesaeet von Gott/ dem Tage der Ernte zu reifen."* Der Friedhof wurde im 19. Jahrhundert als Begräbnisplatz für die Salzwedeler Neustadtgemeinde genutzt.

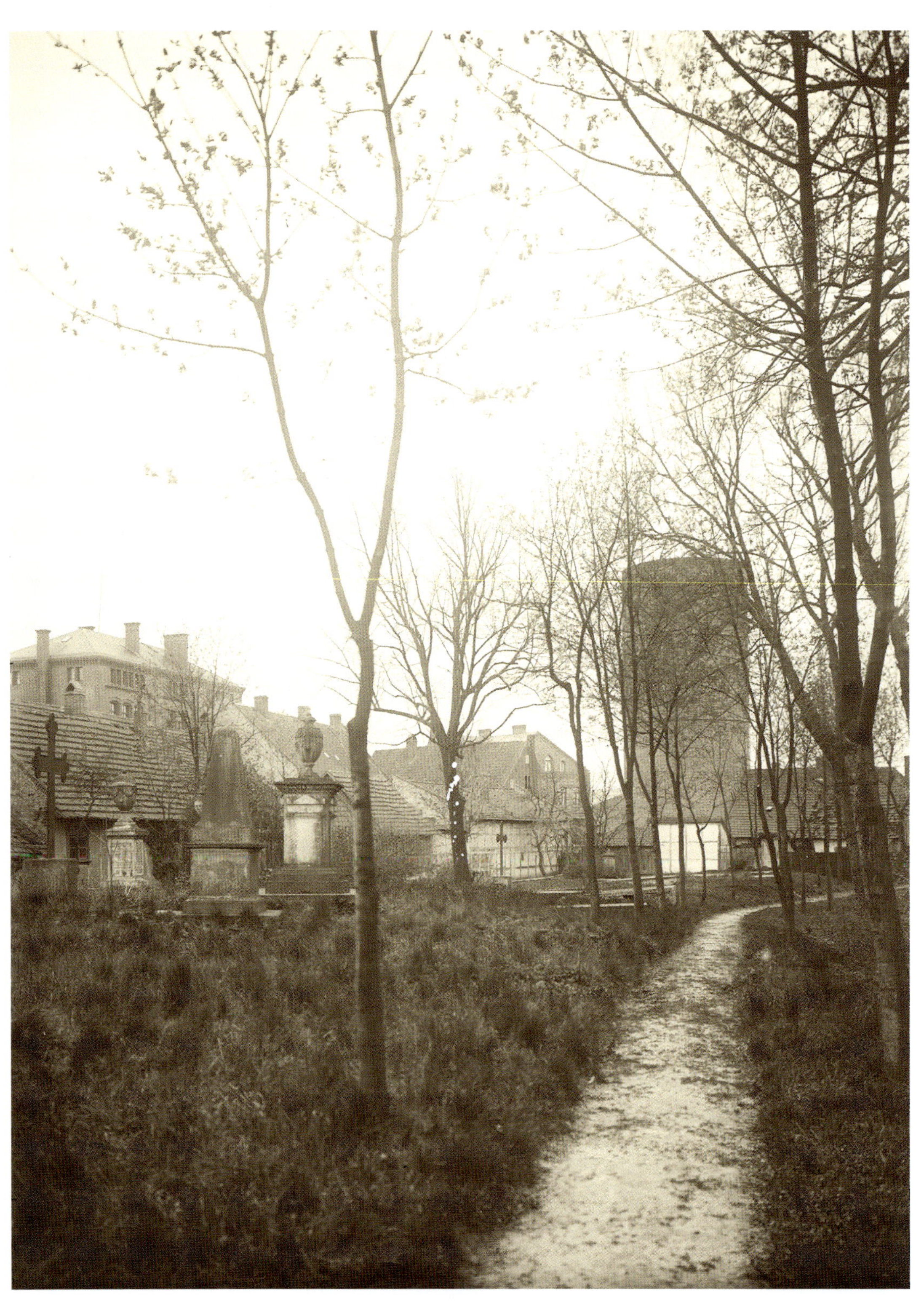

75: Friedhof am Karlsturm, 30. April 1898
Auf dem historischen Friedhof am Karlsturm befanden sich im Jahre 1898 noch eine Reihe eindrucksvoller Grabdenkmäler. Der Friedhof war 1737 als Ersatz für die bis dahin genutzten Grablegen an der Marienkirche für die Gemeinde der Altstadt geschaffen worden.

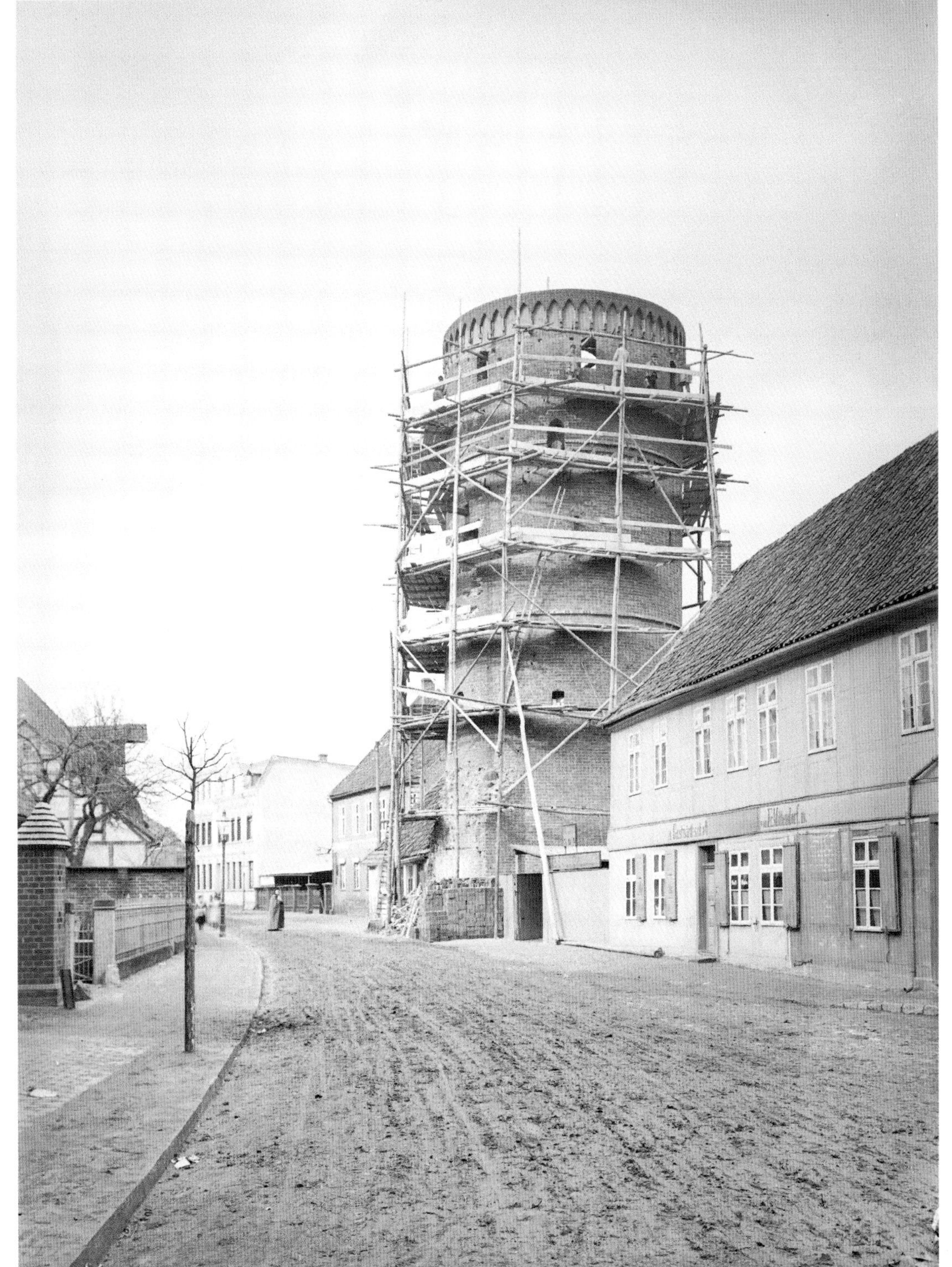

76: Blick auf den eingerüsteten Karlsturm in Salzwedel, 21. Februar 1900
Der sogenannte Karlsturm, Teil einer mittelalterlichen Stadttoranlage, wurde im Jahre 1900 saniert. Dazu erfolgte die Aufstellung des Holzgerüstes. Im Zuge der Sanierung wurde auch eine stark fragmentarische Steinplastik in die mittlere Turmnische eingesetzt.

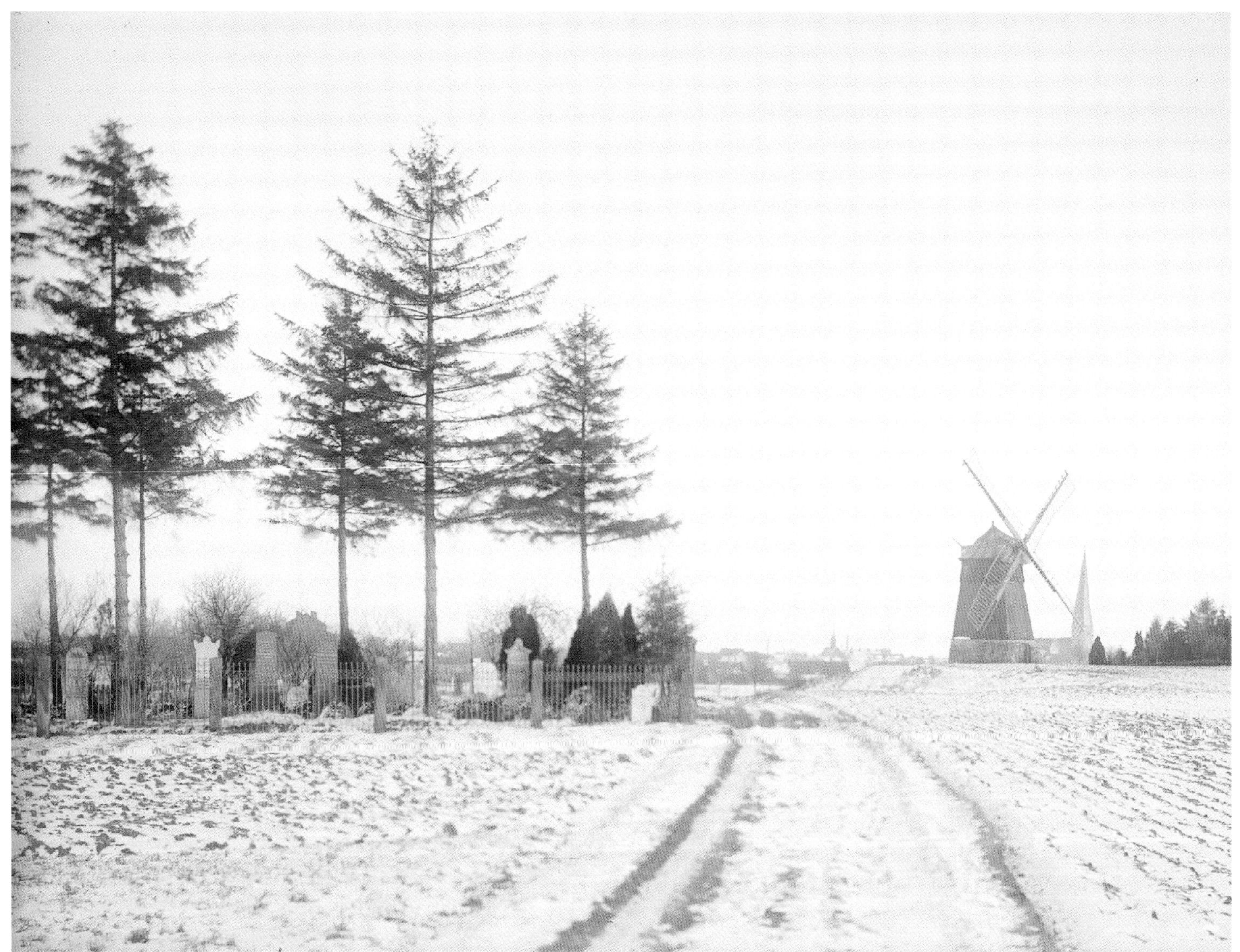

77: Jüdischer Friedhof und Windmühle im Winter, 15. Januar 1899
Links im Bild befindet sich der jüdische Friedhof mit einer Reihe von Grabsteinen. Rechts am Horizont und auf der Kante einer Böschung ist eine Holländerwindmühle, dahinter undeutlich der Turm der Marienkirche zu sehen. Die hier noch freien Flächen zur Windmühle hin wurden später auch für die Erweiterung des Friedhofes der St.-Mariengemeinde genutzt.

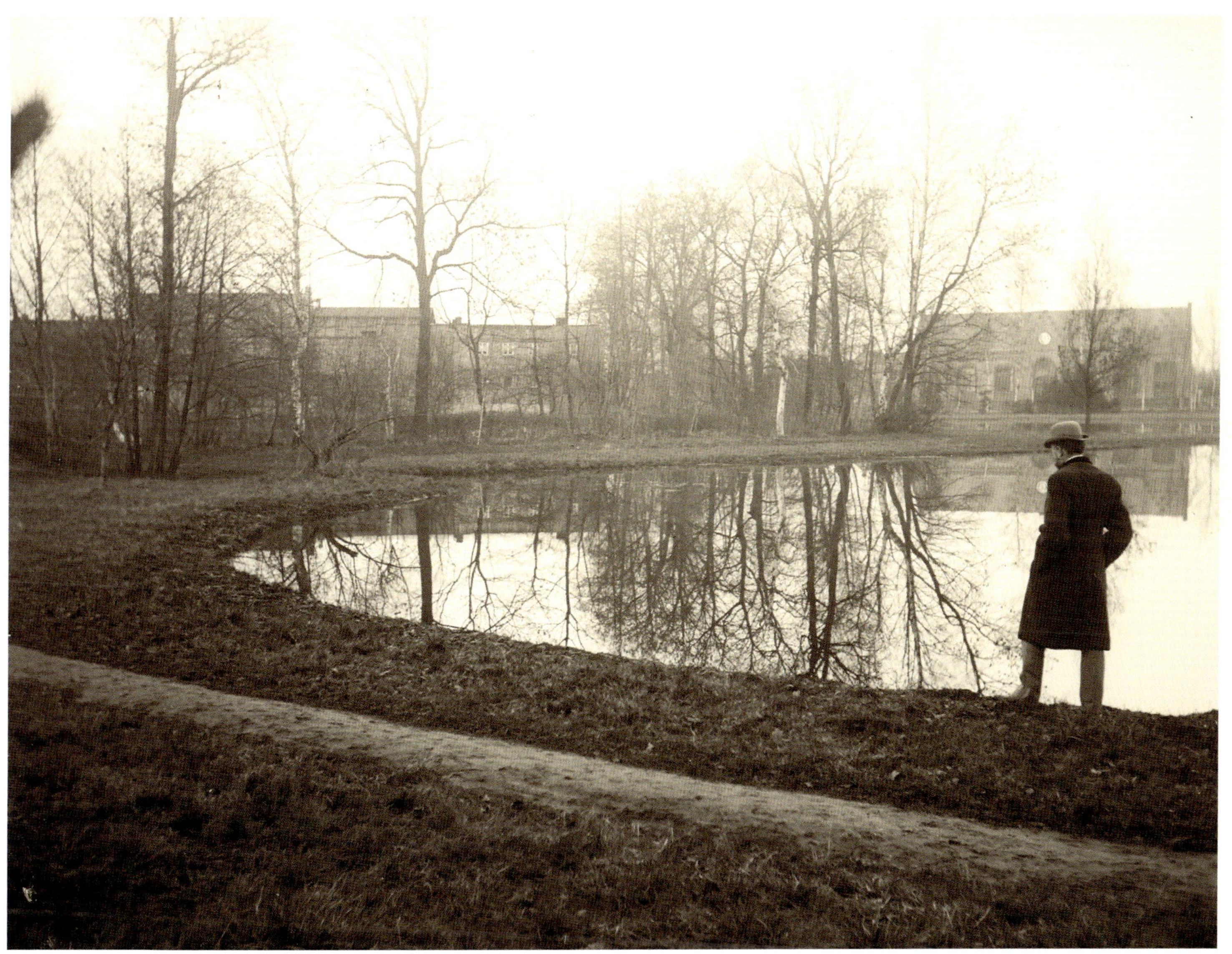

78: Fußgänger an „Schulzes Teich", 17. Dezember 1897
In der Wasserfläche des Teiches spiegelt sich das Geäst der blattlosen Bäume, im Hintergrund die Agricola-Turnhalle. Der Teich, auch als Neustädter Ratsteich bezeichnet, wurde später zugeschüttet. Er befand sich westlich der heutigen Wallstraße.

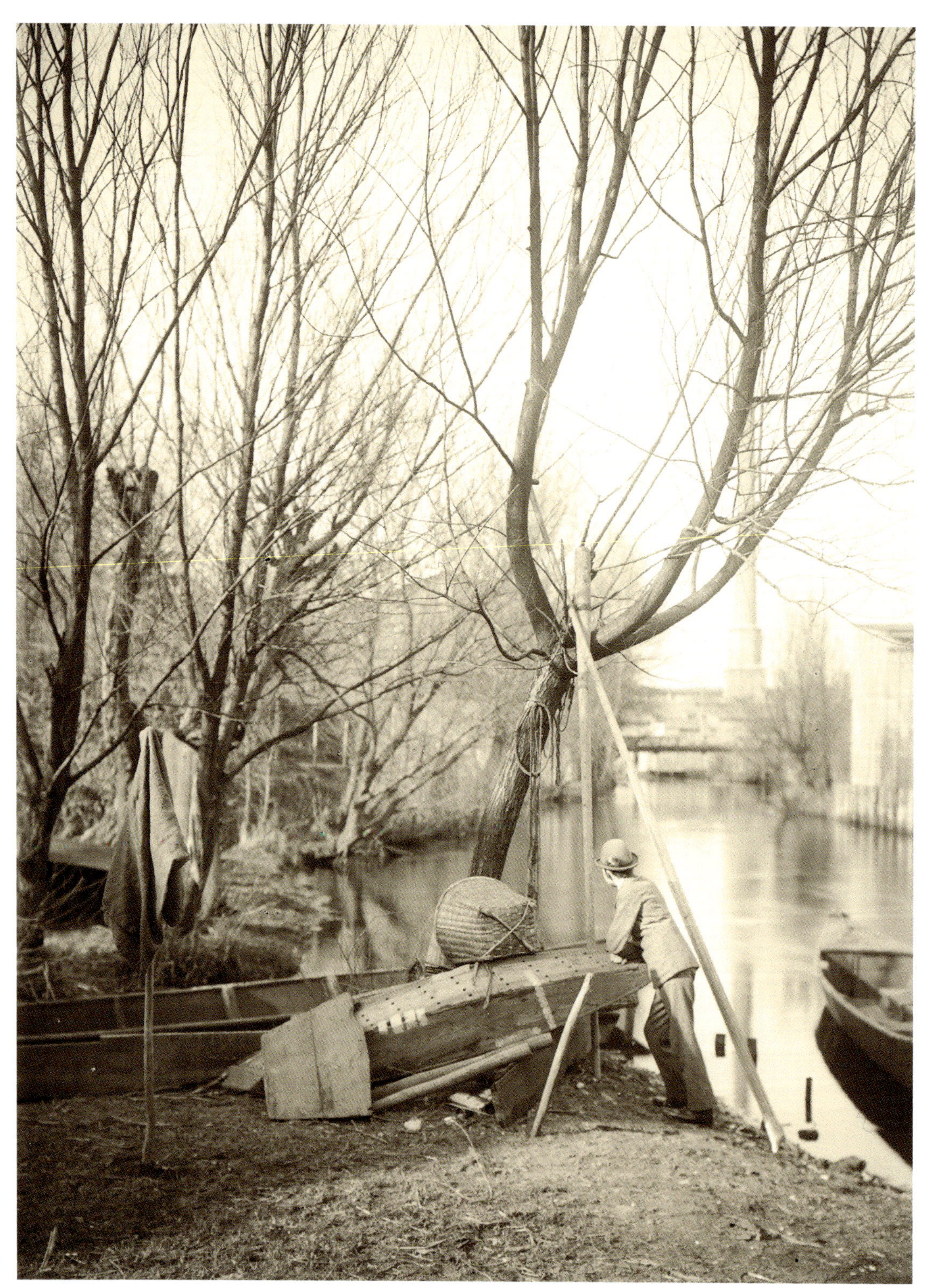

79: Anker- und Lagerplatz des Fischers Carl Gädke in der Nähe des Wassertores, 13. März 1898
Ein junger Mann schaut die Jeetze Richtung Norden entlang. Am Ufer liegen Boote und Körbe, die zu den Arbeitsmitteln des Fischers Gädke gehören. Links hinter den Bäumen befindet sich die Gaststätte Kaisergarten.

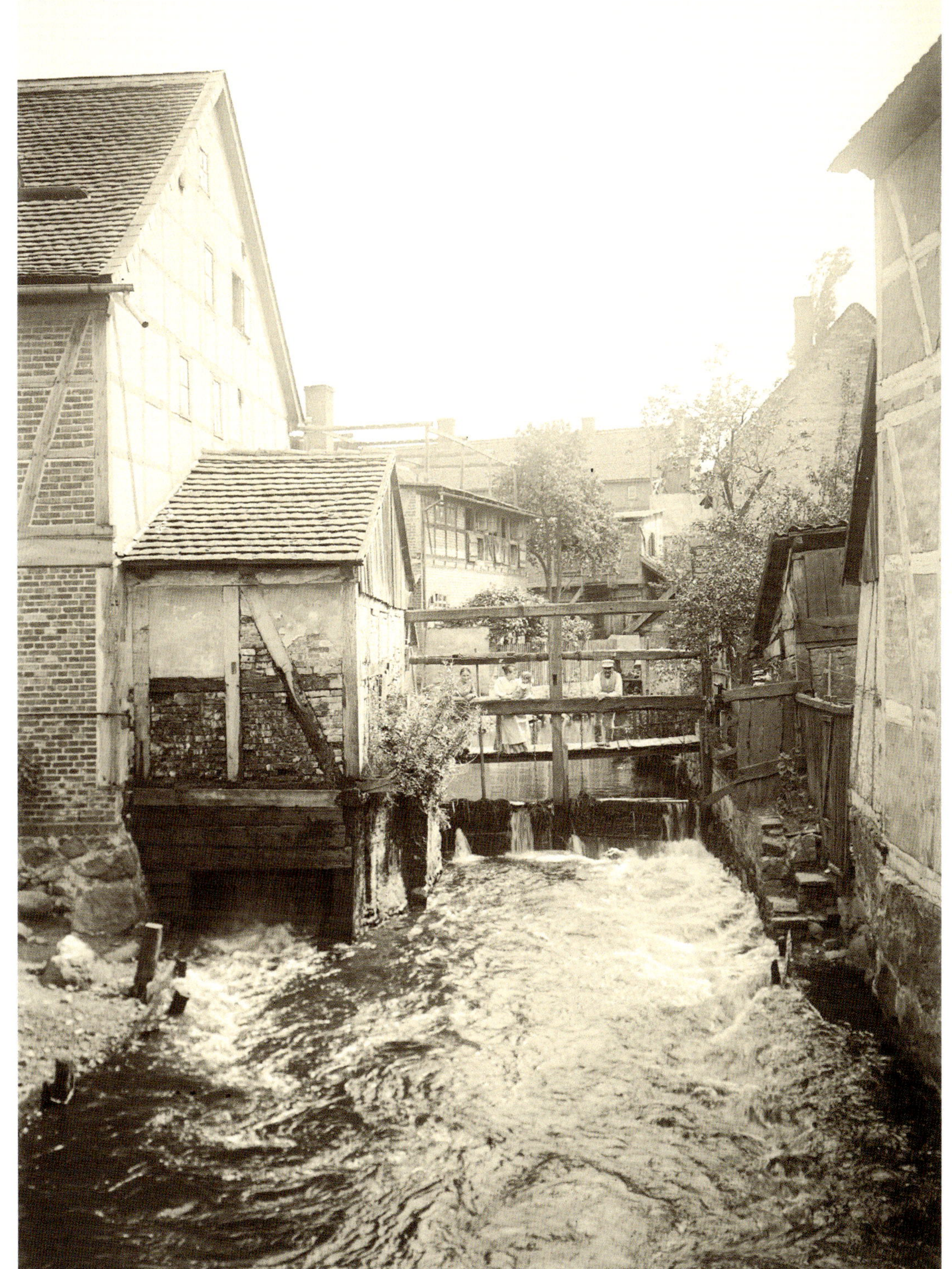

80: Blick von der Hohen Brücke auf die Stauanlage der Weißgerbermühle, 9. Juni 1898
Im Mittelpunkt der Aufnahme steht die Stauanlage der Weißgerbermühle. Dabei handelt es sich um eine Wassermühle, die als Antrieb zum Walken von Leder benutzt wurde. Der kleine Anbau links beherbergt sehr wahrscheinlich ein Wasserrad.

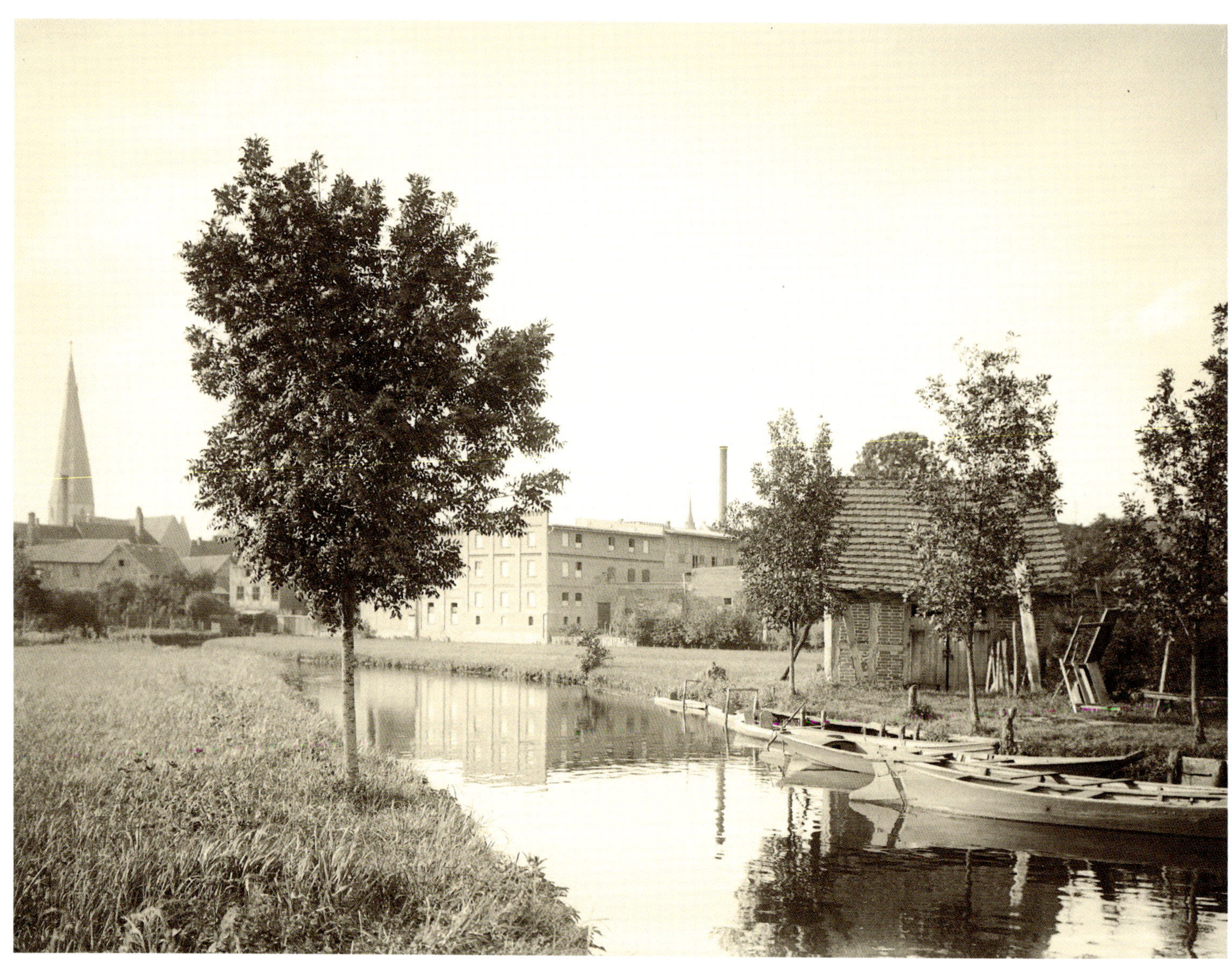

81: Blick über die Jeetze in Richtung auf Mühlengebäude und Marienkirche in Salzwedel, 27. August 1897
Rechts am Bildrand sind Boote und ein kleiner Schuppen der zur Bleicherei von Heinrich Reckling gehört, zu sehen. Dieser Querverlauf der Jeetze wurde 1934 verlegt bzw. stillgelegt. Heinrich Reckling hatte ursprünglich auch unweit dieser Stelle eine Badeanstalt mit Bootsverleih betrieben.

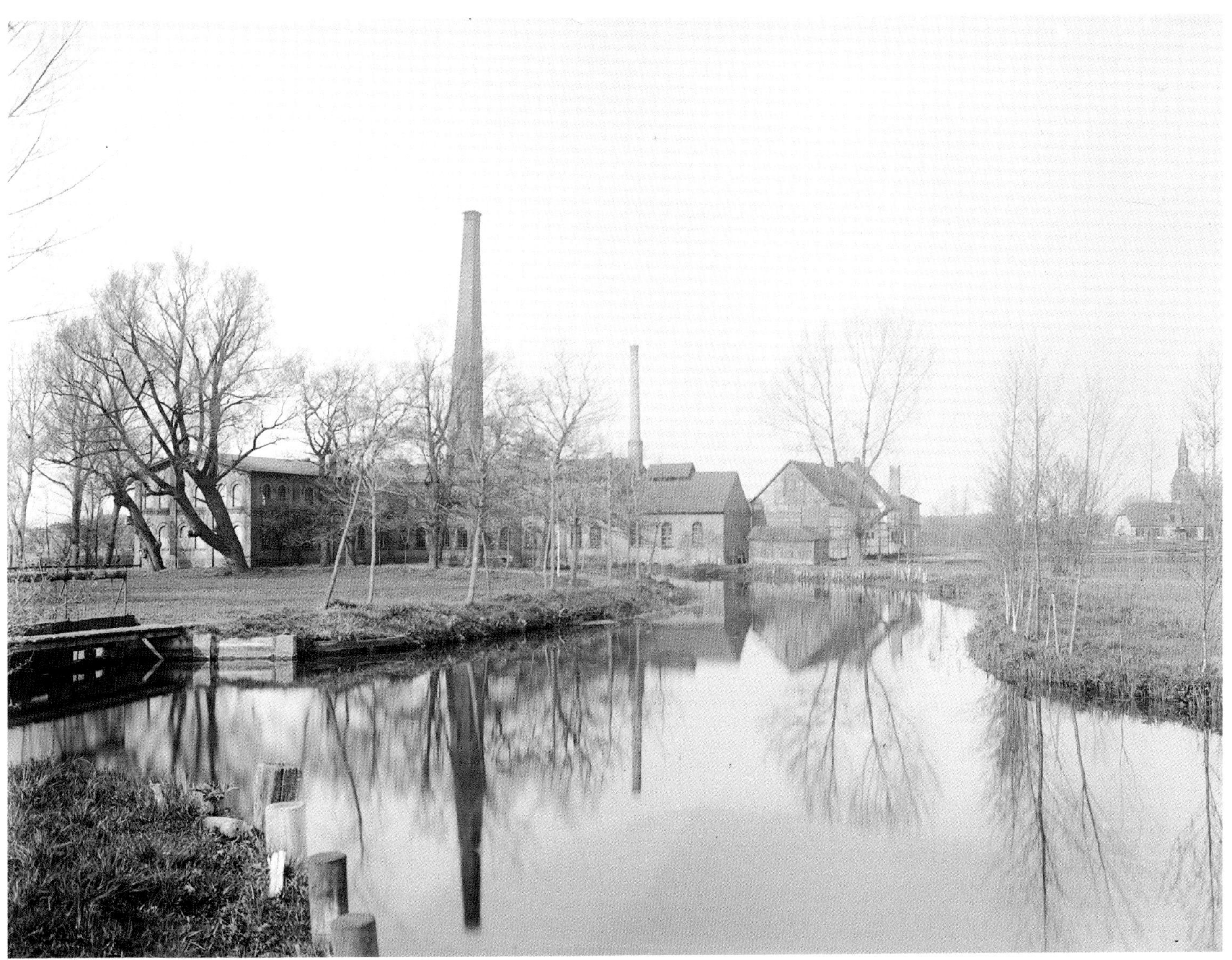

82: Industriegebäude der Pervermühle an der Jeetze, 28. April 1897
Bereits im Mittelalter bestand nördlich von Salzwedel beim Vorort Perver eine Wassermühle an der Jeetze. Später wurde die Wasserkraft genutzt, um Maschinen für eine Drahtzieherei anzutreiben. Daraus entwickelte sich im 20. Jahrhundert die Draht- und Metallwarenfabrik.

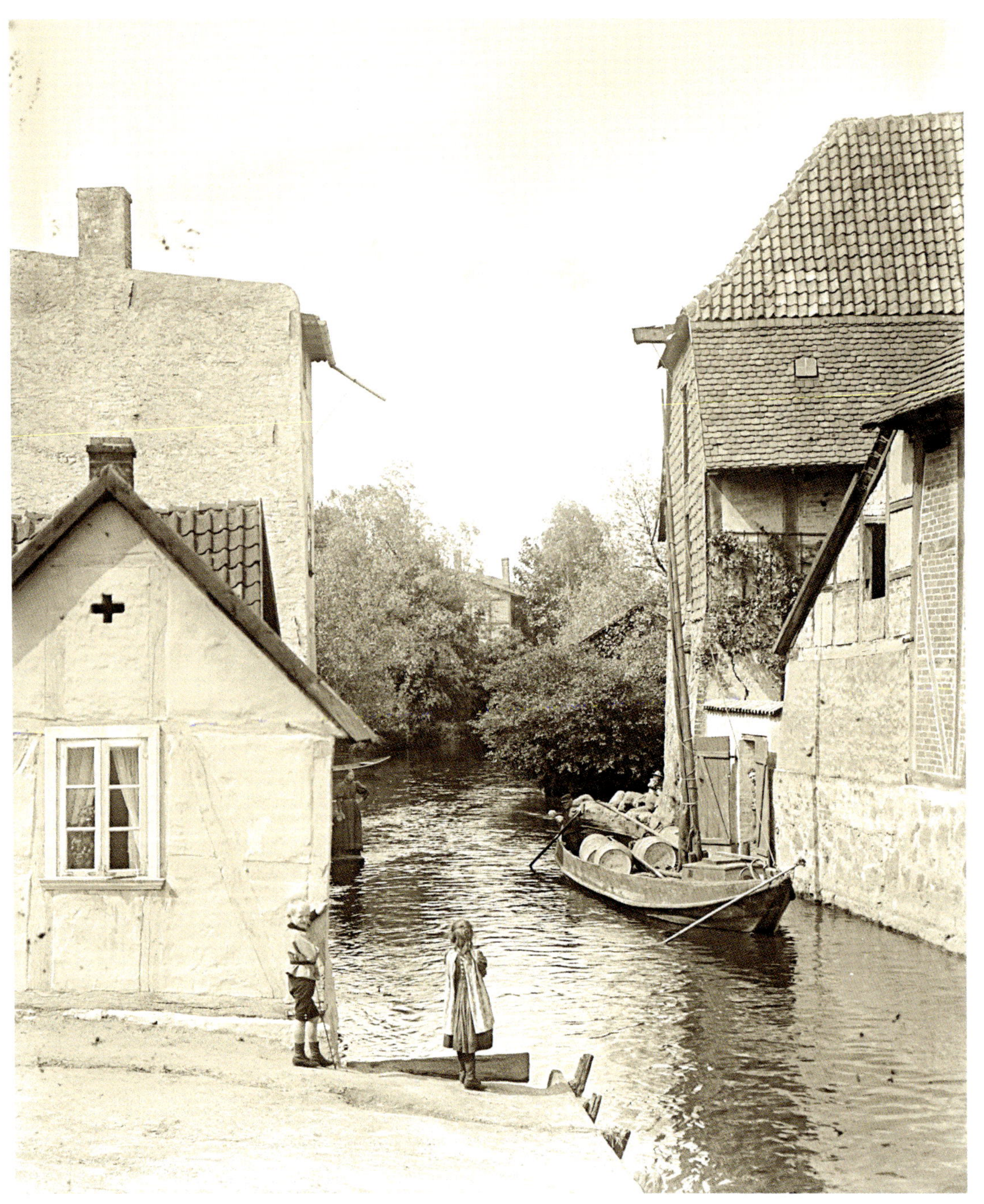

83: Beladen eines Jeetzekahnes an der Hohen Brücke, 9. Juni 1898
Zwei Kinder stehen am Jeetze-Ufer und schauen in Fließrichtung in Richtung Norden. Sie sehen dabei dem Beladen eines Lastkahnes zu. Dieser hat am sogenannten Hansehof festgemacht. Das Segel des Bootes ist um den Mast zusammengewickelt. Bis zum Anfang des 20. Jahrhunderts diente die Jeetze als Verkehrsweg, um Handels- und Versorgungsgüter zu transportieren.

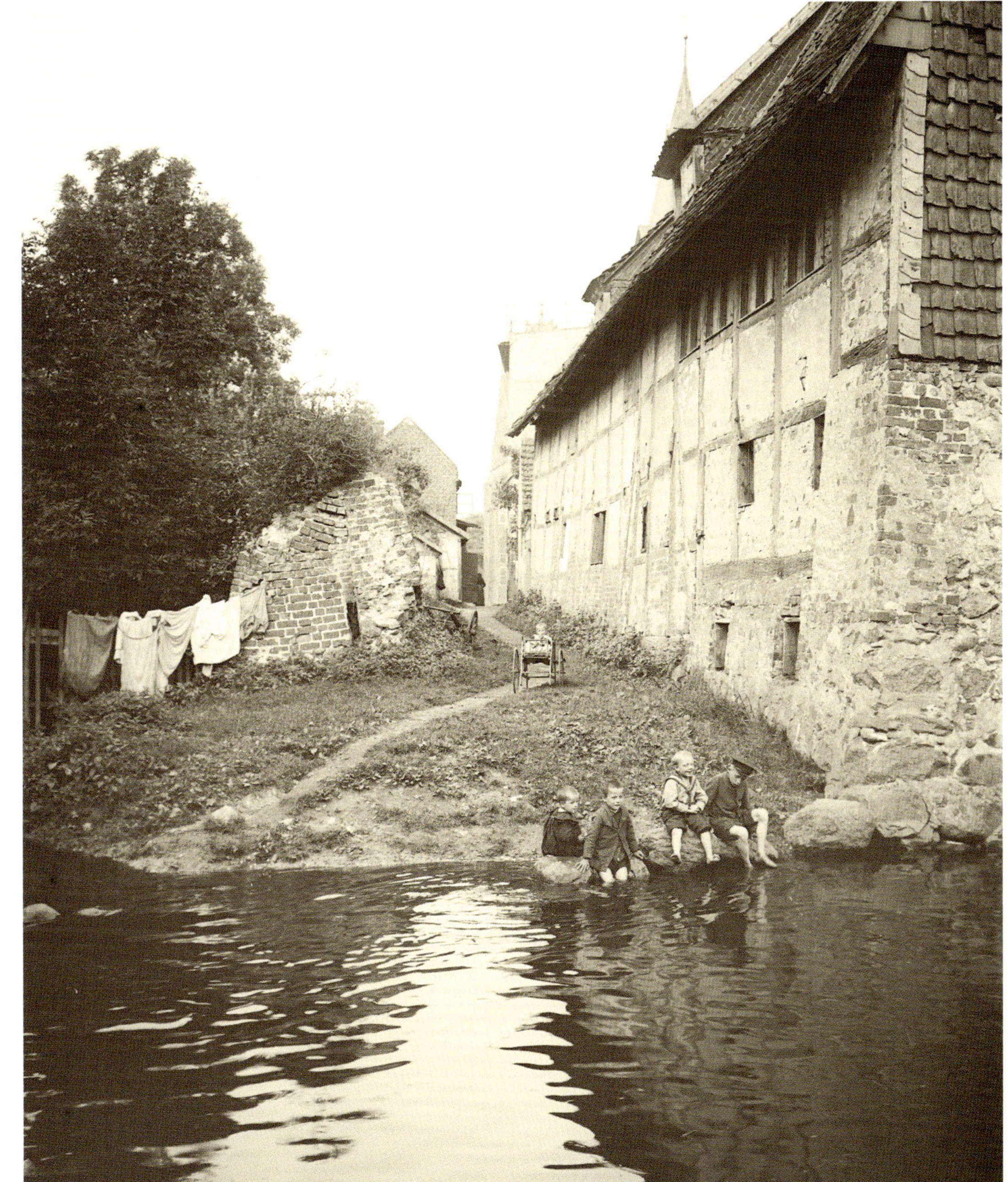

84: Spielende Kinder an der Jeetze beim Mollengang, 14. Juli 1906
Vier Jungen sitzen am Jeetzeufer in der Neustadt. Im Hintergrund befindet sich ein noch jüngeres Kind im Kinderwagen. Der schmale Gang wurde auch als „Mutter Mollens Gang", nach der Ehefrau des dort wohnenden Fischers Molle, bezeichnet. Er führt zur Breiten Straße in der Nähe der Katharinenkirche und war ein beliebter Spielplatz.

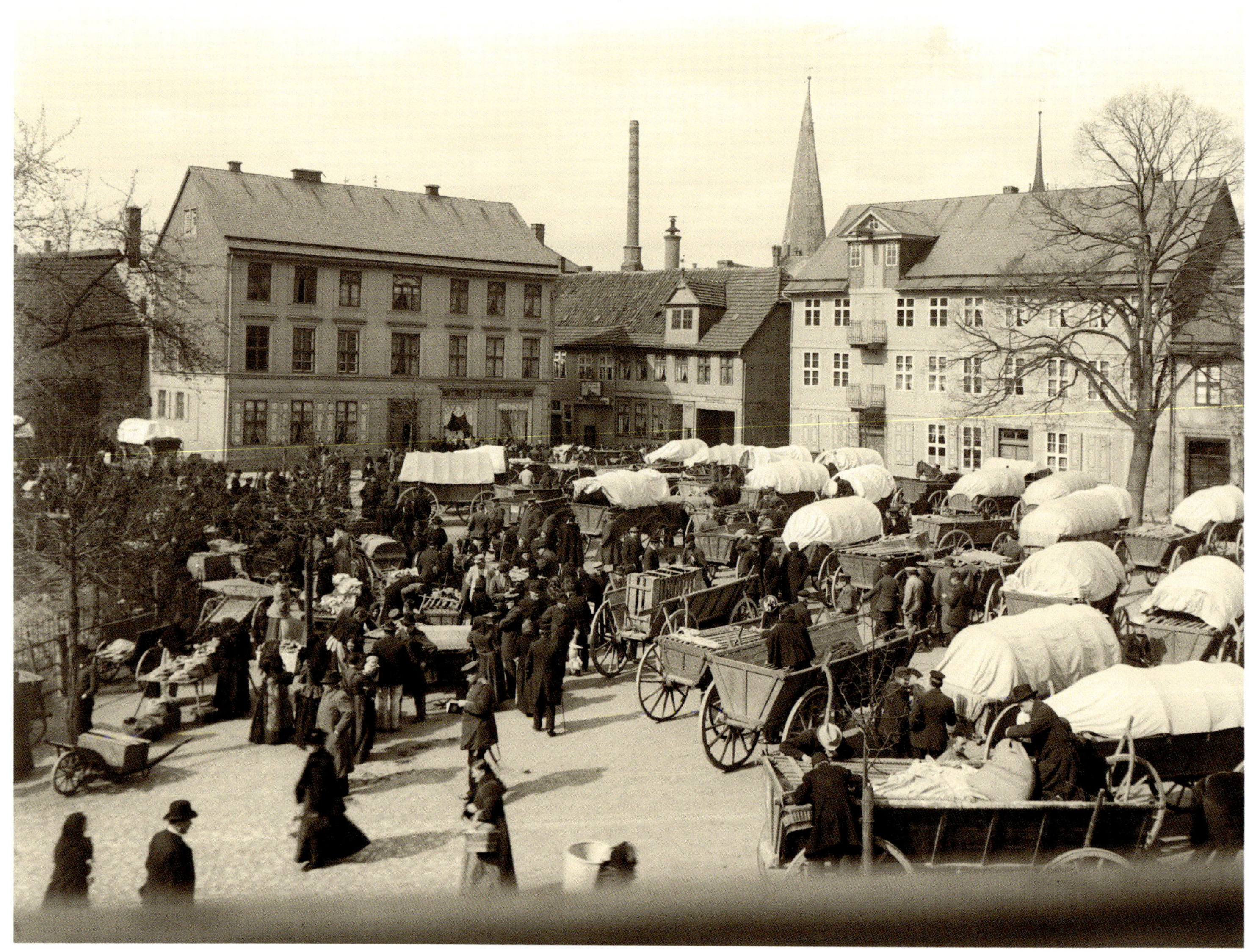

85: Wochenmarkt auf dem Paradeplatz in Salzwedel, 25. April 1903
Das Foto, vom erhöhten Standpunkt eines Hauses aufgenommen, zeigt das geschäftige Treiben eines Markttages. Eine Reihe von Ackerwagen mit und ohne Deckplane ist auf dem Platz abgestellt. Am linken Bildrand sind Schubkarren und auch kleinere Verkaufsstände zu sehen.

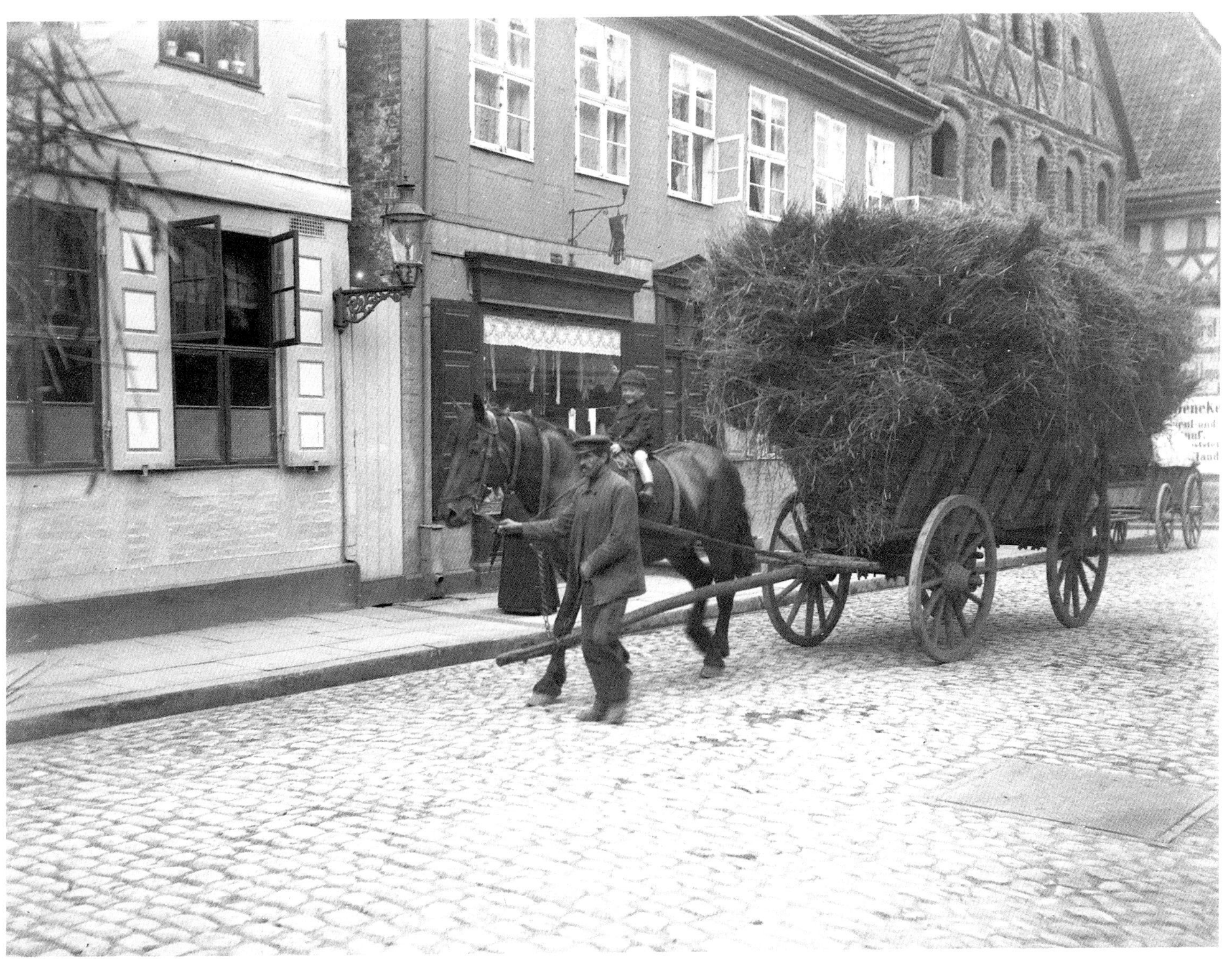

86: Beladener Ackerwagen in der Altperverstraße, 15. August 1903
Ein Landarbeiter führt ein Fuhrwerk mit einer Ladung Roggen durch die Altperverstraße. Auf dem Pferderücken sitzt Albrecht Wande, der Sohn des Fotografen. Im Hintergrund ist ein Werbeausleger mit einem Handschuh erkennbar. Dabei handelt es sich um die Schaufensterauslage des Handschuhmachers Wilhelm Klockmann.

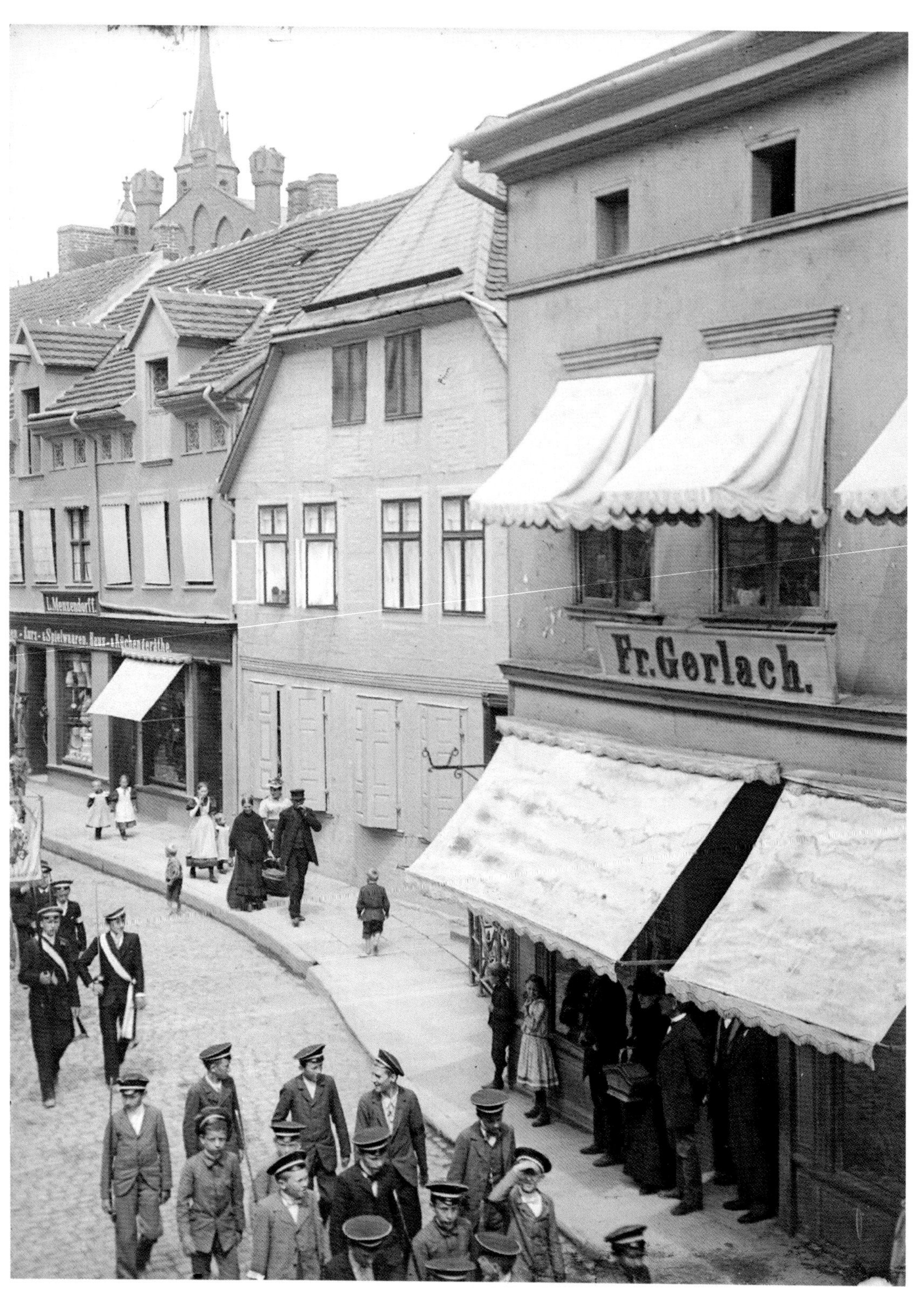

87: Schüler des Salzwedeler Gymnasiums am „Schäfereitag" in der Altperver Straße, 1. Juli 1897

Zu den regulären Schulfesten des Salzwedeler Gymnasiums gehörte der sogenannte Schäfereitag. Bei diesem Anlass wurde ein Schulausflug organisiert. Beliebte Ausflugsziele waren der Ferchau oder das Bürgerholz in Hoyersburg. Auf dem Foto kehren die Schüler wahrscheinlich von diesem Ausflug zurück.

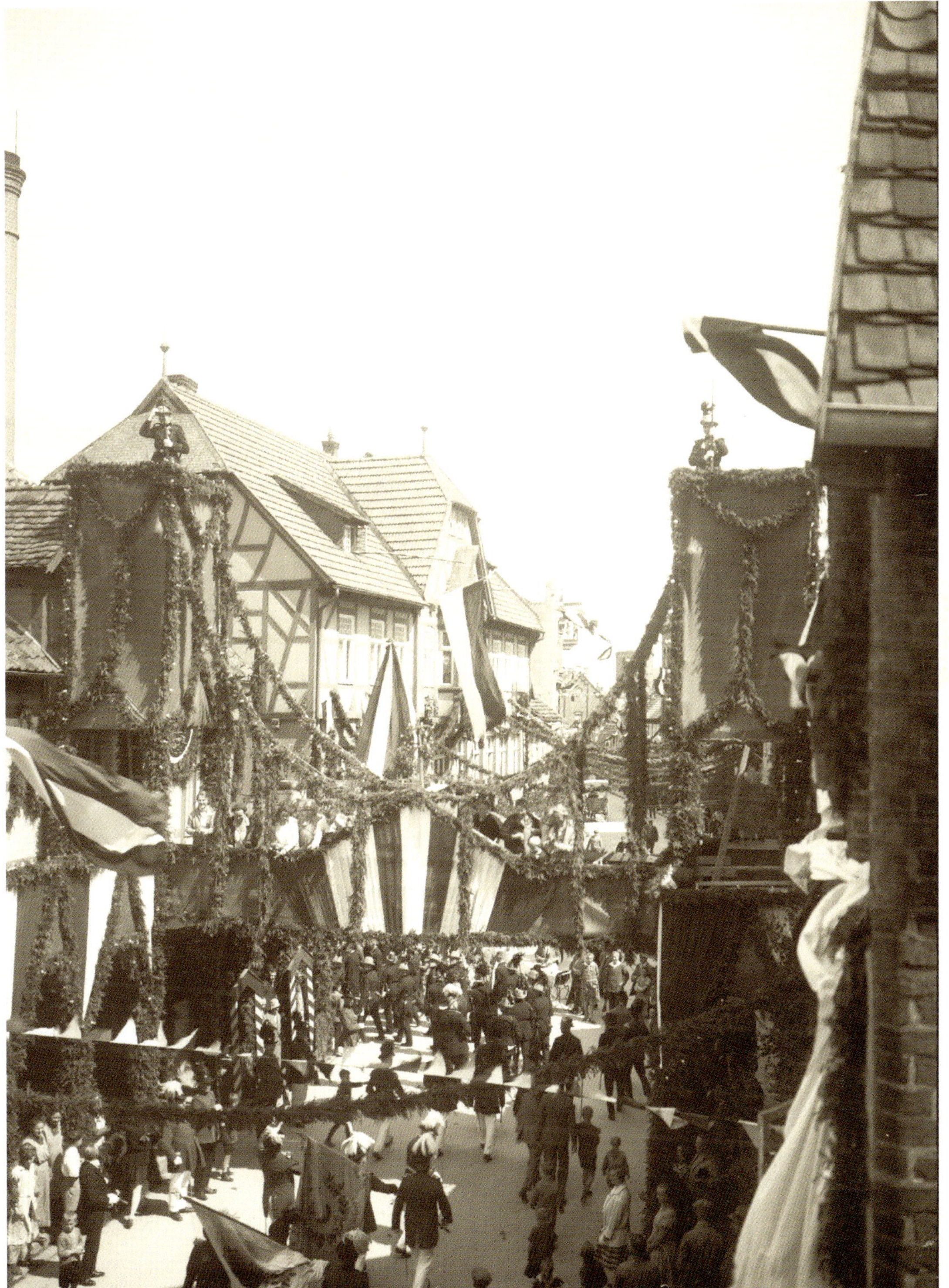

88: Festumzug in der Altperverstraße beim Schützenfest, Juni 1928
In der Altperverstraße sind Mitglieder der Schützengilde mit ihren Fahnen beim Umzug unterwegs. Quer über die Straße ist eine eigens für diesen Anlass dekorierte Festbrücke errichtet worden. Vor dem Haus des Schützenkönigs links sind Wachposten vor ihren Schilderhäusern aufgezogen. Im Hintergrund ist das Wohnhaus von Albert Wande zu erkennen.

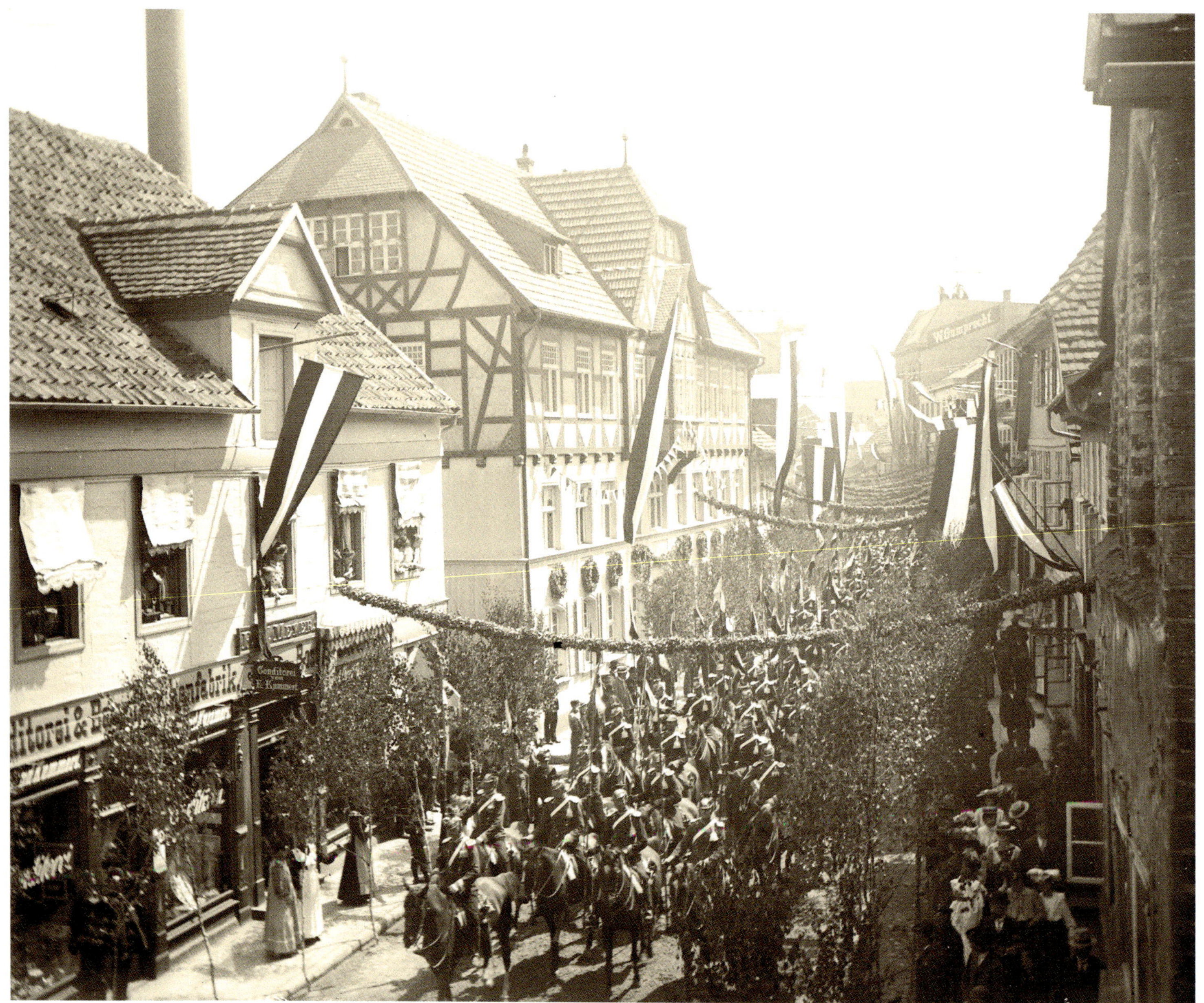

89: Ulanen-Einmarsch bei der Rückkehr vom Exerzierplatz in der Altperverstraße, 16. Juni 1906
Eine Kolonne Ulanen zu Pferde kehrt vom Exerzieren in die Kaserne zurück. Ihr Weg führt durch die festlich mit Kränzen, Fahnen und Girlanden geschmückte Straße in Salzwedel. Links ist am Hause des Brauereibesitzers Meyer das Firmenschild der Baumkuchenfabrik Cummert erkennbar. Dahinter sieht man das kranzgeschmückte Haus der Familie Wande.

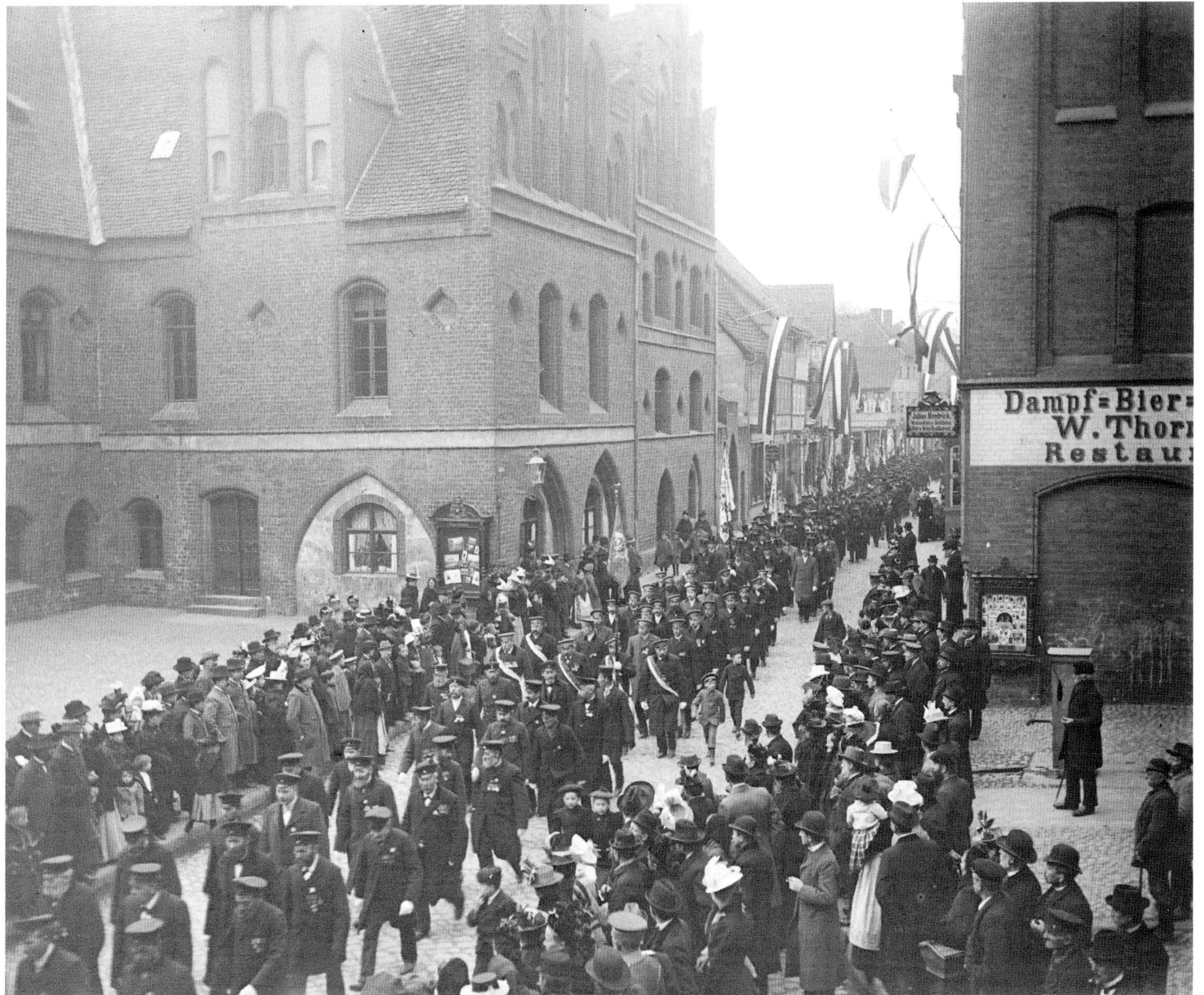

90: Festumzug mehrerer Vereinigungen in der Salzwedeler Burgstraße, 1. April 1900
Das Foto wurde von einem erhöhten Standort aus aufgenommen und zeigt einen Festumzug verschiedener Vereinigungen. Dazu gehörten neben den Kriegervereinen u. a. auch die Feuerwehr, Polizei und Schüler der örtlichen Schulen. Der Umzug steht sehr wahrscheinlich im Zusammenhang mit der Einweihung des Bismarckturms auf dem schwarzen Berg bei Salzwedel.

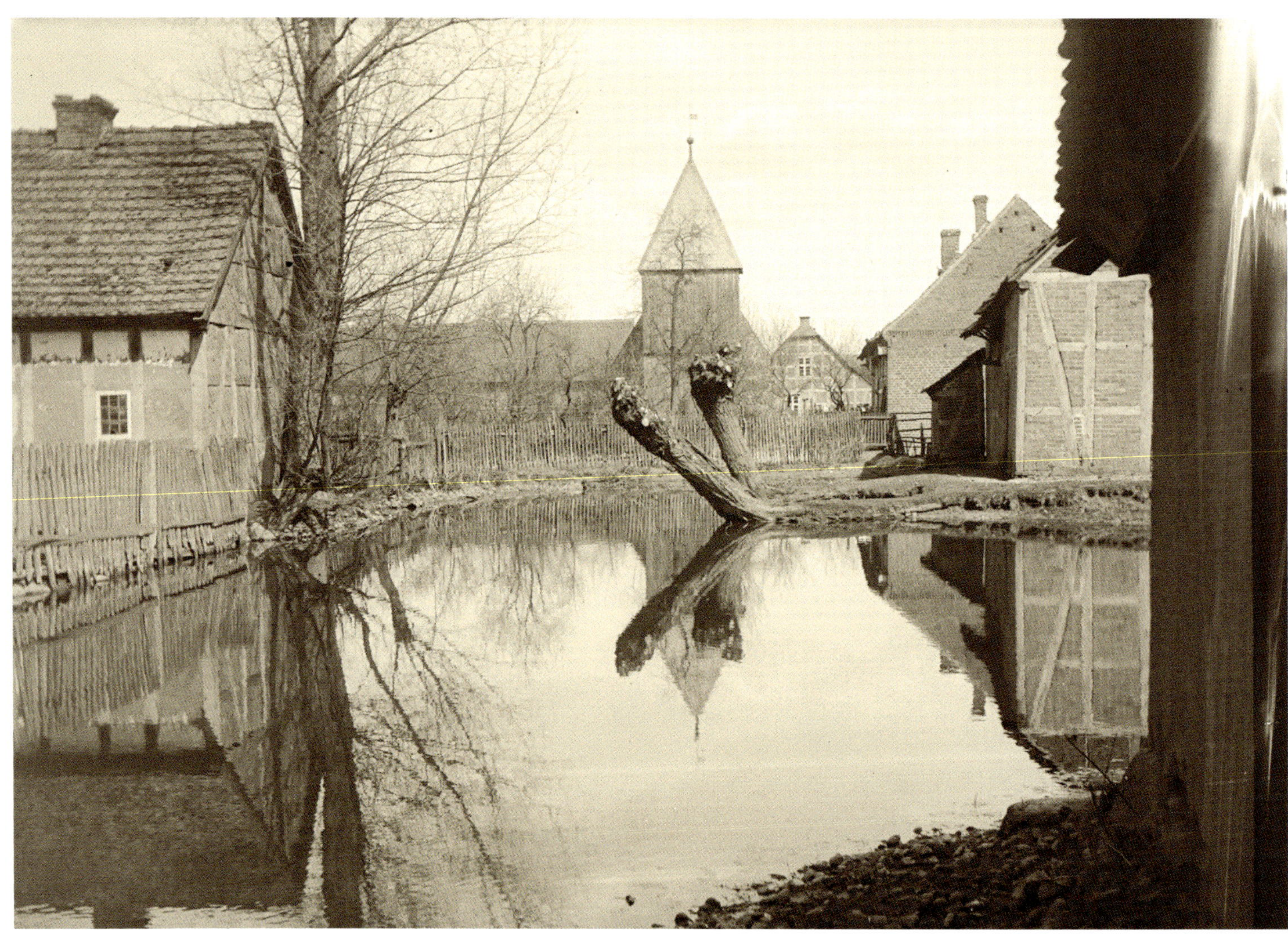

91: Blick über den Dorfteich von Böddenstedt zur Kirche, 23. April 1899
Die Fotografie zeigt eine kleine „Dorflandschaft" im altmärkischen Böddenstedt. Im Mittelpunkt der Motivauswahl stehen nicht unbedingt die Baulichkeiten der Siedlung. Vielmehr reizte den Fotografen hier die Situation der Spiegelungen von Gebäuden und Bäumen im Teich. Ebenso inspirierte ihn möglicherweise die stark grafische Form der beschnittenen Weide mitten im Wasser.

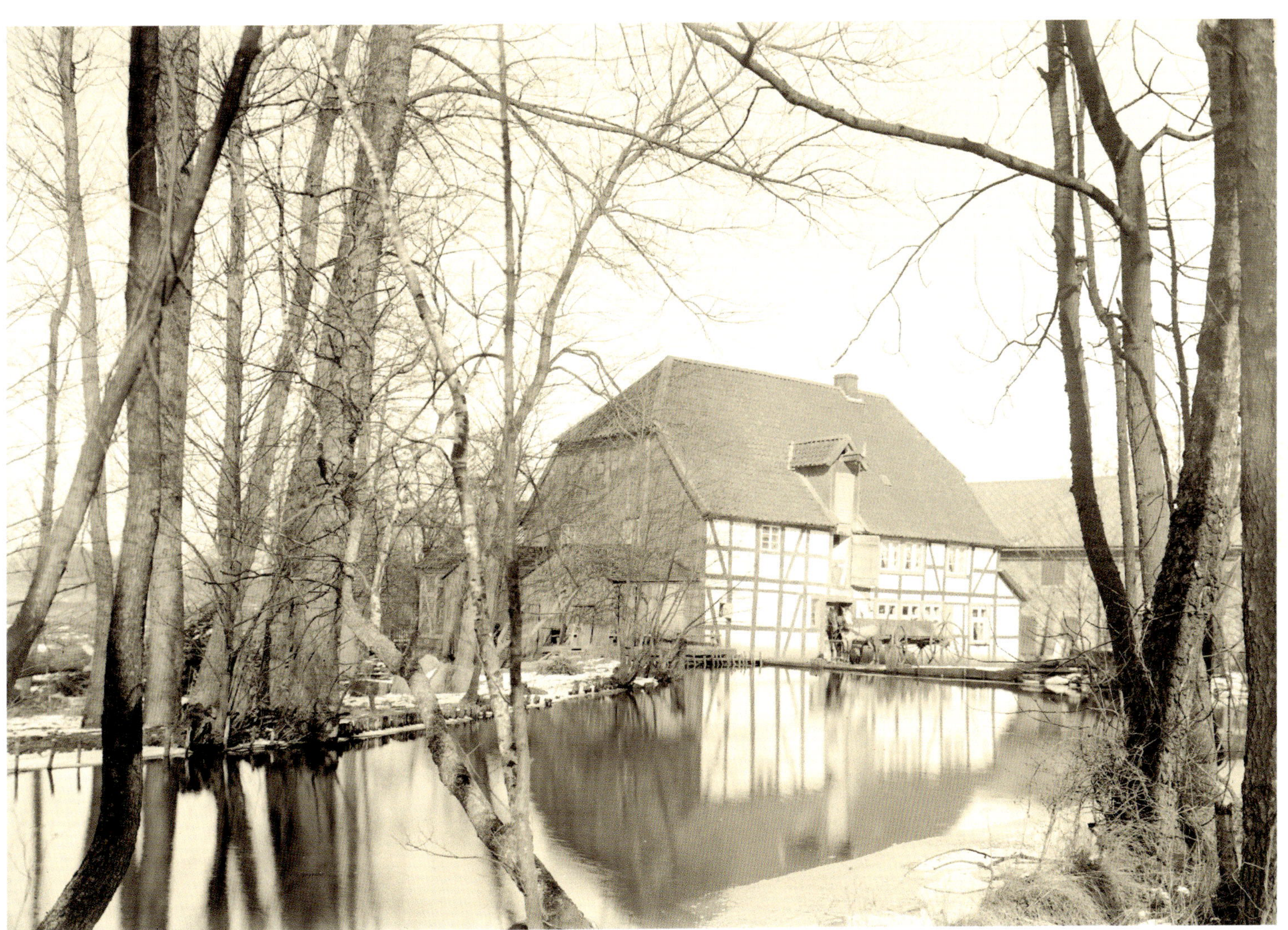

92: Blick über die angestaute Dumme zur Mühle in Groß Grabenstedt, 5. März 1900

Das Dorf Groß Grabenstedt wurde 1987 im Rahmen des Grenzregimes der DDR komplett geschleift. Das in der angestauten Dumme gespiegelte Mühlengebäude wird eingerahmt von mehreren Bäumen. Unter der offenen Ladeluke des Fachwerkhauses steht ein Ackerwagen mit zwei angespannten Pferden. Am Giebel des Hauptgebäudes ist der Einfluss für das Mühlenrad zu erkennen.

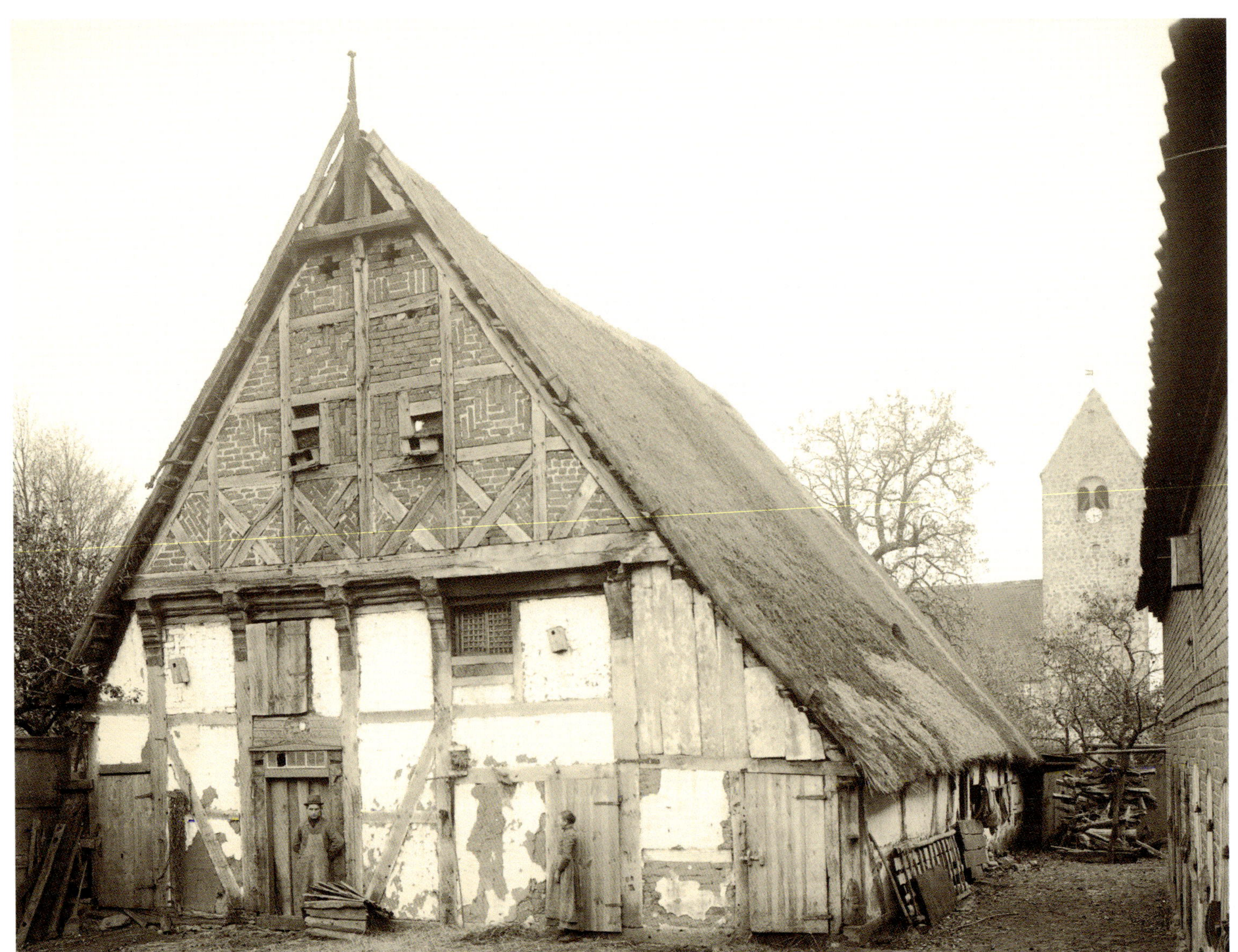

93: Niederdeutsches Hallenhaus von 1600 in Dambeck, 1. November 1898
Das Hallenhaus ist von der Giebelseite aus aufgenommen. Im Türsturz zeigt die Hausinschrift die Datierung mit dem Jahr 1600. Der bauliche Zustand des Gebäudes zur Zeit der fotografischen Aufnahme war bereits stark beeinträchtigt. Rechts im Hintergrund ist die Dambecker Dorfkirche zu sehen.

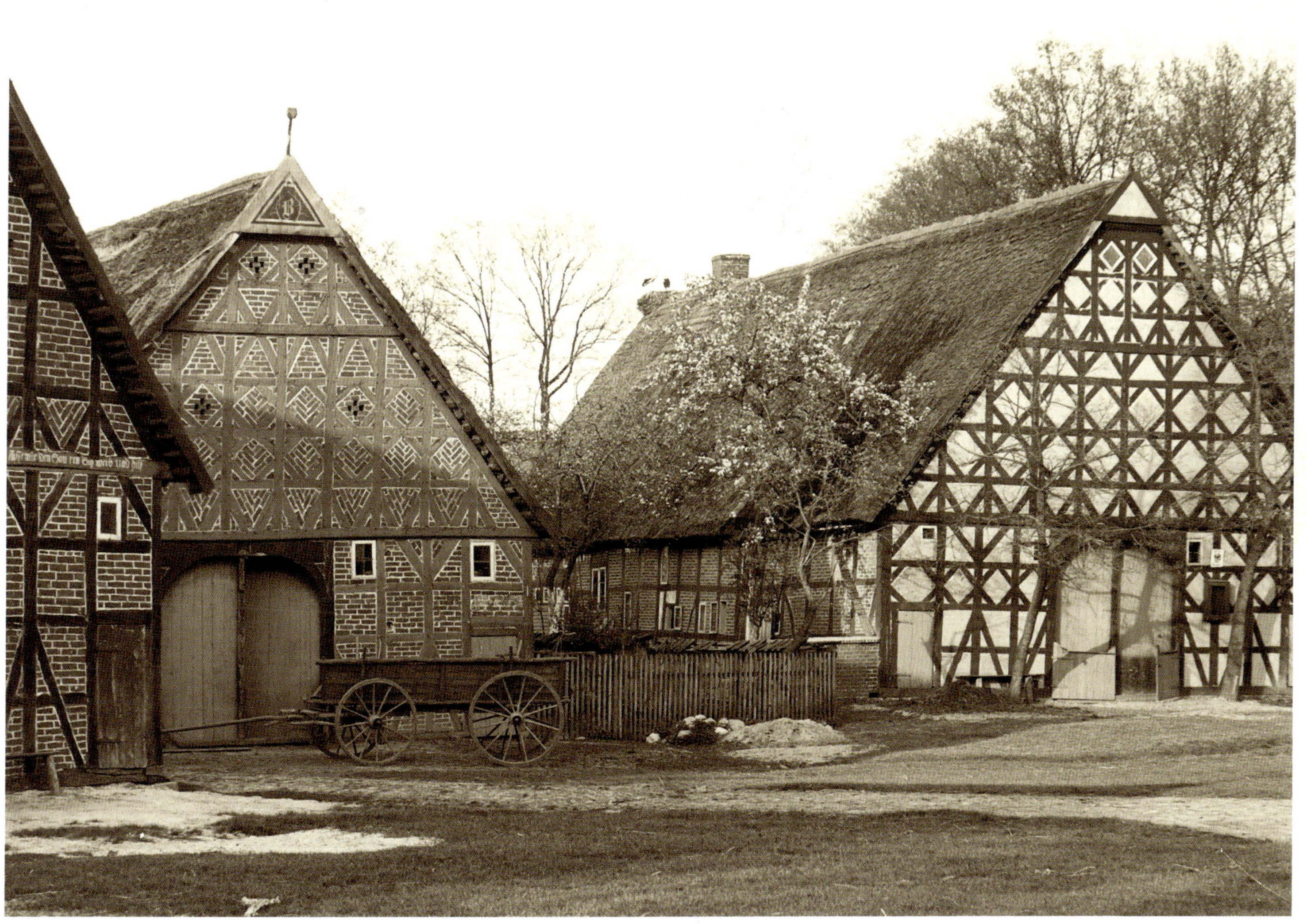

94: Dorfplatz im wendländischen Naulitz mit Hallenhäusern, 29. April 1913
Am Dorfplatz der Rundlingssiedlung sind hier die Giebelansichten von drei niederdeutschen Hallenhäusern zu erkennen. Das Haus in der Mitte wurde 1785 errichtet, das am rechten Bildrand im Jahre 1747. Auf dem Giebel des rechten Wohn- und Stallgebäudes ist schwach ein Storchenpaar zu sehen. Das Dorf Naulitz ist ein Rundling in der Nähe von Lüchow (Lüchow-Dannenberg/Wendland).

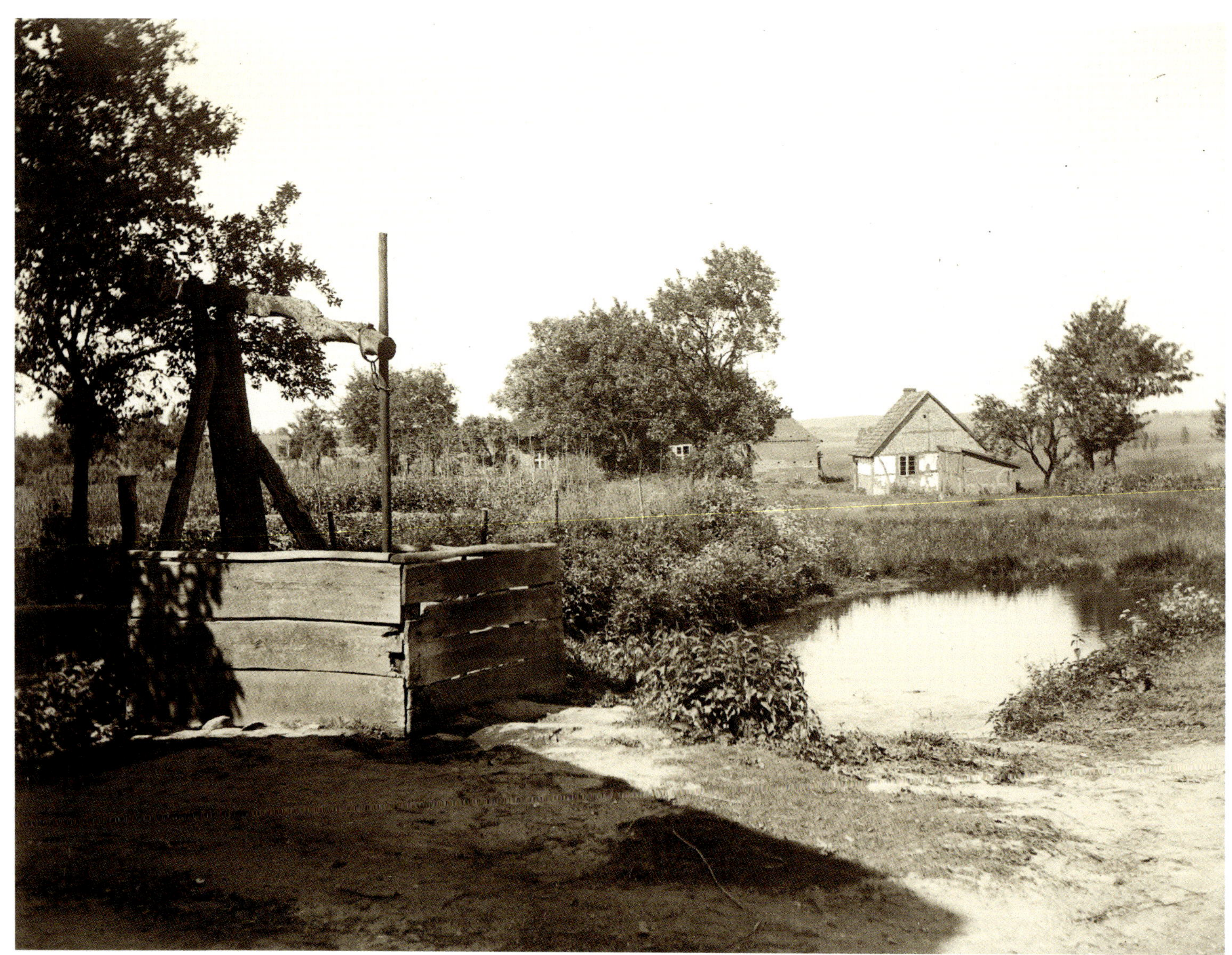

95: Ortsrand des altmärkischen Dorfes Barnebeck mit Ziehbrunnen und Teich, 9. September 1902
Im linken Vordergrund ist die Bohlenkonstruktion eines klassischen Ziehbrunnens neben einem kleinen Teich zu sehen. Das Wasserschöpfen beim Ziehbrunnen geschieht hier mit Hilfe eines Schwingbaumes, an dessen Ende ein Schöpfgefäß hängt. Am anderen Ende des Schwingbaumes ist in der Regel ein Gegengewicht angebracht.

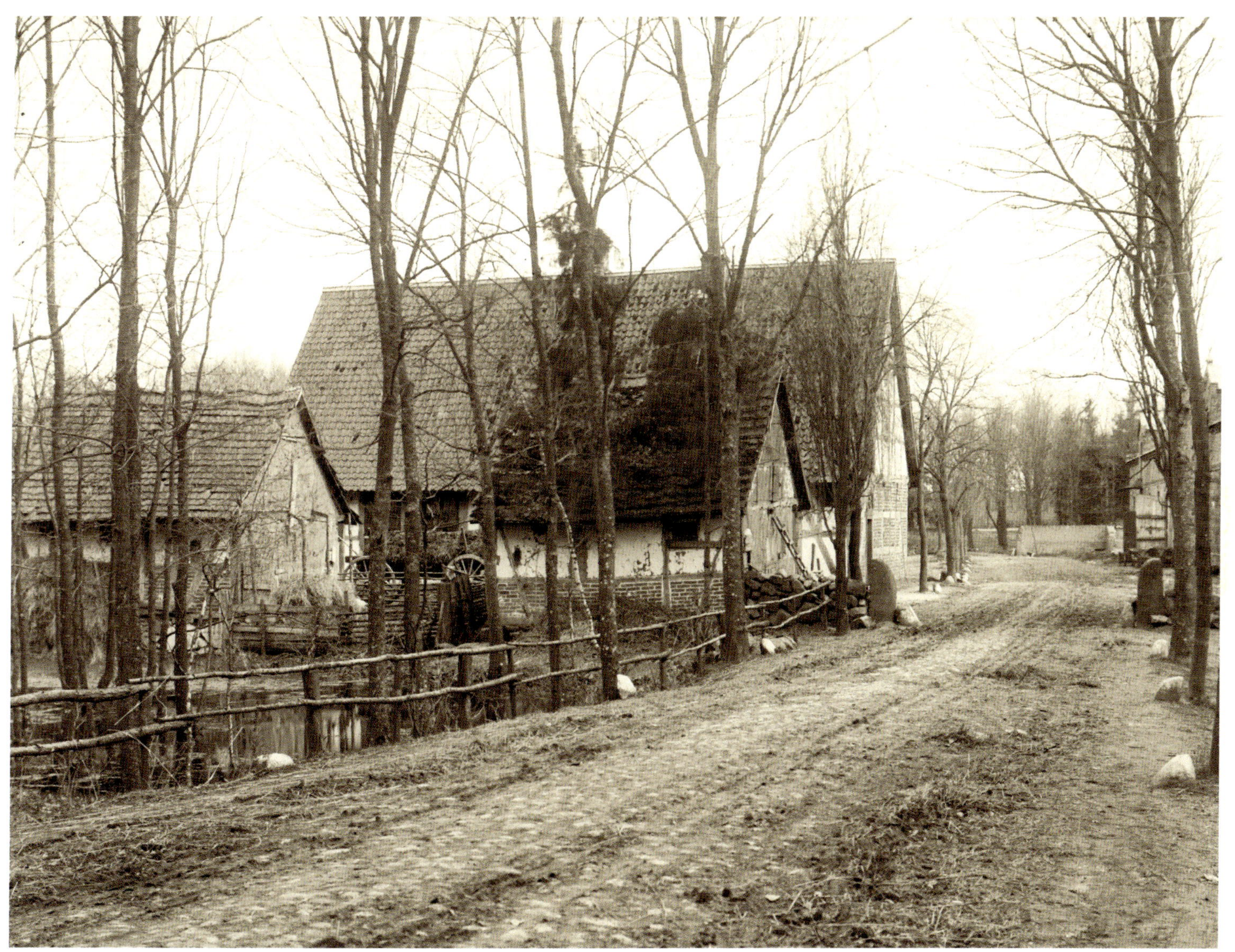

96: Situation im Vorwerk Niephagen, 21. April 1897

Die Aufnahme zeigt ein kleines Fachwerkgehöft im Vorwerk Niephagen, in der Nähe von Tylsen. Sie ist die erste Fotografie, die Albert Wande in einer Fachzeitschrift im September 1897 publiziert hatte. In den in Berlin herausgegebenen „Photographischen Mitteilungen" wurde es lediglich als „Dorfmotiv" beschrieben.

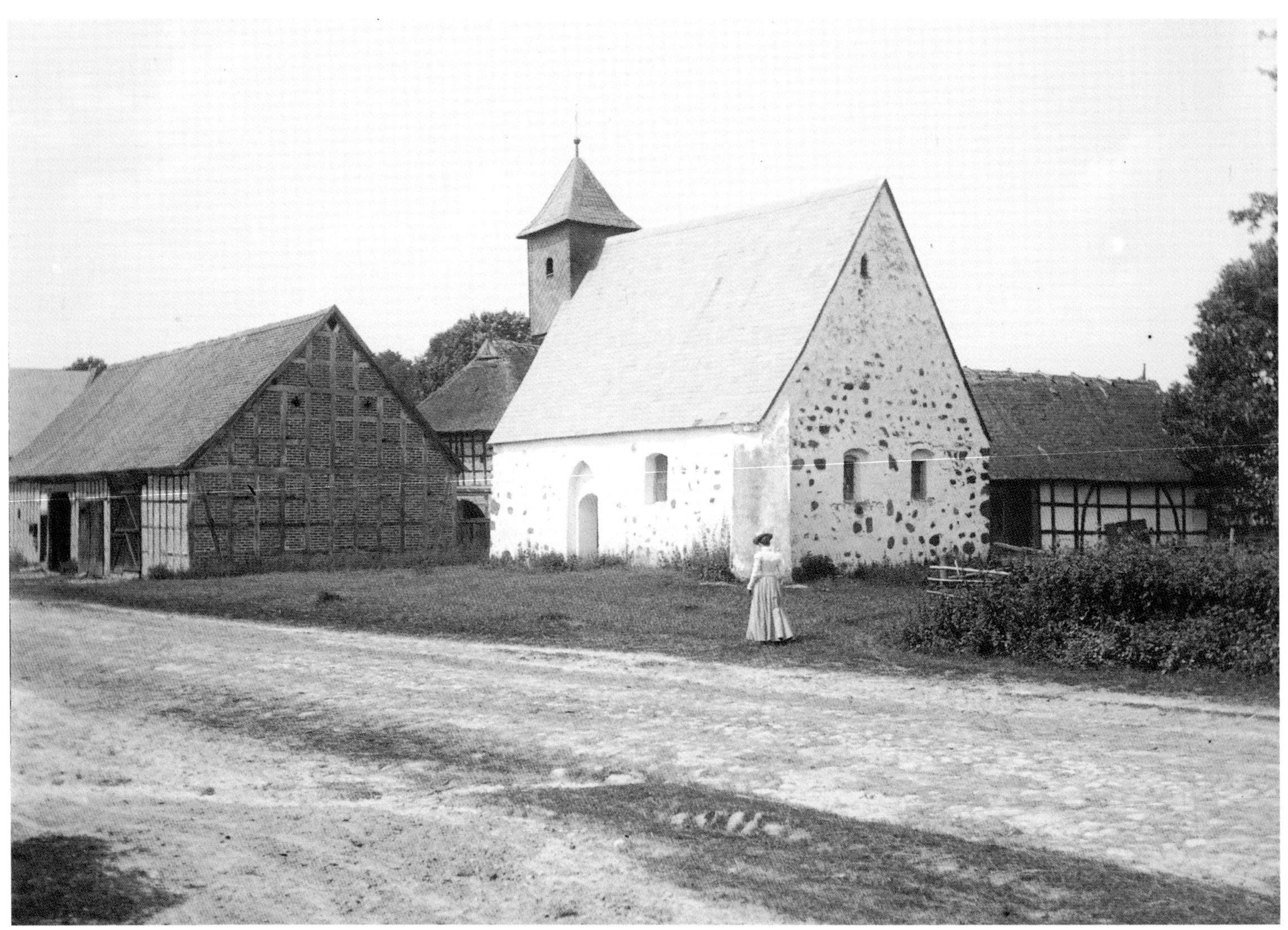

97: Dorfstraße in Groß Grabenstedt mit Kirche, 11. Juli 1899
Dieses Foto zeigt die ehemalige Kirche des Dorfes Groß Grabenstedt. Die Glocke befand sich in einem eingehausten separaten Glockenstuhl, der am Giebel der kleinen Kapelle angebracht war. Es handelt sich dabei um ein sehr seltenes Bilddokument. Das Dorf mitsamt der Kirche wurde 1987 im Rahmen des Grenzregimes der DDR komplett geschleift.

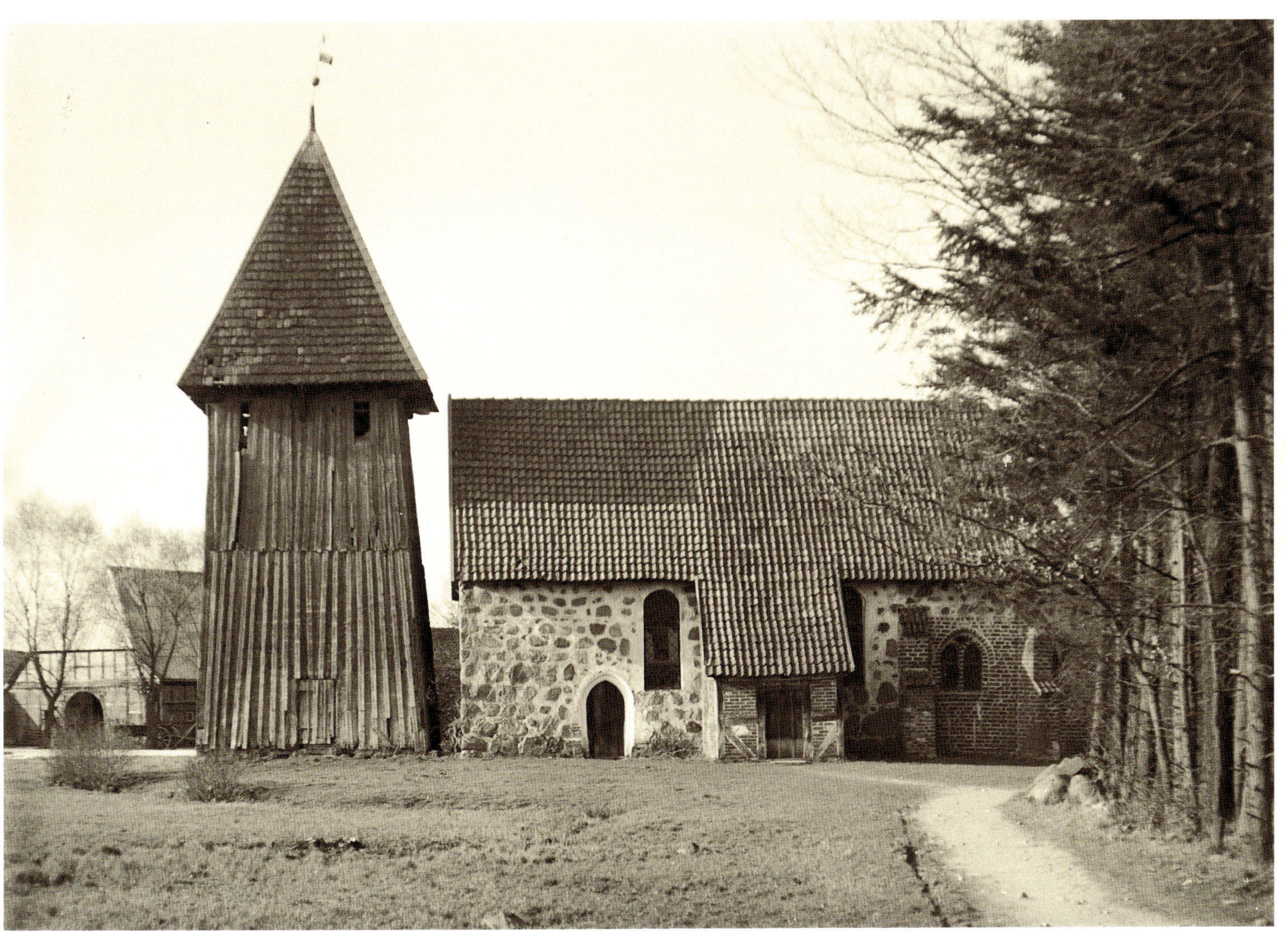

98: Feldsteinkirche mit hölzernem Glockenturm in Wieren (Landkreis Uelzen), 16. April 1906
Die ursprünglich romanische Kirche wurde in der Gotik erweitert und umgebaut. Eine Besonderheit ist der hölzerne Kirchturm, der auch die Glocke aufnahm. Wenige Jahre nach der fotografischen Aufnahme wurde die Kirche wegen Baufälligkeit nicht mehr genutzt.

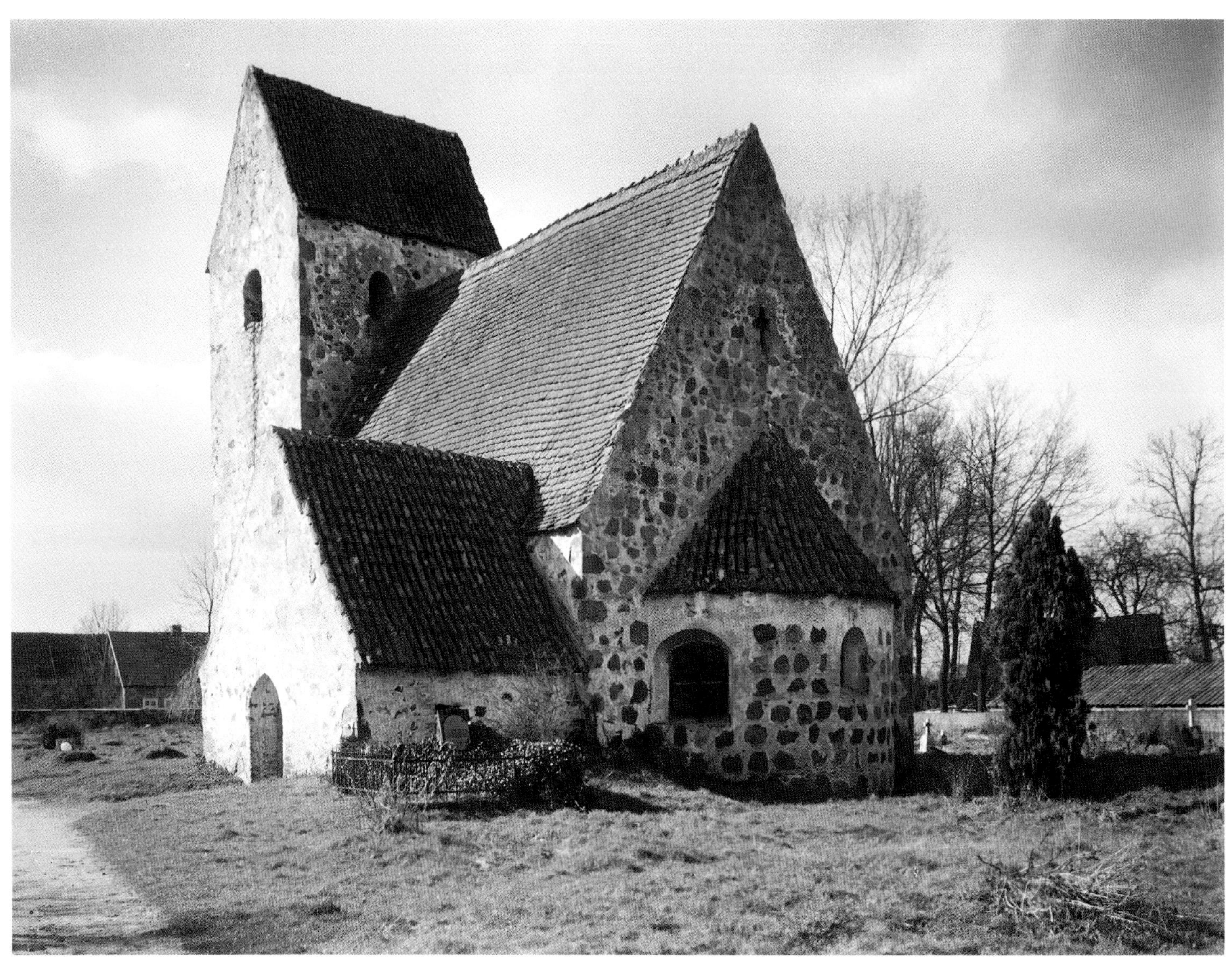

99: Dorfkirche von Pretzier vor dem Umbau, 10. April 1910
Die Dorfkirche im altmärkischen Pretzier wurde 1911 grundlegend umgebaut und die mittelalterliche Bausubstanz überformt. Das Foto aus dem Jahre 1910 zeigt noch den ursprünglichen Zustand.

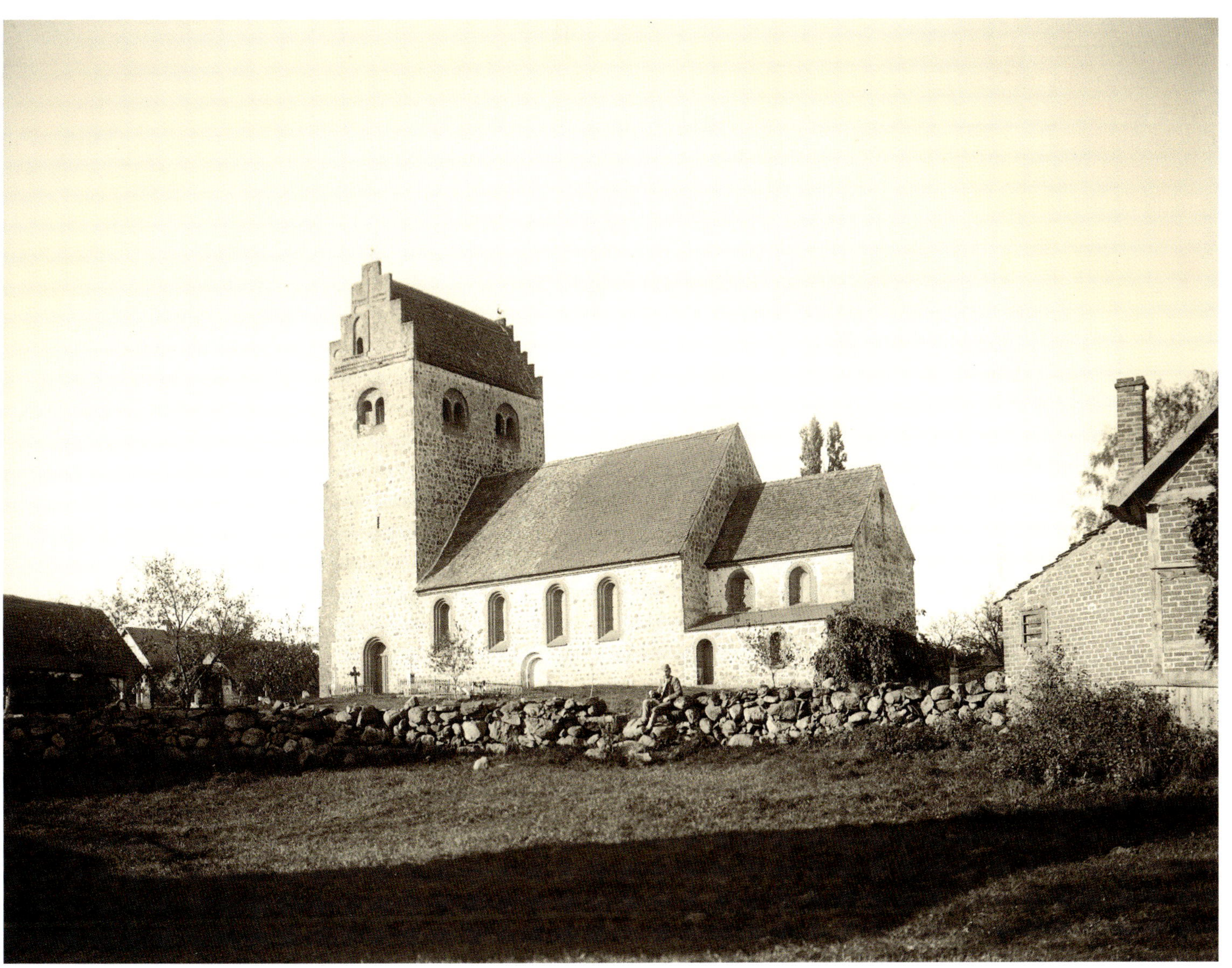

100: Dorfkirche von Kuhfelde, 16. Oktober 1896
Die Dorfkirche ist hier von Südosten aus aufgenommen. Vor dem umgebenden Friedhofsgelände, auf dem noch eine Reihe von Grabkreuzen sichtbar ist, sitzt ein Begleiter von Albert Wande auf der Mauer.

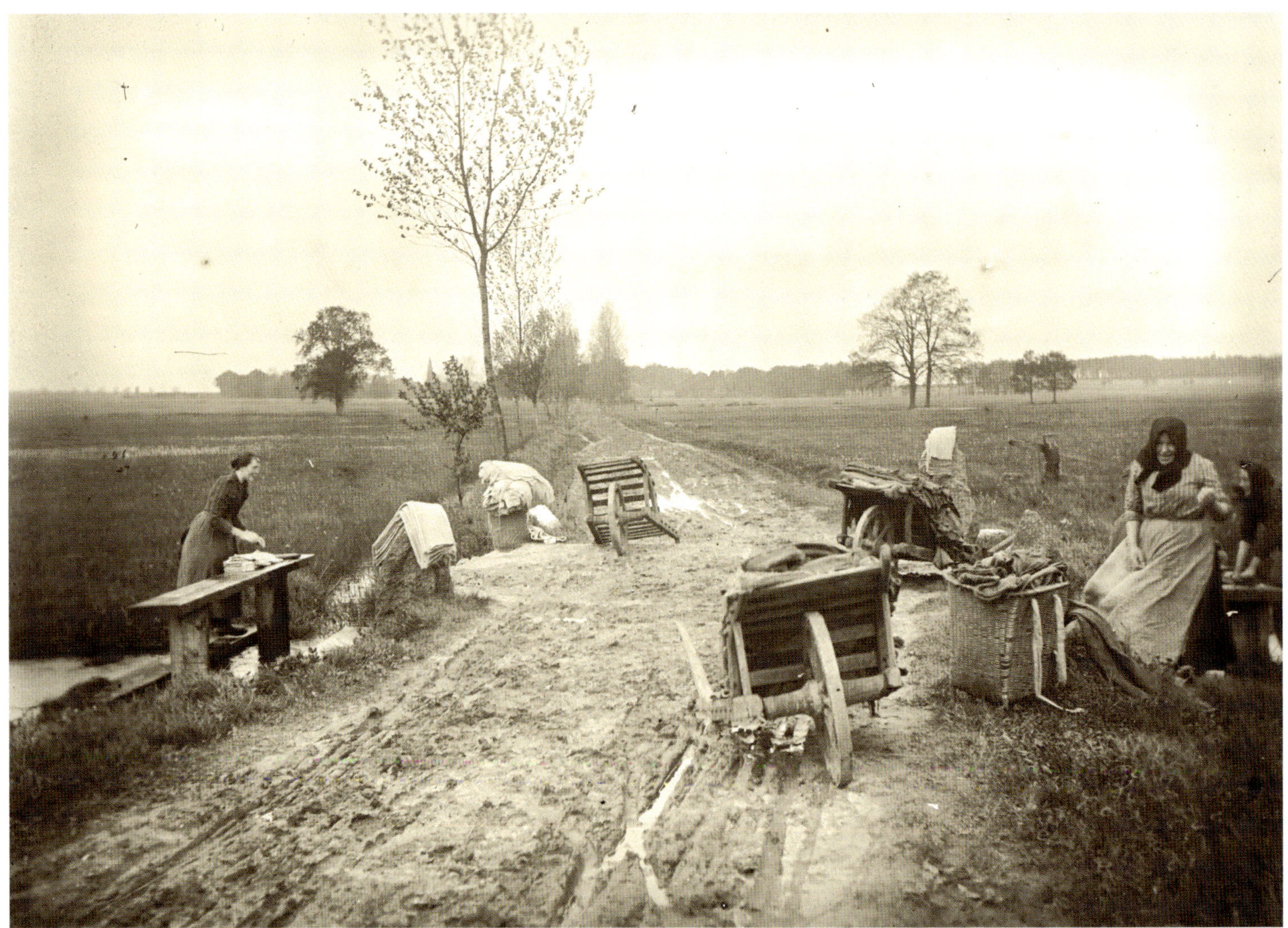

101: Frauen beim Wäschewaschen an einem Bach bei Lockstedt, 20. Mai 1898
Die Wäscherinnen stehen beiderseits eines Sandweges an den dort befindlichen Waschbänken und gehen ihren Tätigkeiten beim Wäschewaschen nach. Am Wegesrand sind die Transportmittel für die Wäsche zu sehen: Kiepe und Schubkarren. Fotos, die so eindrücklich Lebenswelten des Alltags dokumentieren, sind eher selten im Schaffen von Albert Wande.

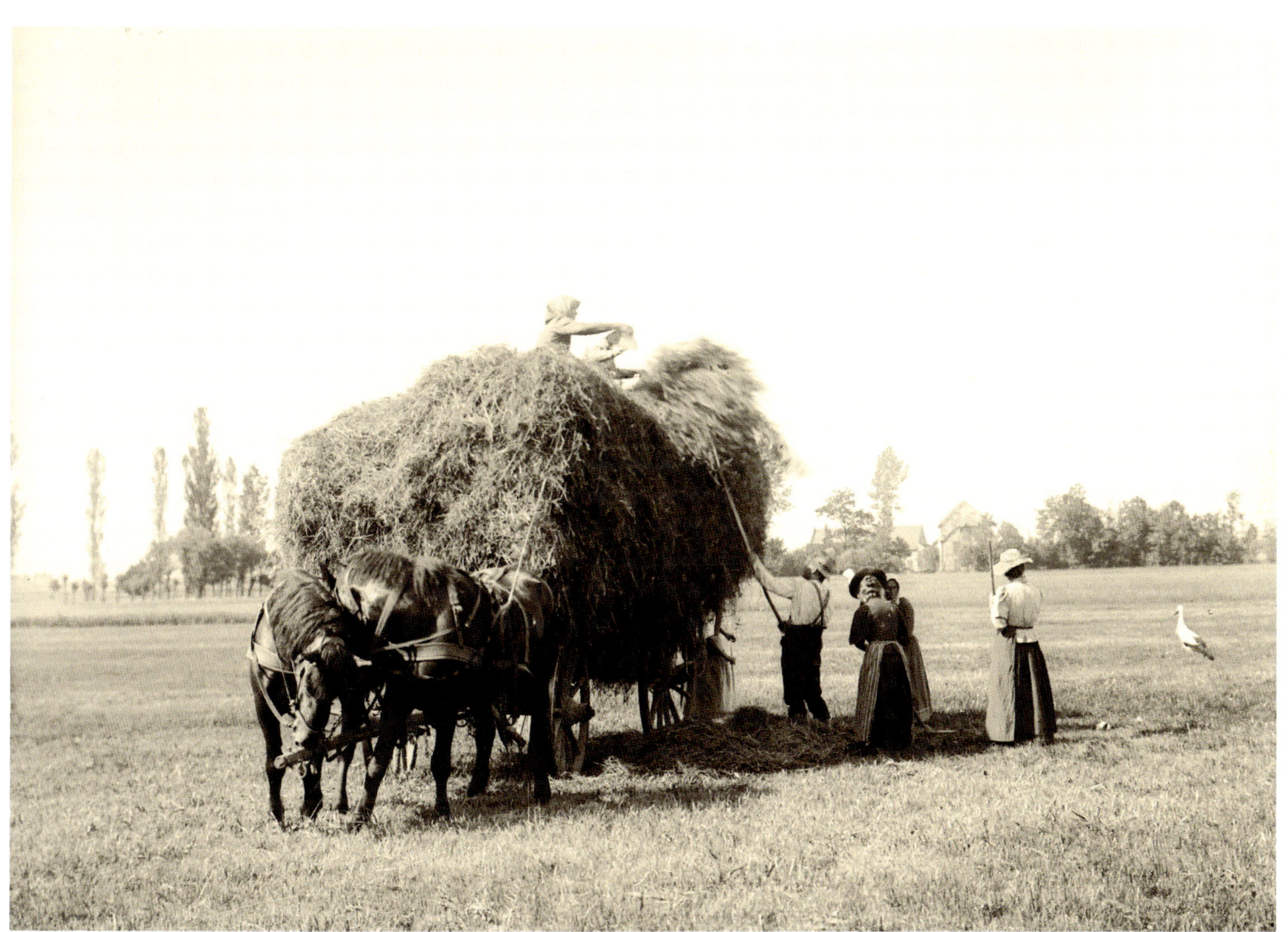

102: Beladen eines Ackerwagens mit Heu in der Nähe von Böddenstedt, 23. Juni 1897
Im Mittelpunkt steht auf einem bereits abgemähten Feld ein mit Pferden bespannter Ackerwagen. Mehrere Frauen und ein Mann sind bzw. waren mit Zusammenharken und Aufladen beschäftigt. Auf dem Wagen türmt sich bereits ein aufgeladener Haufen Heu, der von zwei Personen geordnet wird. Am rechten Bildrand beobachtet ein Storch die Szene.

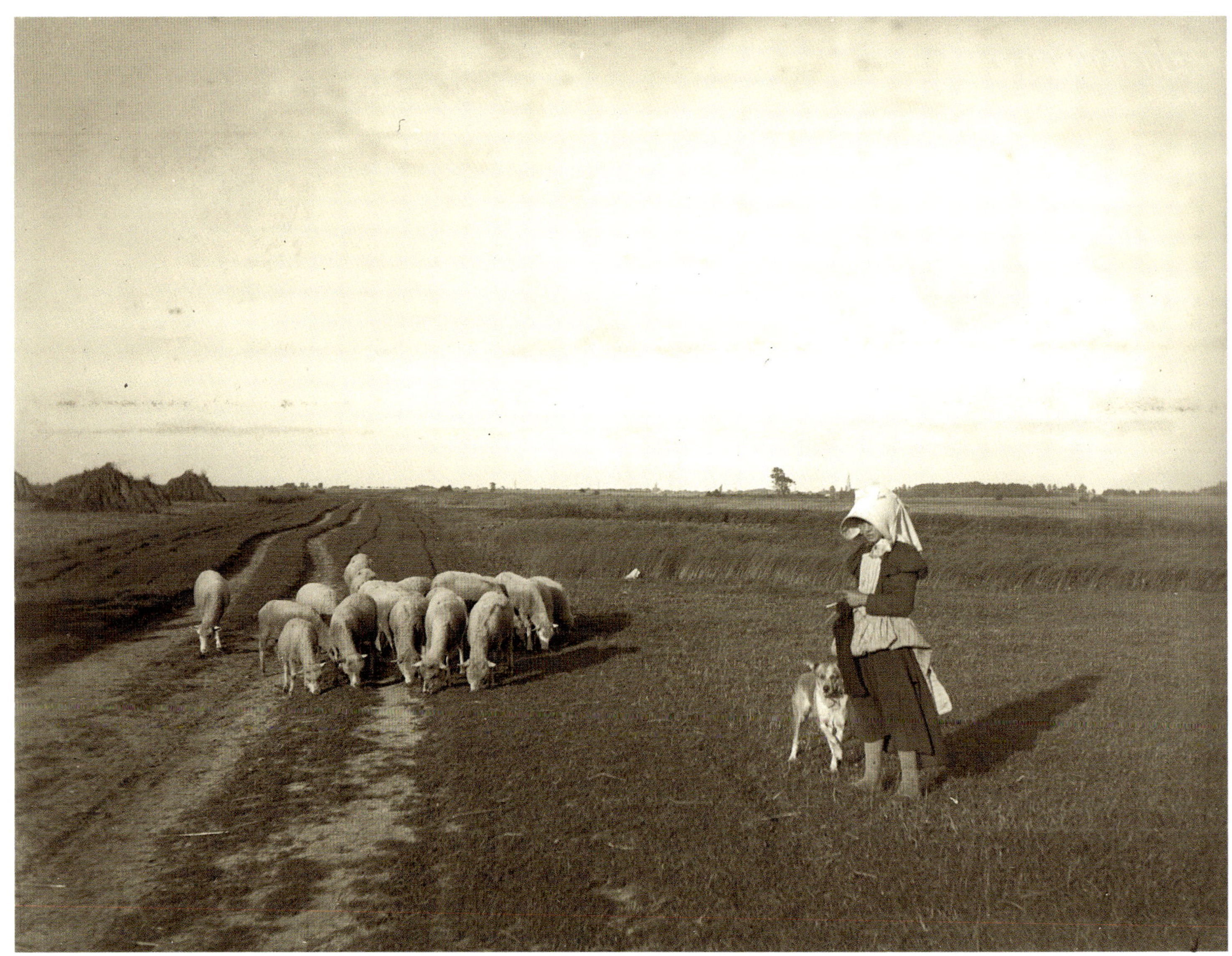

103: Strickendes Hirtenmädchen mit Schafherde bei Groß Gerstedt, 27. Juli 1899
In der weiten Landschaft mit Horizontblick steht eine junge Frau mit ihrem Hütehund bei einer kleinen Schafherde. Sie trägt eine Erntehaube. In den Händen hält sie Strickzeug und einen bereits fortgeschrittenen Wollschal. Dieses Foto wurde im Jahre 1900 mit weiteren Arbeiten von Albert Wande in der Fachzeitschrift Photographische Rundschau veröffentlicht.

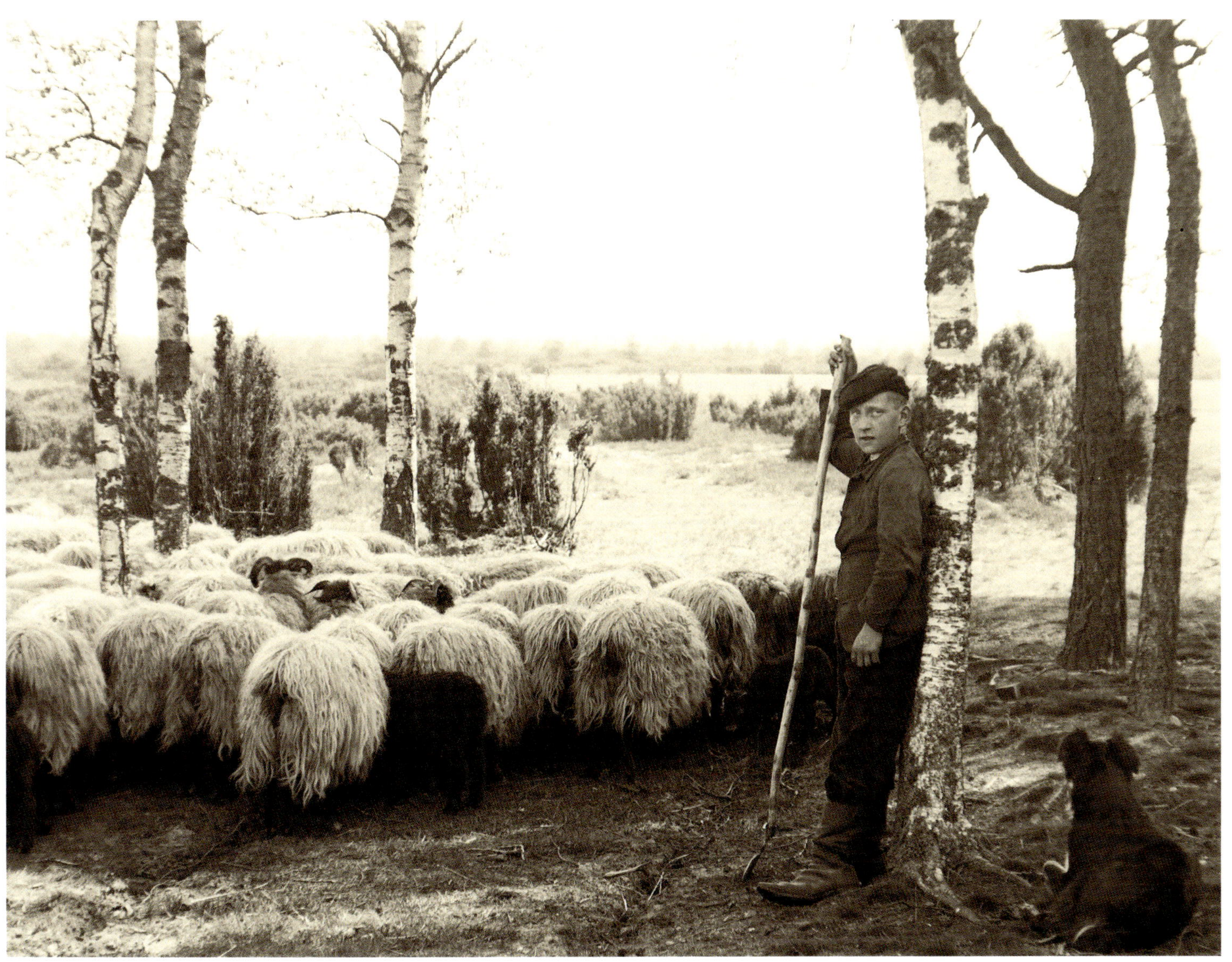

104: Hirtenjunge mit einer Herde Heidschnucken in der Nähe von Hetendorf (Südheide), 16. Mai 1910
Die kleine Heidschnuckenherde, eine in der Lüneburger Heide verbreitete Schafrasse, weidet unter Birken. Bei dem Hirtenjungen am rechten Bildrand handelt es sich der originalen Bildbezeichnung nach um Wilhelm Schütze, der bei Peter Bode in Hetendorf arbeitete. Im Hintergrund ist die klassische Heidelandschaft zu erkennen.

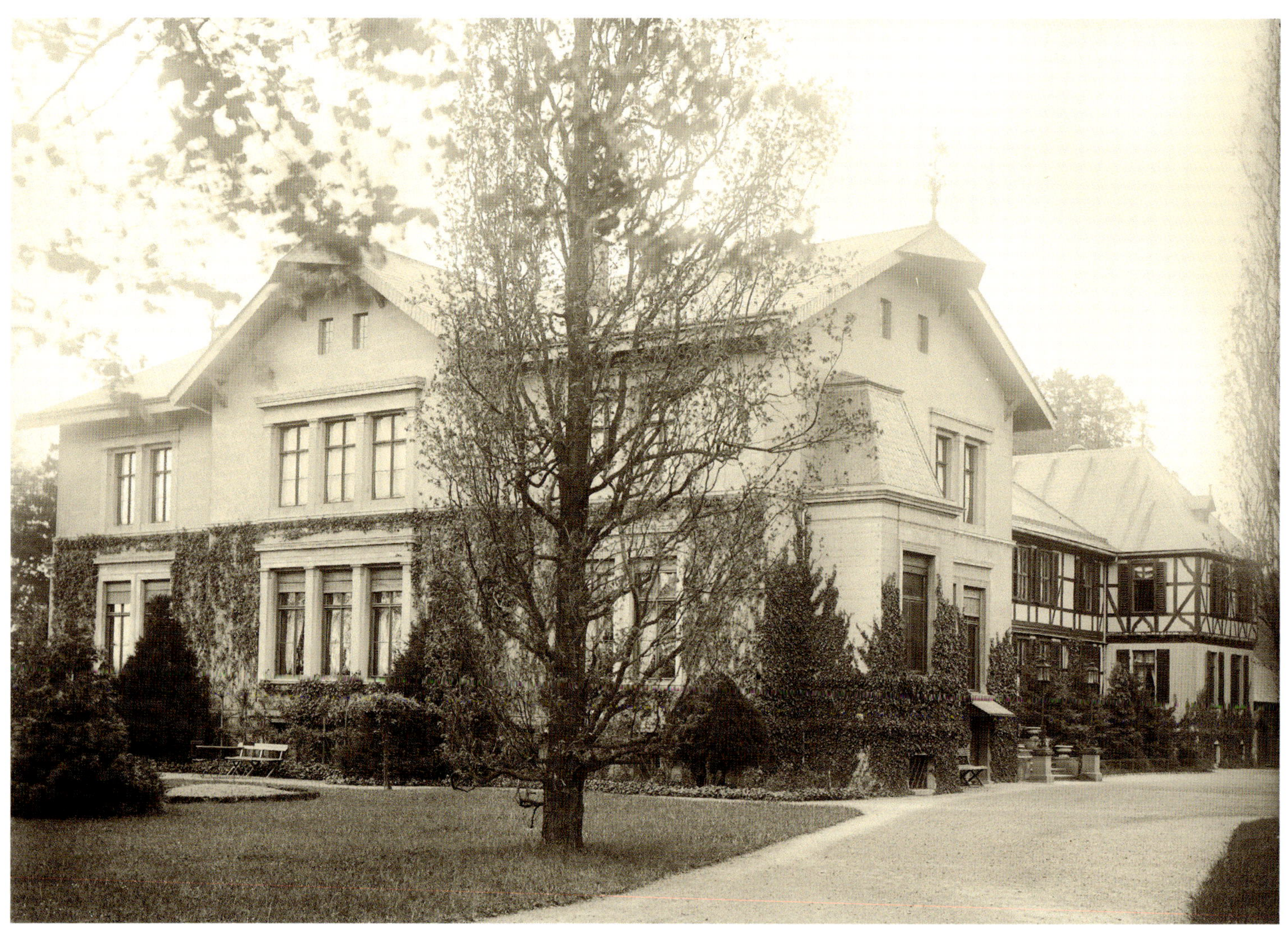

105: Gutshaus der Familie von der Schulenburg in Beetzendorf, 17. Mai 1896
Hierbei handelt es sich um den sogenannten Apenburger Hof. bzw. auch Rittergut II der Familie von der Schulenburg. Das Gutshaus der freiherrlichen Linie hat Albert Wande von der Parkseite aus aufgenommen. Die Hauptschauseite wurde als Massivbau 1866 an ein bestehendes, älteres Fachwerkgebäude angefügt.

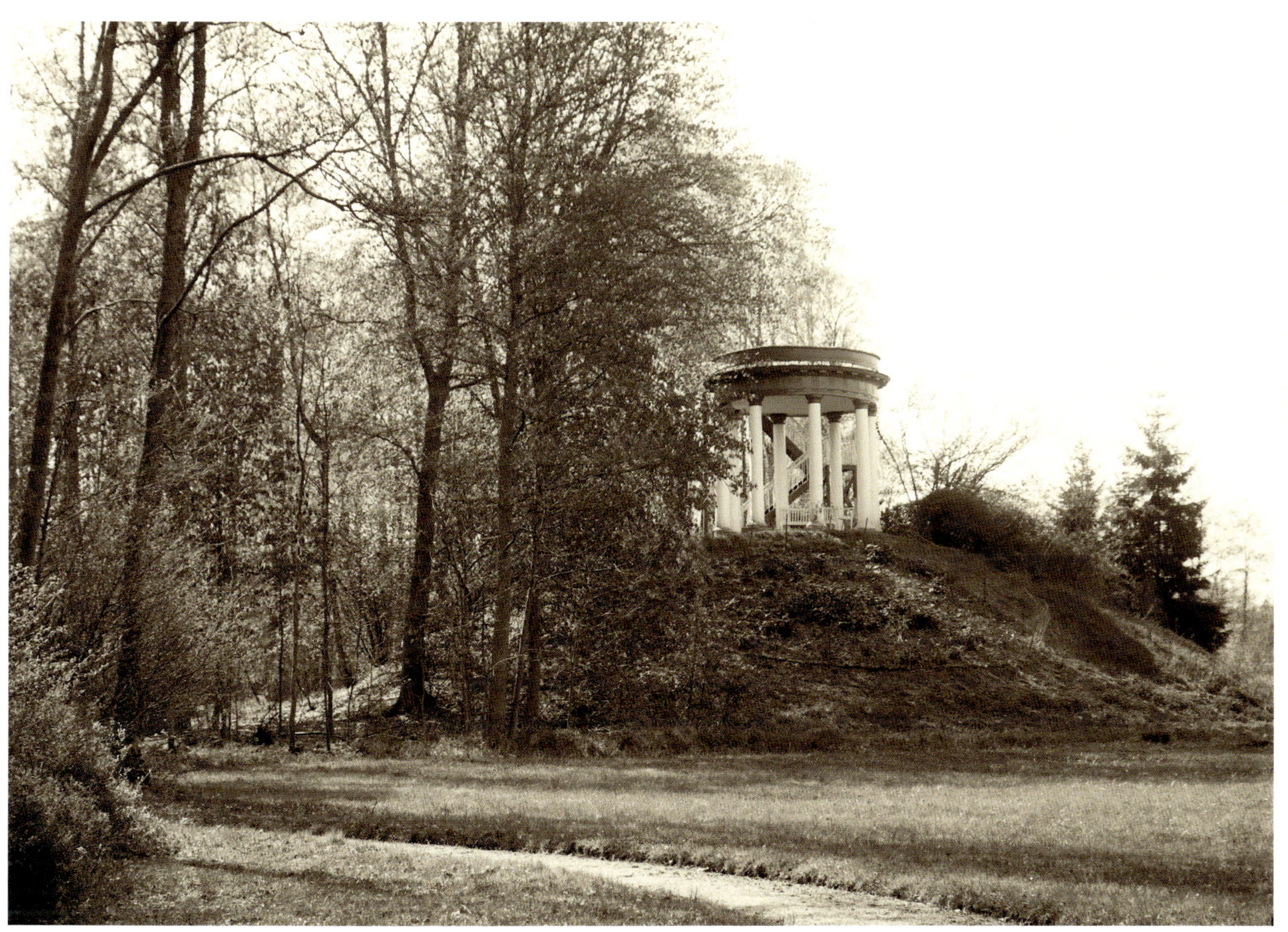

106: Blick in den Schloßpark von Breese im Bruche mit Tempel, 5. Mai 1912
Albert Wande fertigte im April und Mai 1912 fast 30 Aufnahmen aus der Gegend von Breese im Bruche im Wendland an. Darunter sind auch Fotos vom Breeser Park mit Schloss, Denkmälern, Kapelle und diesem Pavillon. Auch hier ging es in erster Linie um das Festhalten von Eindrücken aus Natur und Landschaft. Mehrere Situationen zeigen Alleen und Baumreihen am Wege zum benachbarten Jameln.

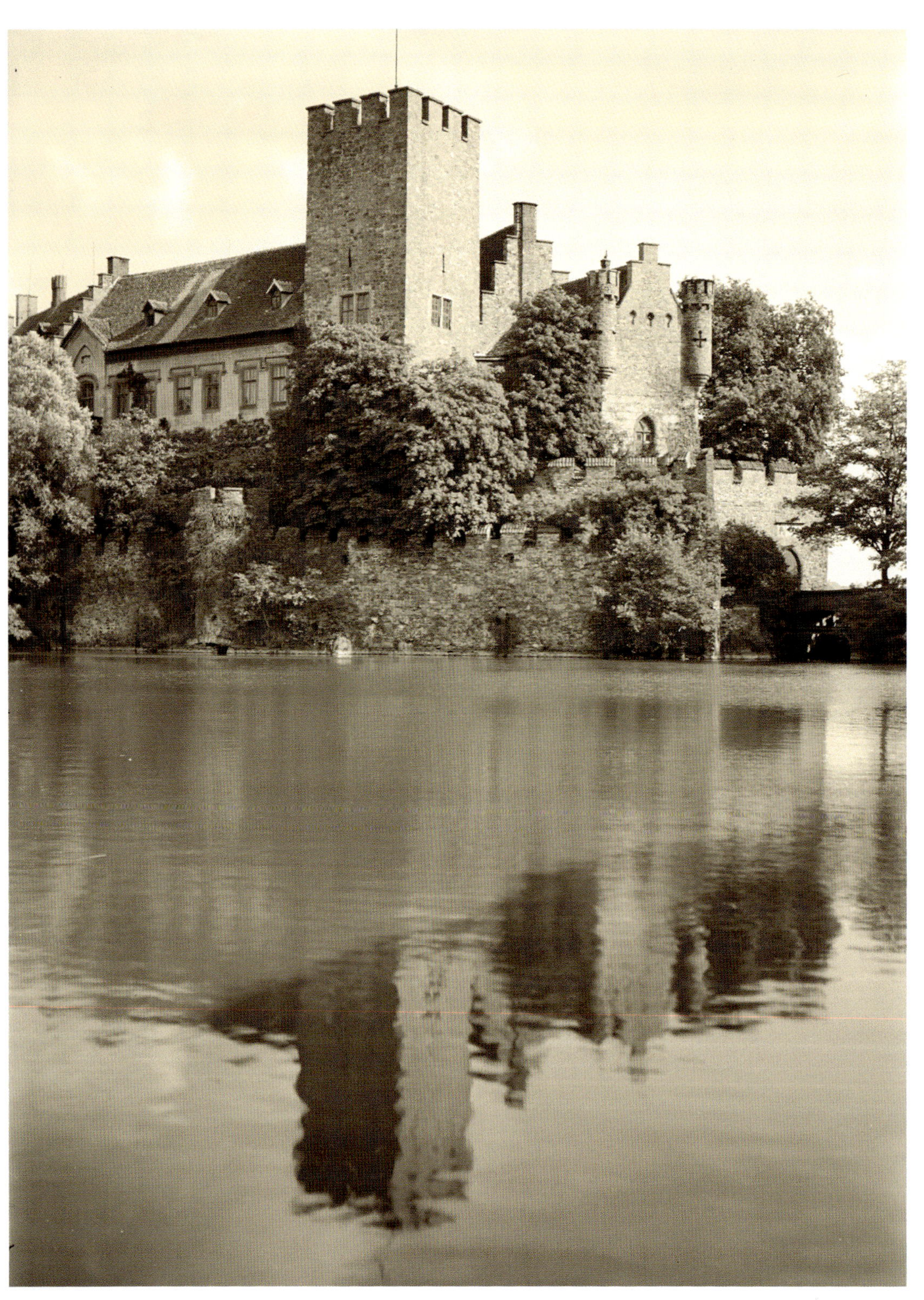

107: Blick auf das Wasserschloss Flechtingen vom Wasser aus, 25. August 1929

Das Schloss in Flechtingen entstand aus einer Wasserburg. Es handelt sich um eine imposante immer noch vom Schlossgraben umgebene Anlage mit angeschlossenem Park im Süden der Altmark. Hier hatte den Fotografen besonders die Spiegelung der Gebäude im Wasser gereizt.

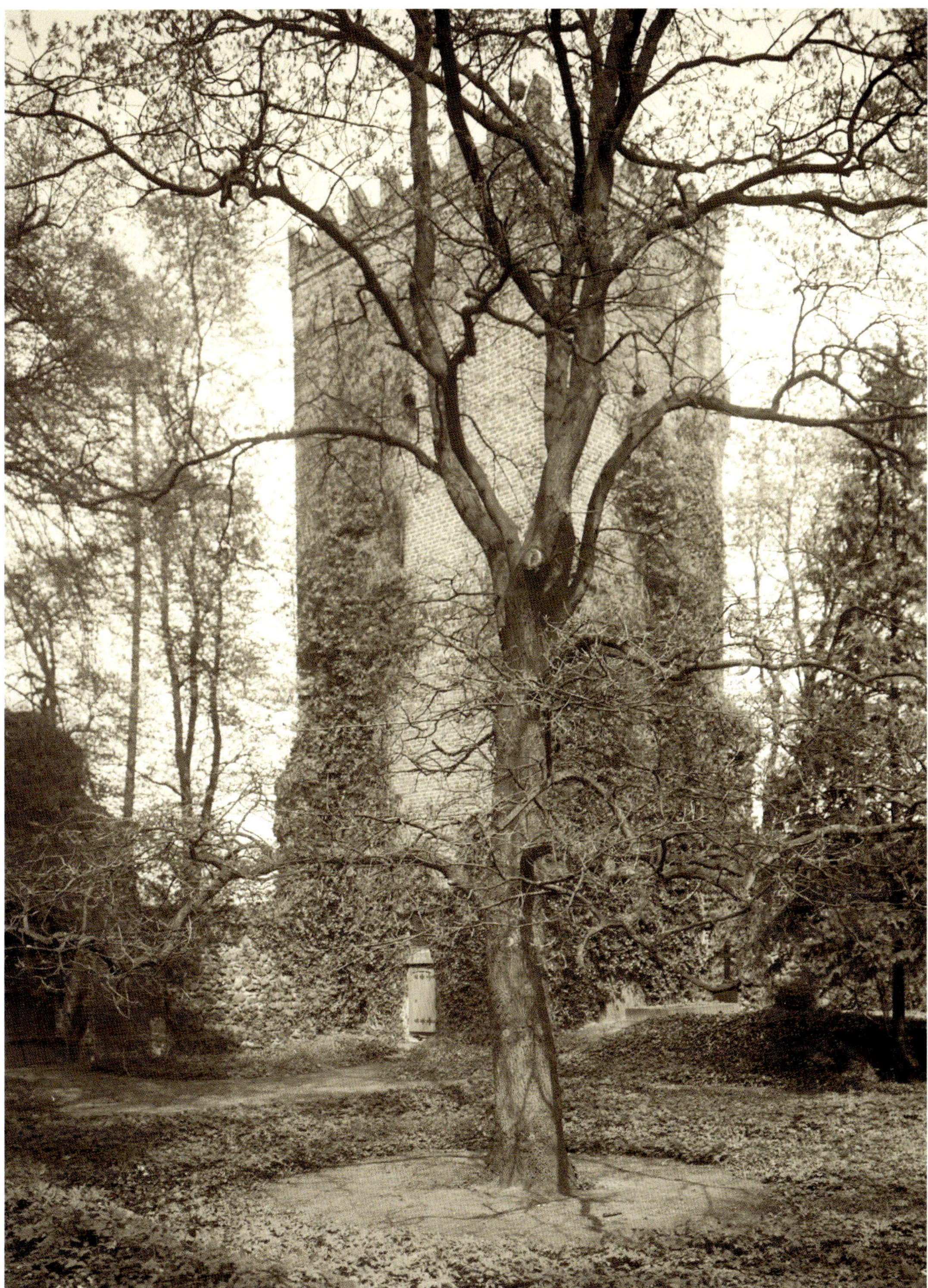

108: Eiche und Burgturm im Inneren des Burggeländes in Apenburg, 8. Mai 1930
Das Foto wurde im Inneren des ehemaligen Burggeländes aufgenommen und zeigt hinter der Eiche den Bergfried der alten Burg. Die ursprünglich mittelalterliche Burg im Besitz der Familie von der Schulenburg war im 19. Jahrhundert weitgehend abgetragen und der Bergfried zu einem Aussichtsturm umgebaut worden. Ab 1860 entstand hier auch das Erbbegräbnis der Familie von der Schulenburg.

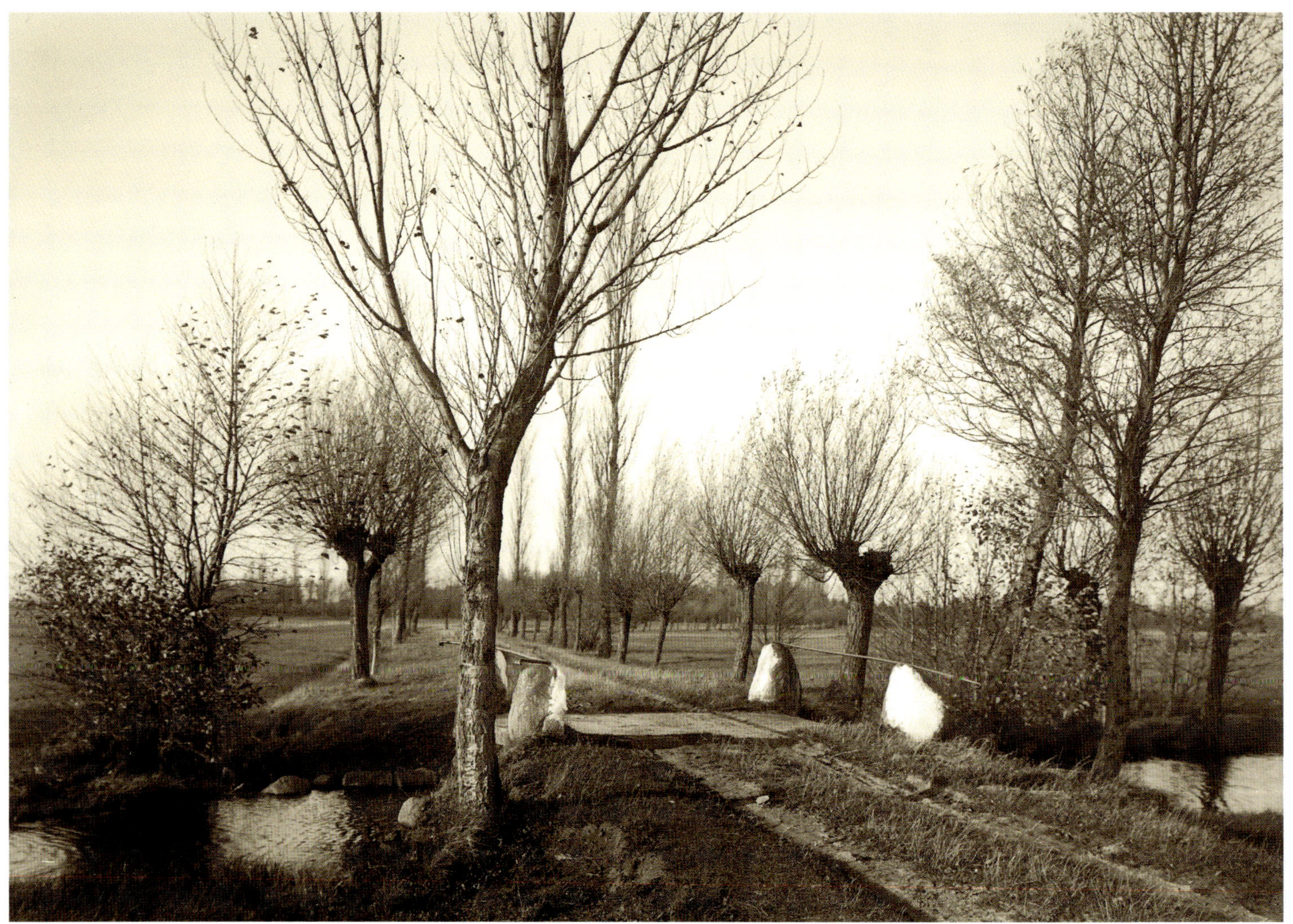

109: An der Brücke auf dem Weg nach Osterwohle, 5. November 1899
Herbstlich entblätterte Bäume säumen den Weg nach Osterwohle. Die Brücke über das kleine Fließ ist mit Prellsteinen, weiß gestrichenen Findlingen markiert. Auf den Feldsteinen ist auch ein schmales Geländer angebracht.

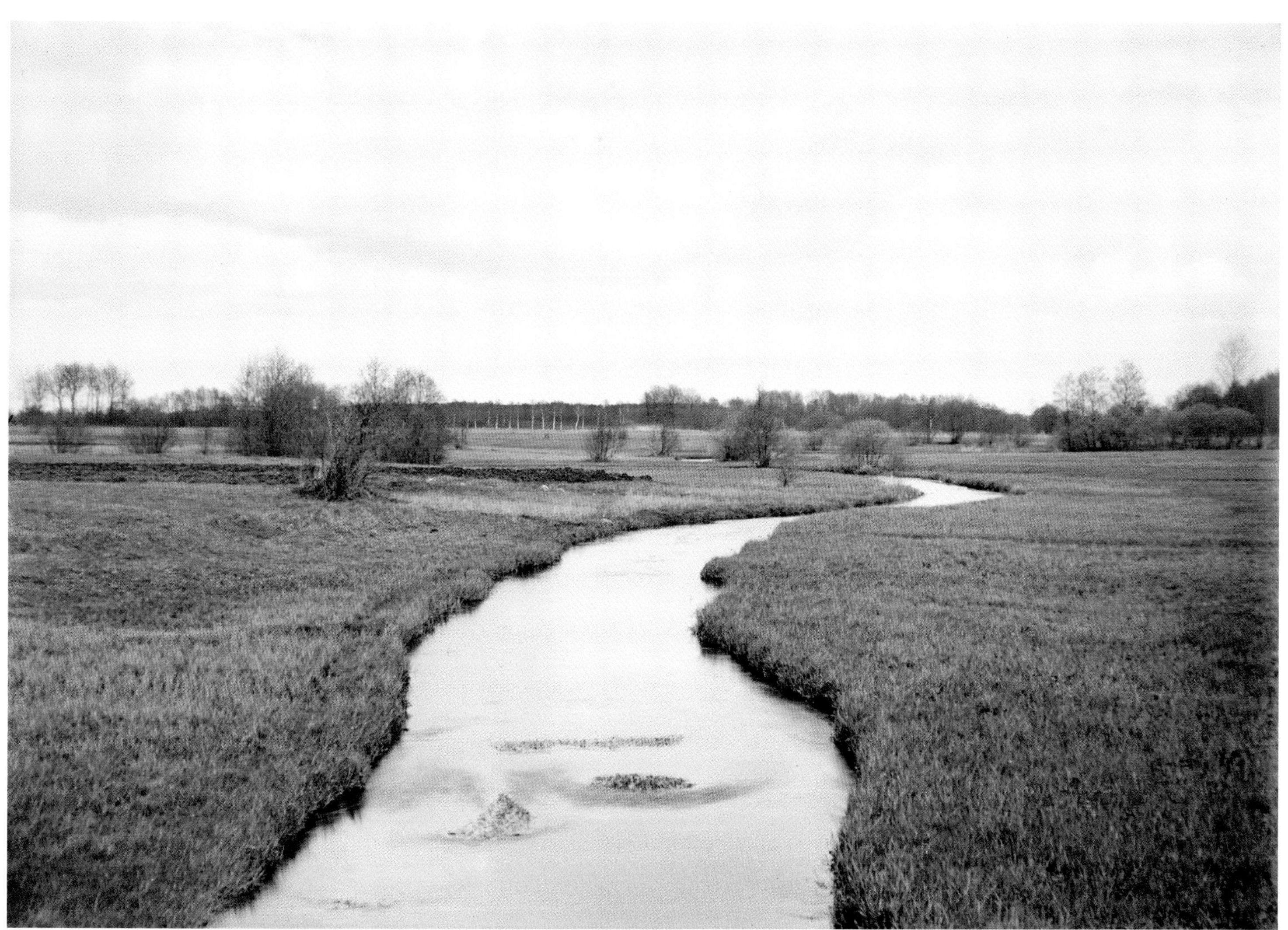

110: Blick von einer Brücke über die Flusslandschaft bei Klein Grabenstedt, 7. Mai 1902
Albert Wande hat die Aufnahmesituation so beschrieben: „Am Beek westlich von Klein-Grabenstedt". Es handelt sich hier wohl tatsächlich um die „Beeke", die zwischen Klein Grabenstedt und Hestedt verläuft und im 19. Jahrhundert noch so bezeichnet wurde. Später bürgerte sich die Bezeichnung „Alte Dumme" für dieses Fließ ein.

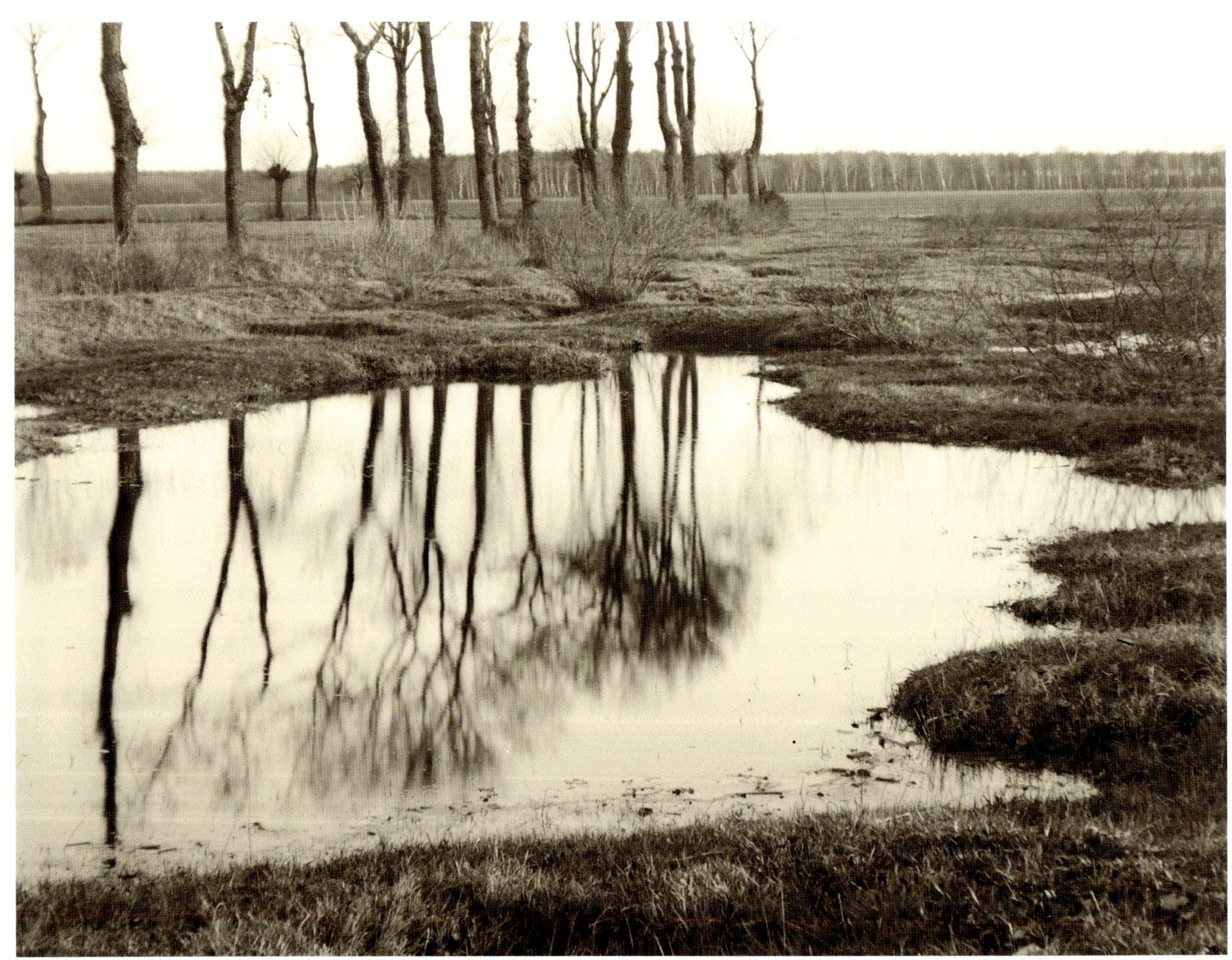

111: Eichen-Spiegelung in einer Wasserfläche bei Tylsen, 2. Dezember 1900
In einer Wasserfläche spiegelt sich eine Reihe jüngerer Eichen. Die Bäume selbst sind nur im unteren Stammansatz erkennbar. Hauptaugenmerk des Fotografen lag tatsächlich auf der Spiegelung inmitten einer Grasfläche.

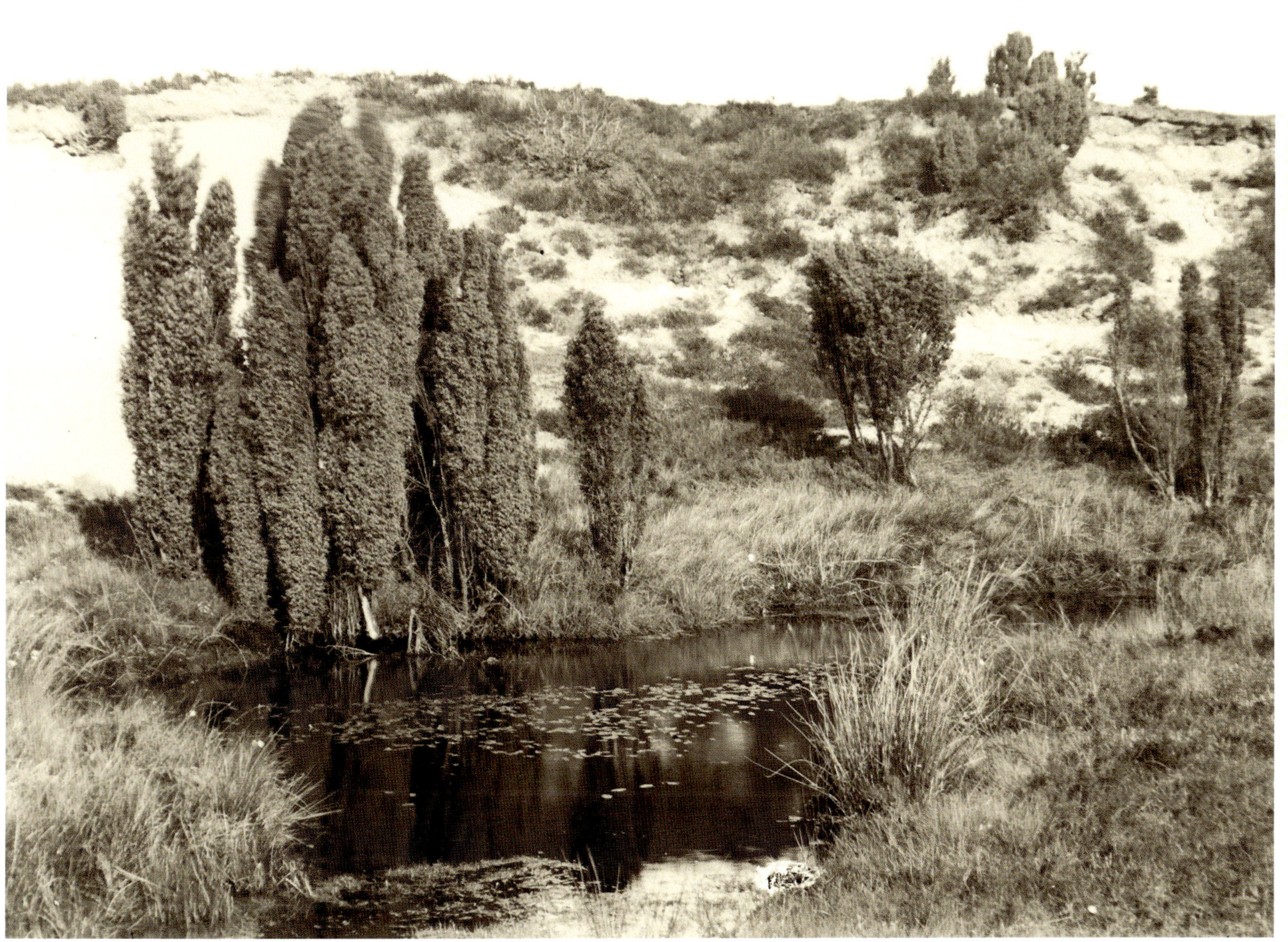

112: An den Luhequellen bei Bispingen, 11. Juni 1905
Die Luhe entsteht in Soltau-Deimern, tritt aber erst als Quelle in Bispingen in der Lüneburger Heide zu Tage. Die Heidelandschaft war immer wieder ein Ziel für Albert Wandes Foto- und Naturleidenschaft.

Wege

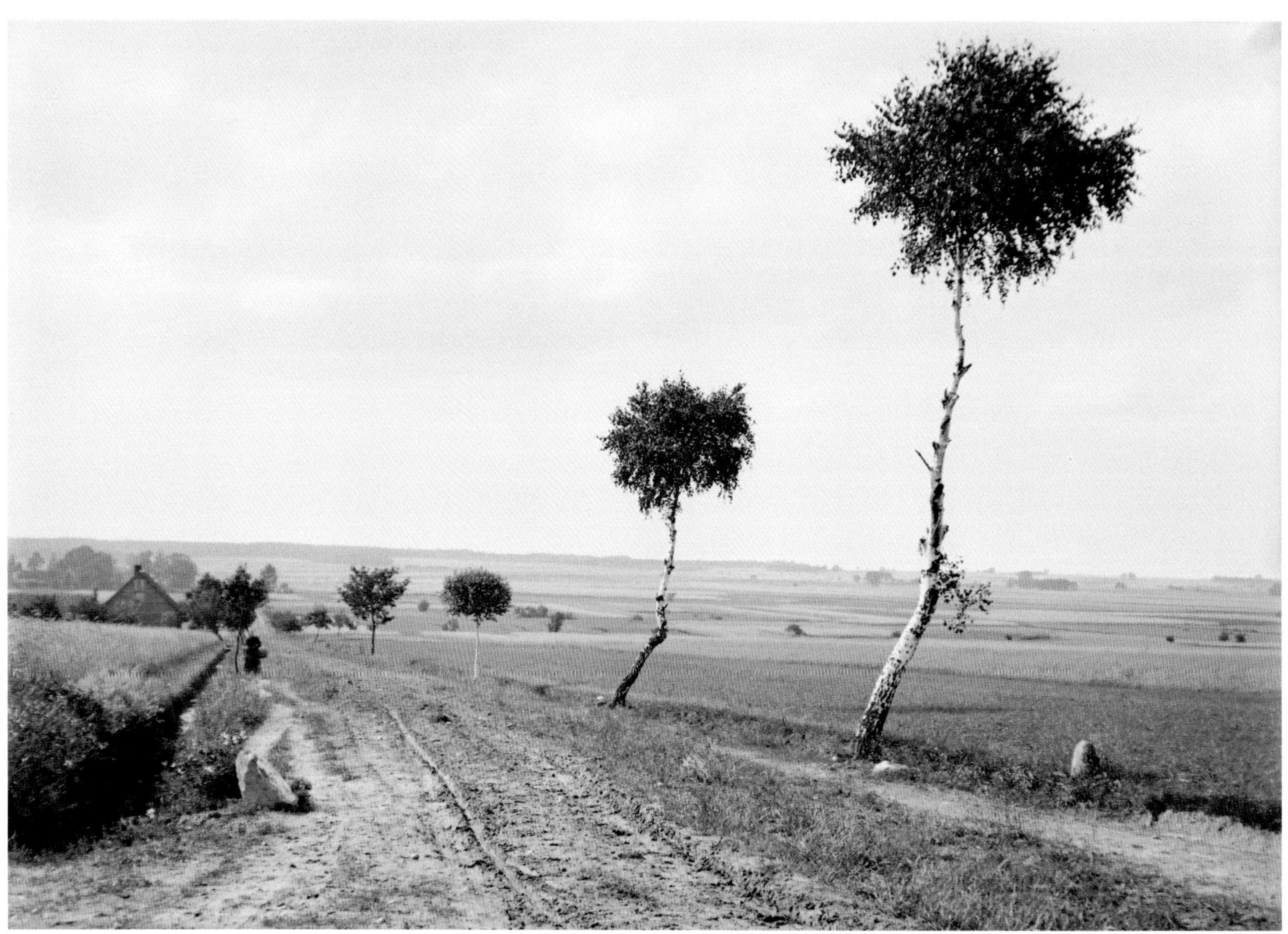

113: Zwei Birken am Kreuzweg bei Nesenitz, 20. Juli 1902
Zum Horizont strebende Wegeverläufe und ungewöhnliche Baumkonstellationen reizten den Fotografen Albert Wande immer wieder zur Ablichtung. Hier kommt auch noch der erhöhte Standort beim altmärkischen Nesenitz besonders zur Geltung, der einen weiten Blick in die Landschaft ermöglicht.

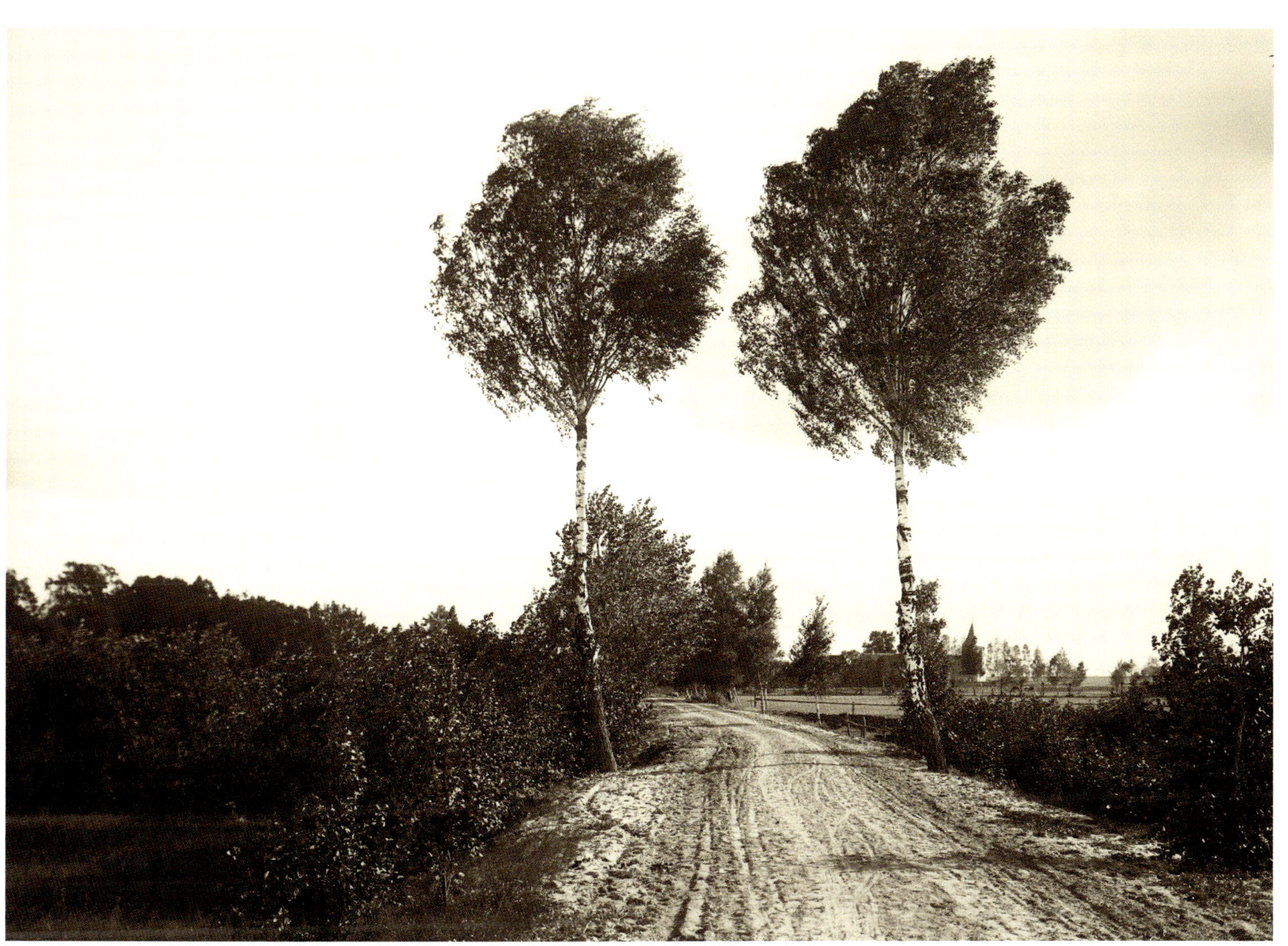

114: Weg mit zwei einzelnen Birken zwischen Meuchefitz und Naulitz im Wendland, 28. September 1902
Im Werk von Albert Wande kommen derartige Geländesituationen häufig vor. Die Szenerie wird hier beherrscht von den beiden Birken, die den Weg portalartig einrahmen.

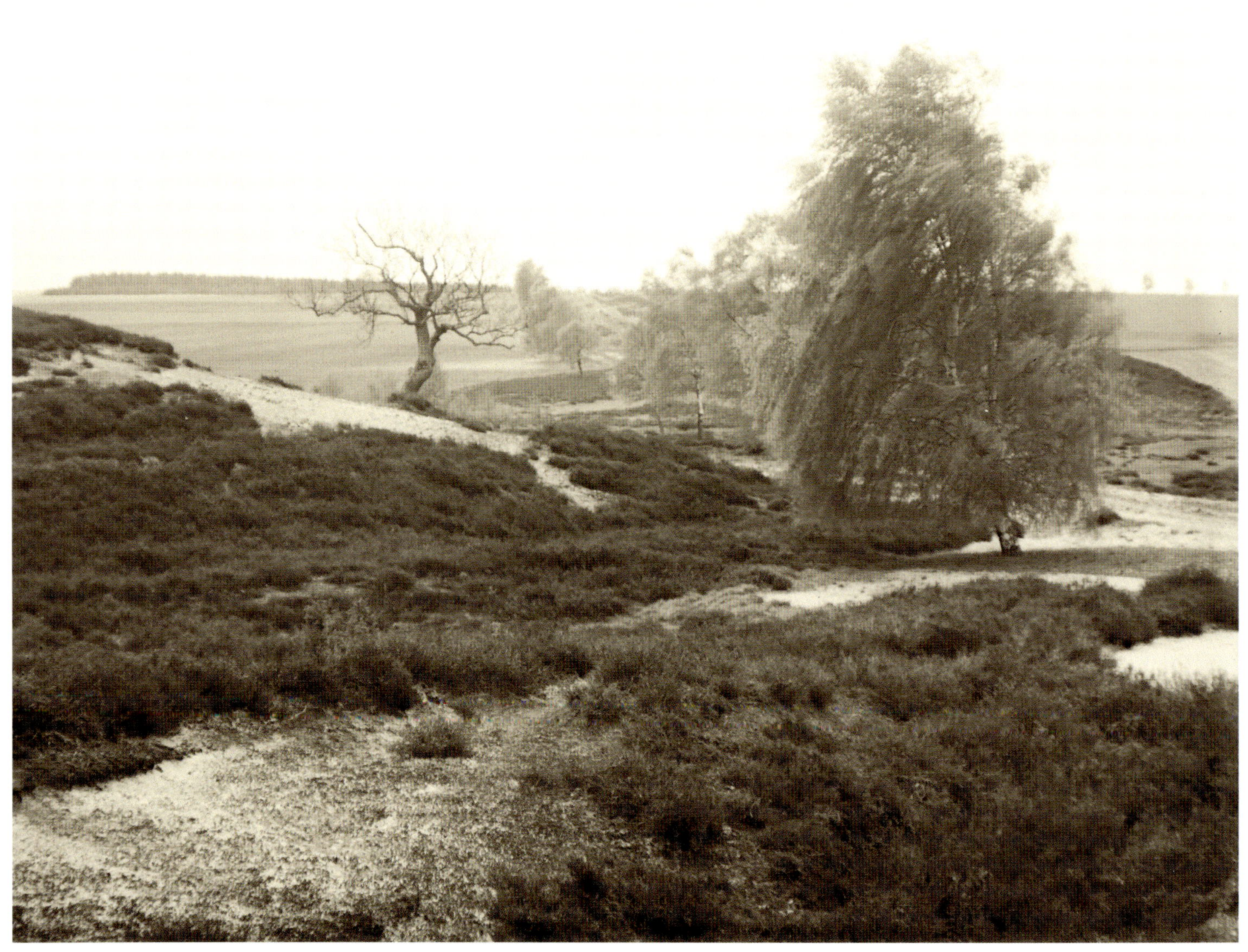

115: Heidelandschaft beim Dorf Bokel, 1904
Die Landschaftsaufnahme zeigt einen baumbestandenen Sandweg. Dabei handelt es sich wohl um einen einfachen Verbindungsweg zwischen den Heidedörfern Bokel und Nienwohlde in der Südheide.

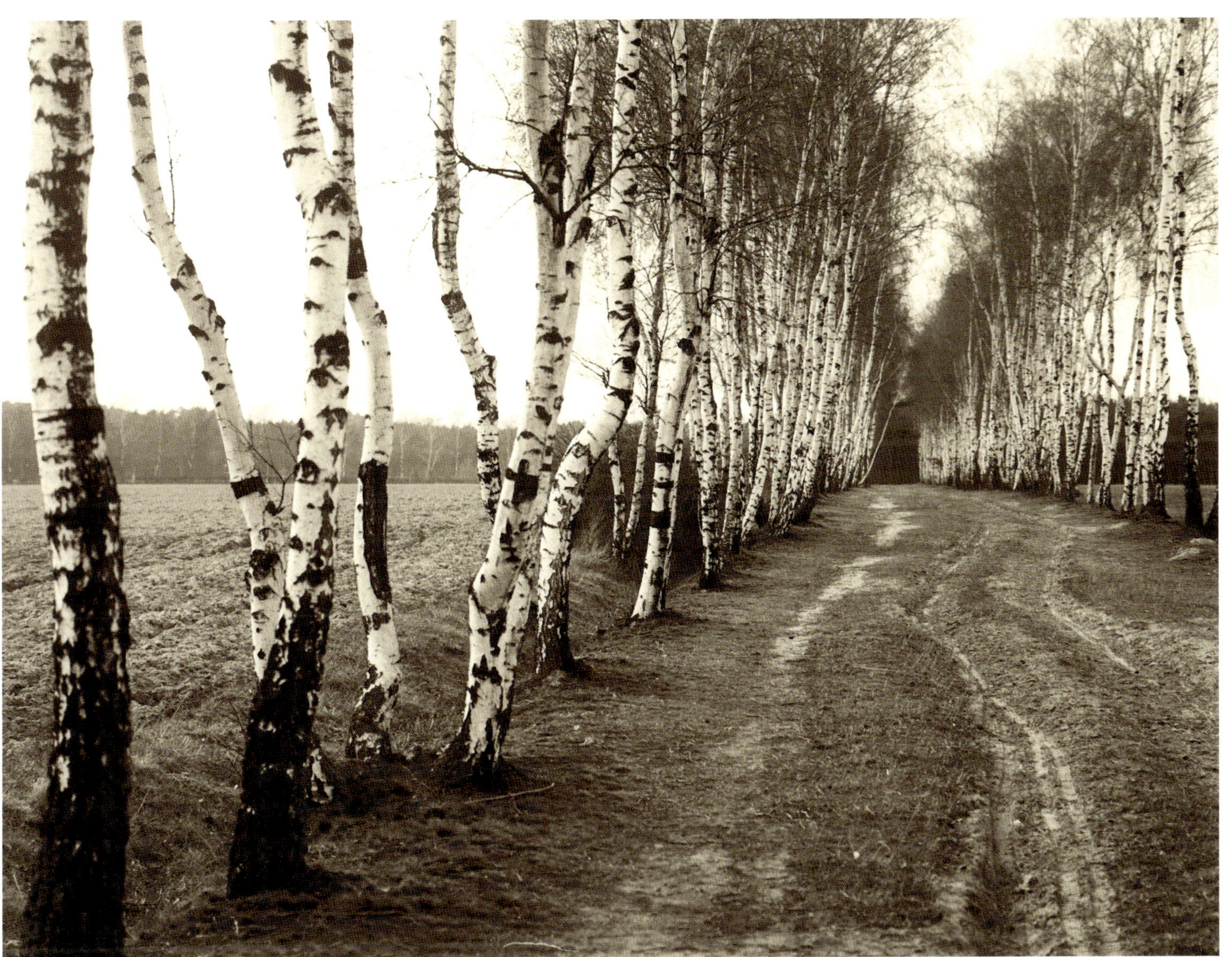

116: Birkenallee in der Nähe von Hohenwulsch, 27. März 1913
Eine dichte Birkenreihung säumt den Sandweg, der sich westlich vom altmärkischen Dorf Hohenwulsch befand. Birken gehörten ebenfalls zu den mit Vorliebe fotografierten Baummotiven des Fotografen.

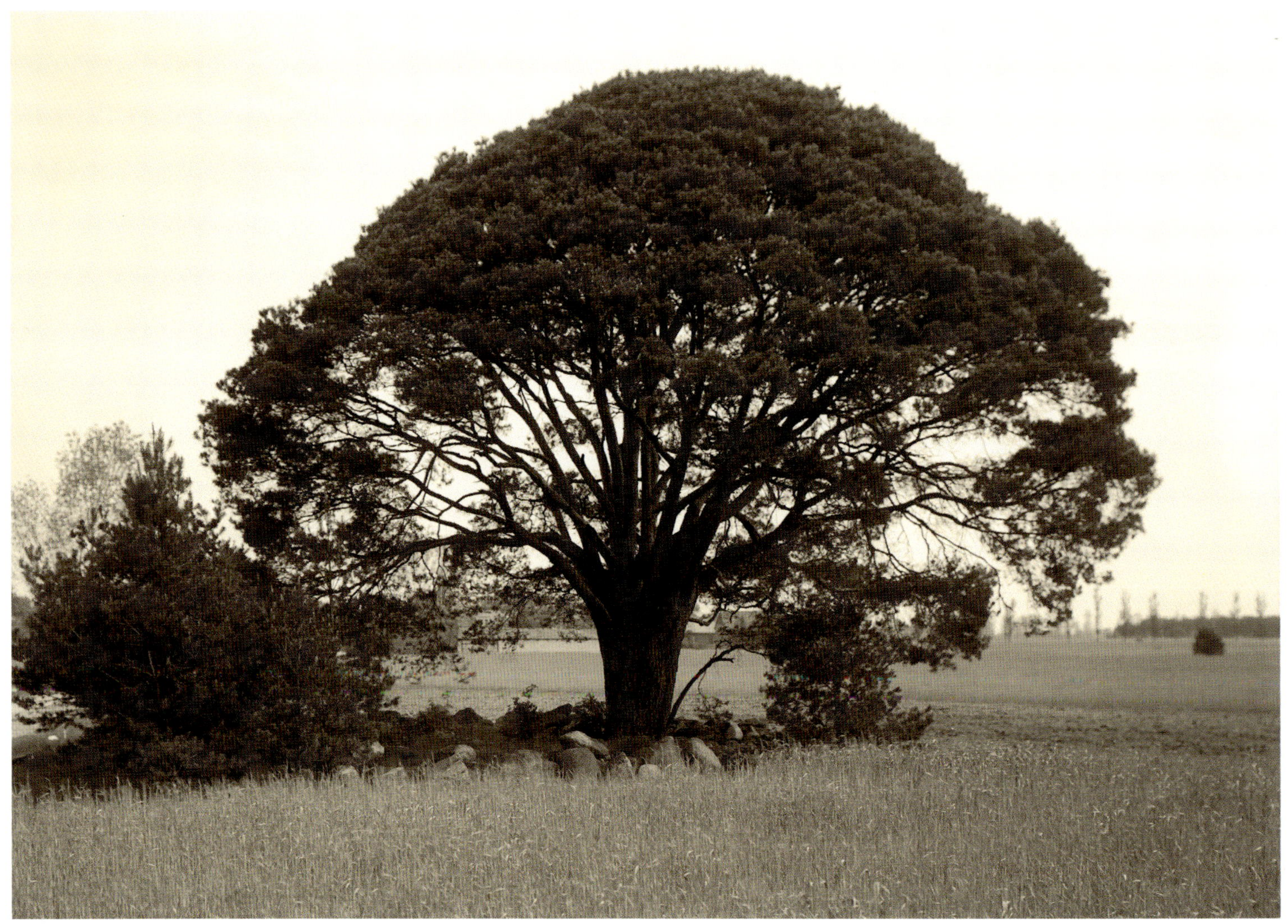

117: Kugelförmige Kiefer bei Jeebel, 13. Mai 1913
Der markante Baum steht hier als Solitär inmitten der Feldlandschaft bei Jeebel. Wahrscheinlich handelt es sich um einen ortsbekannten Baum, der gelegentlich in Jeebel auch als „Benekes Schäfertanne" bezeichnet wurde.

118: Alte Kate mit Blütenbaum in Altensalzwedel, 30. April 1926
Das kleine Haus gehörte dem Bildtitel nach dem Landarbeiter Gustav Paul aus Altensalzwedel. Im Mittelpunkt des fotografischen Interesses stand hier der in voller Blüte stehende Baum. Derartige Blüten-Motive tauchen öfter im Schaffen von Albert Wande auf.

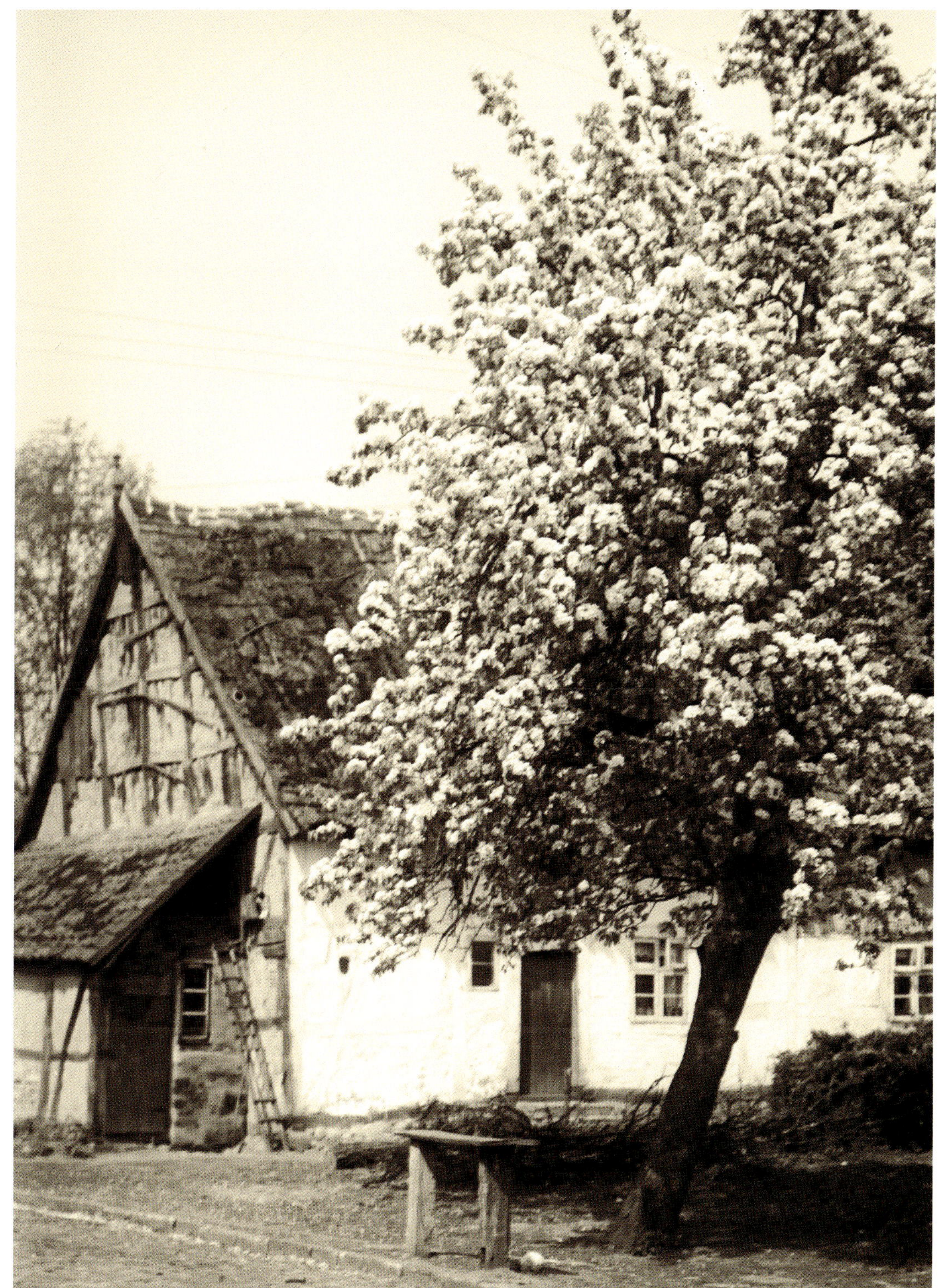

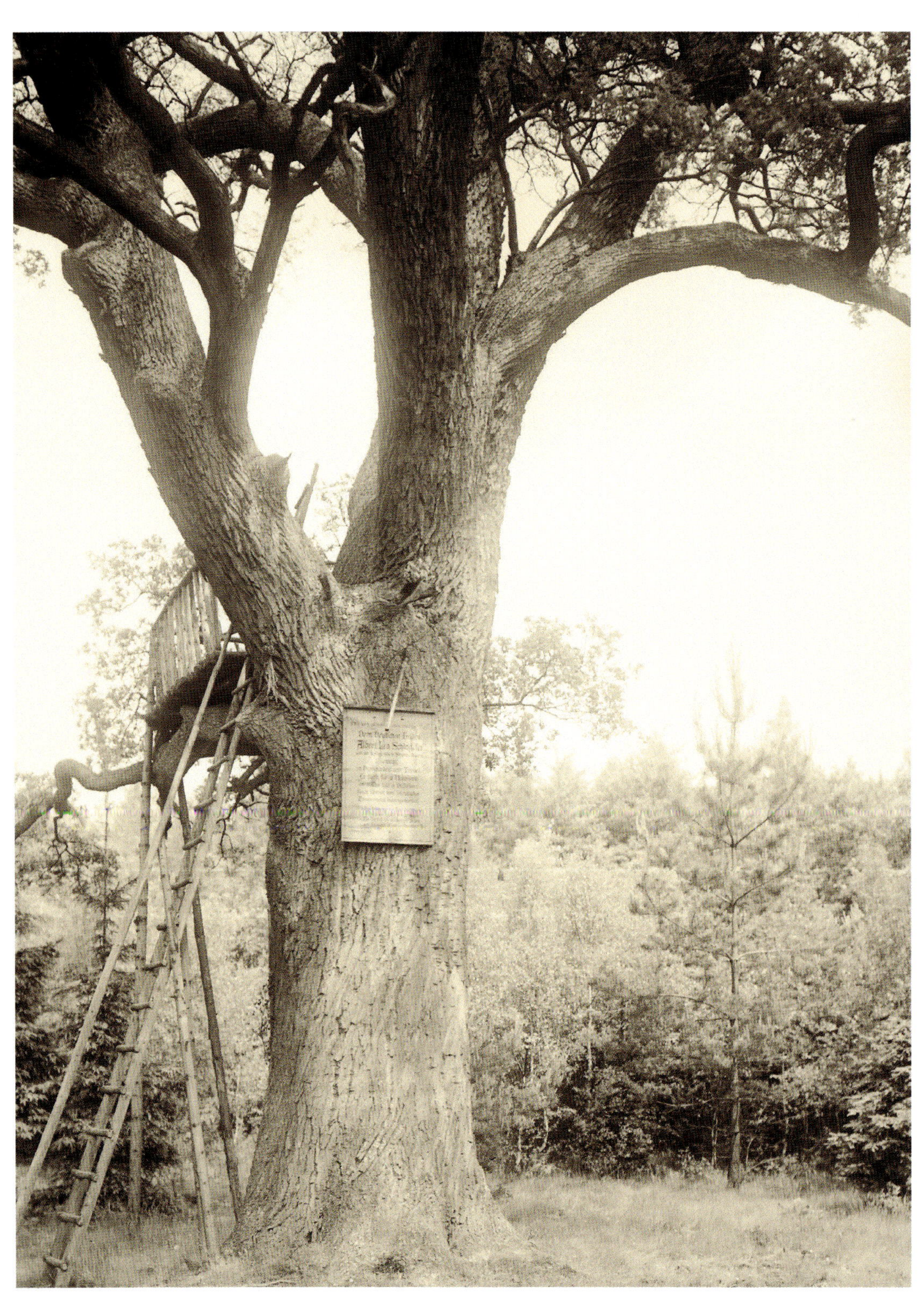

119: Kroneiche im Forst Ferchau bei Salzwedel, 11. Juni 1924
Die sogenannte Schlageter-Eiche ist eine große historische Kroneiche im Forst Ferchau in der Nähe von Salzwedel bzw. Kuhfelde. Der Baum wurde erst 1924 als Gedenkbaum für den militanten Aktivisten Albert Leo Schlageter (1894-1923) gewidmet und in der NS-Zeit propagandistisch verwertet.

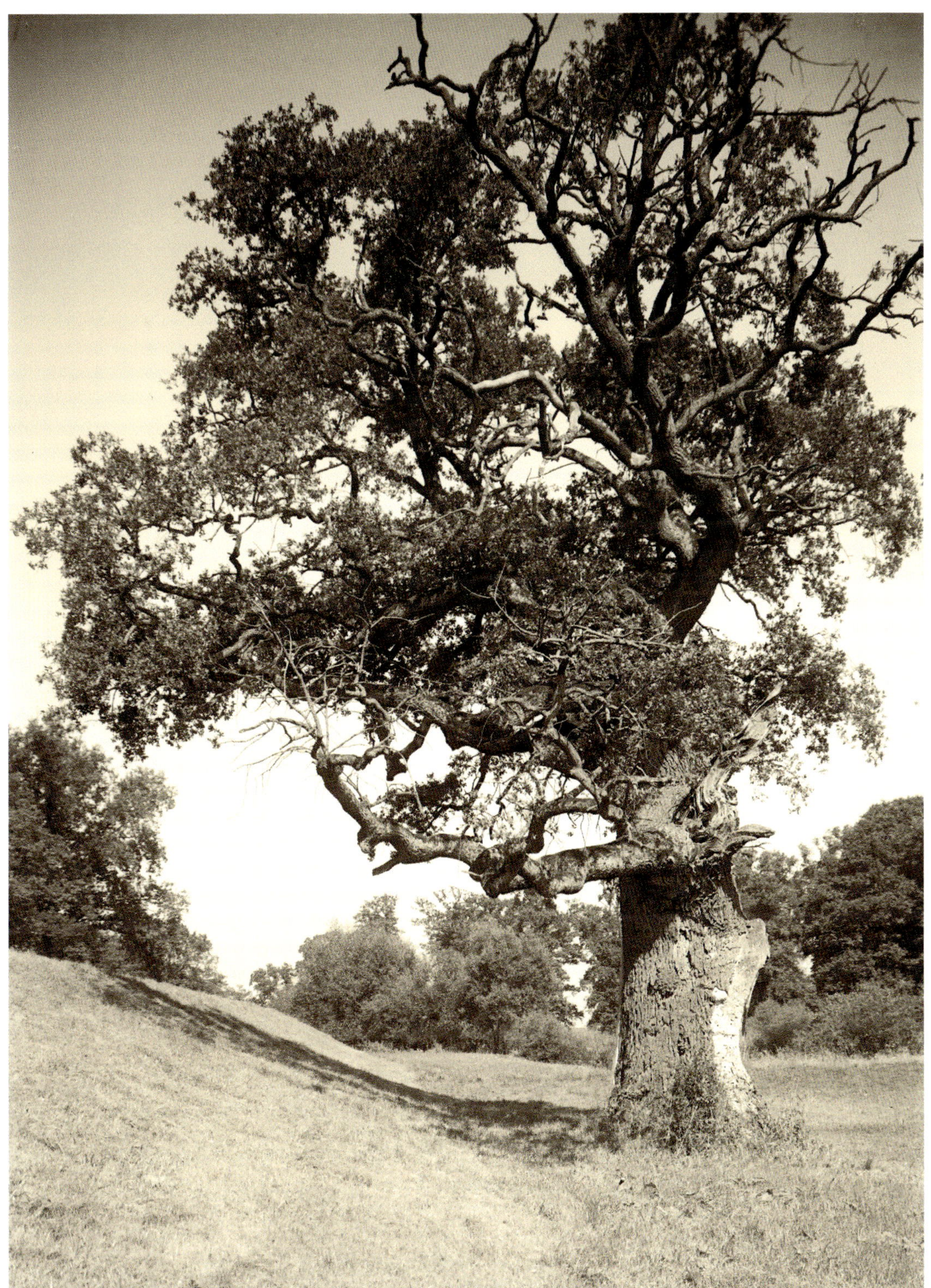

120: Alte Eiche bei Gartow, 2. September 1906
Bei diesem markanten Baum handelt es sich möglicherweise um die sogenannte Königseiche am Rande des Elbholzes in der Nähe des wendländischen Ortes Gartow. Das Elbholz ist eines der letzten Reste der Auwälder links und rechts der Elbe. Hier findet sich eine Reihe eindrucksvoller, oft abgestorbener Eichen.

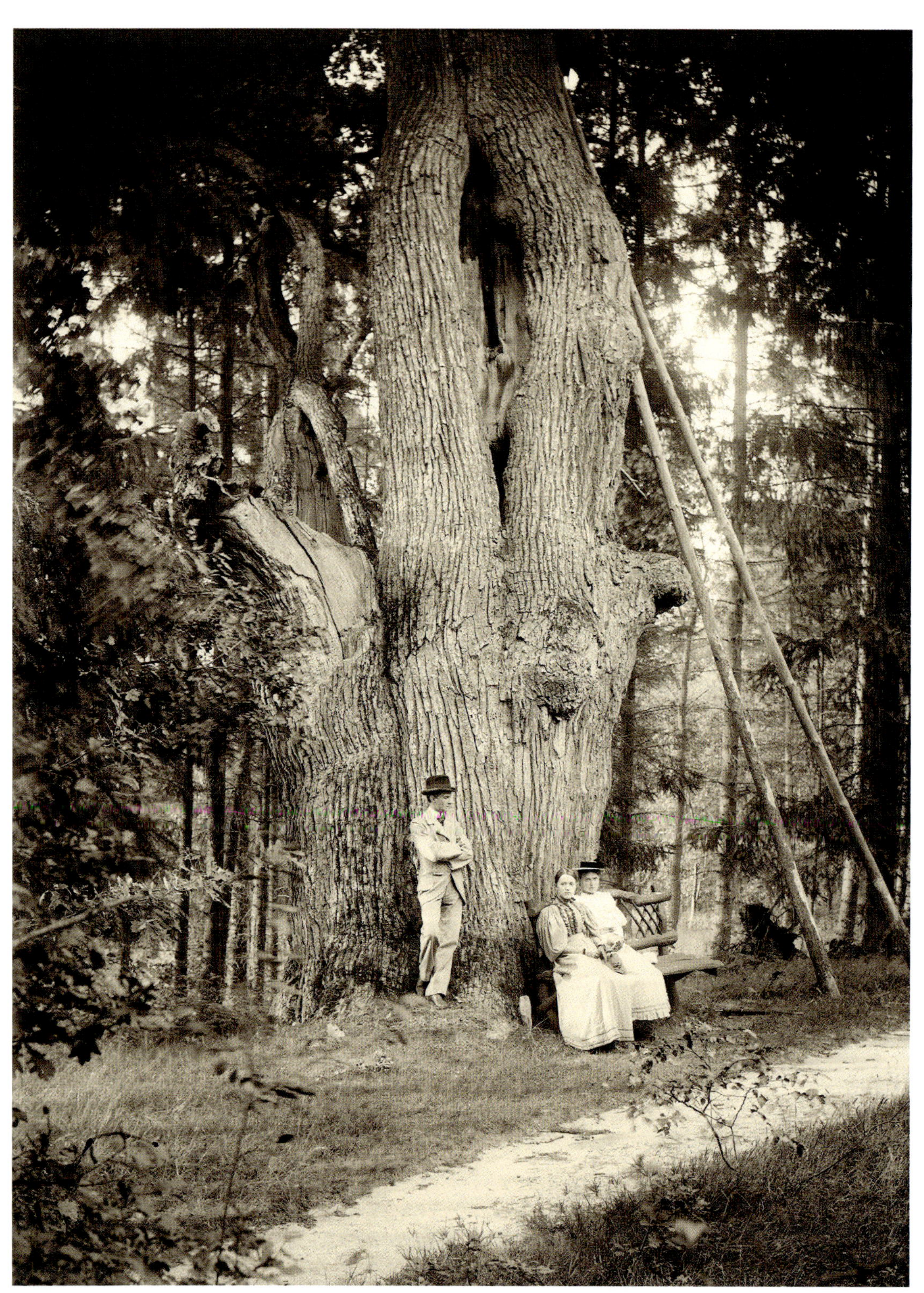

121: 1000-jährige Eiche mit Spaziergängern in der Wüstung Nieps bei Lüdelsen, 23. Juli 1896
Die sogenannte 1000-jährige Eiche befand sich bis Mitte des 20. Jahrhunderts auf der wüsten Dorfstelle Nieps. Dieses imposante Naturdenkmal war offensichtlich auch Ziel von Spaziergängern. Eine Bank lud hier zur Ruhe ein.

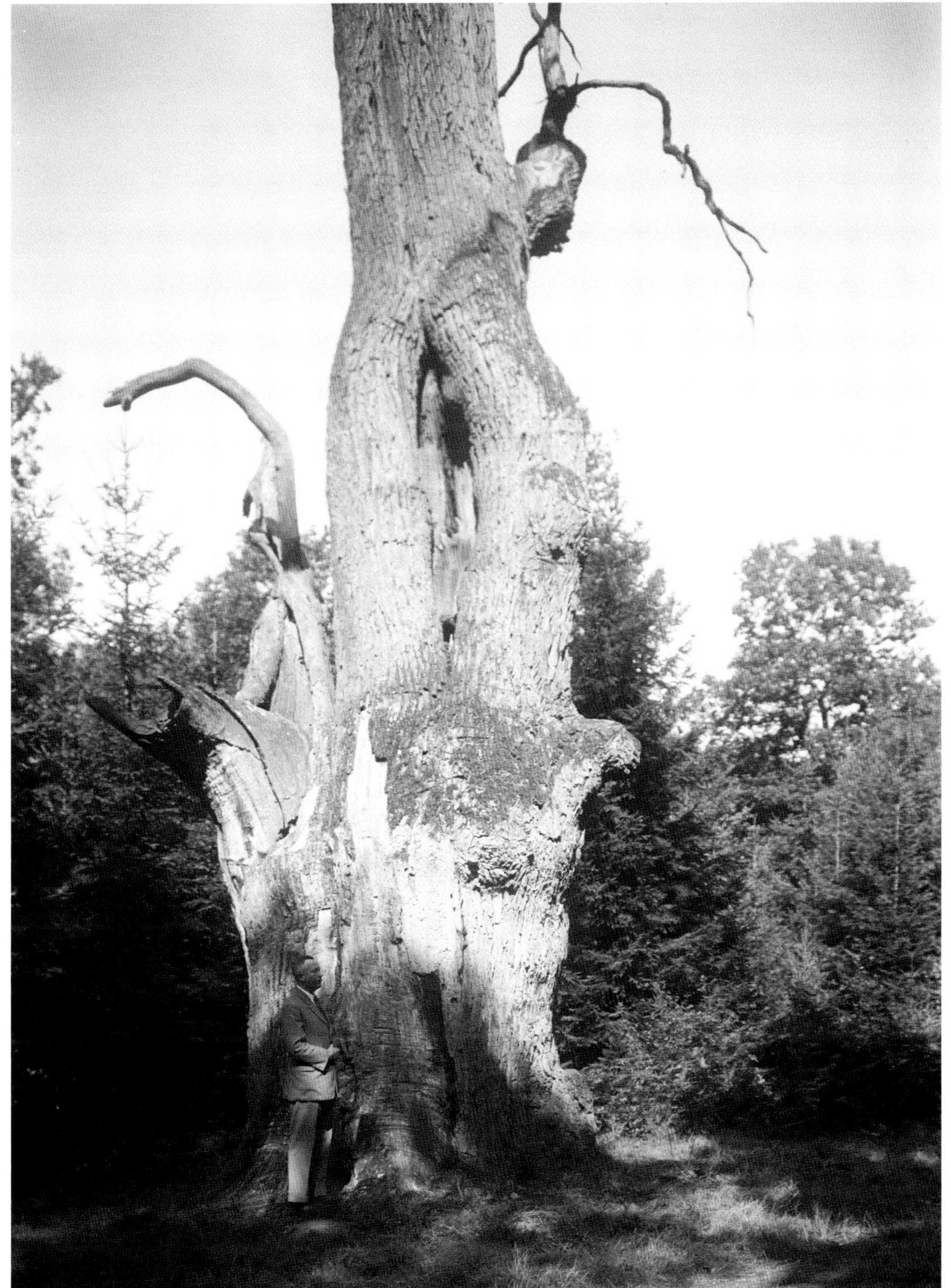

122: 1000-jährige Eiche in der Wüstung Nieps, 12. September 1935
Die Aufnahme zeigt den bereits abgestorbenen Baumriesen im Bereich der ehemaligen Siedlung Nieps. Dieses Foto fertigte Albert Wande fast 40 Jahre nach seinen ersten Aufnahmen des besonderen Baumes im Jahre 1896 an. Vor dem Baum steht der Salzwedeler Erich Springguth.

Wanderungen

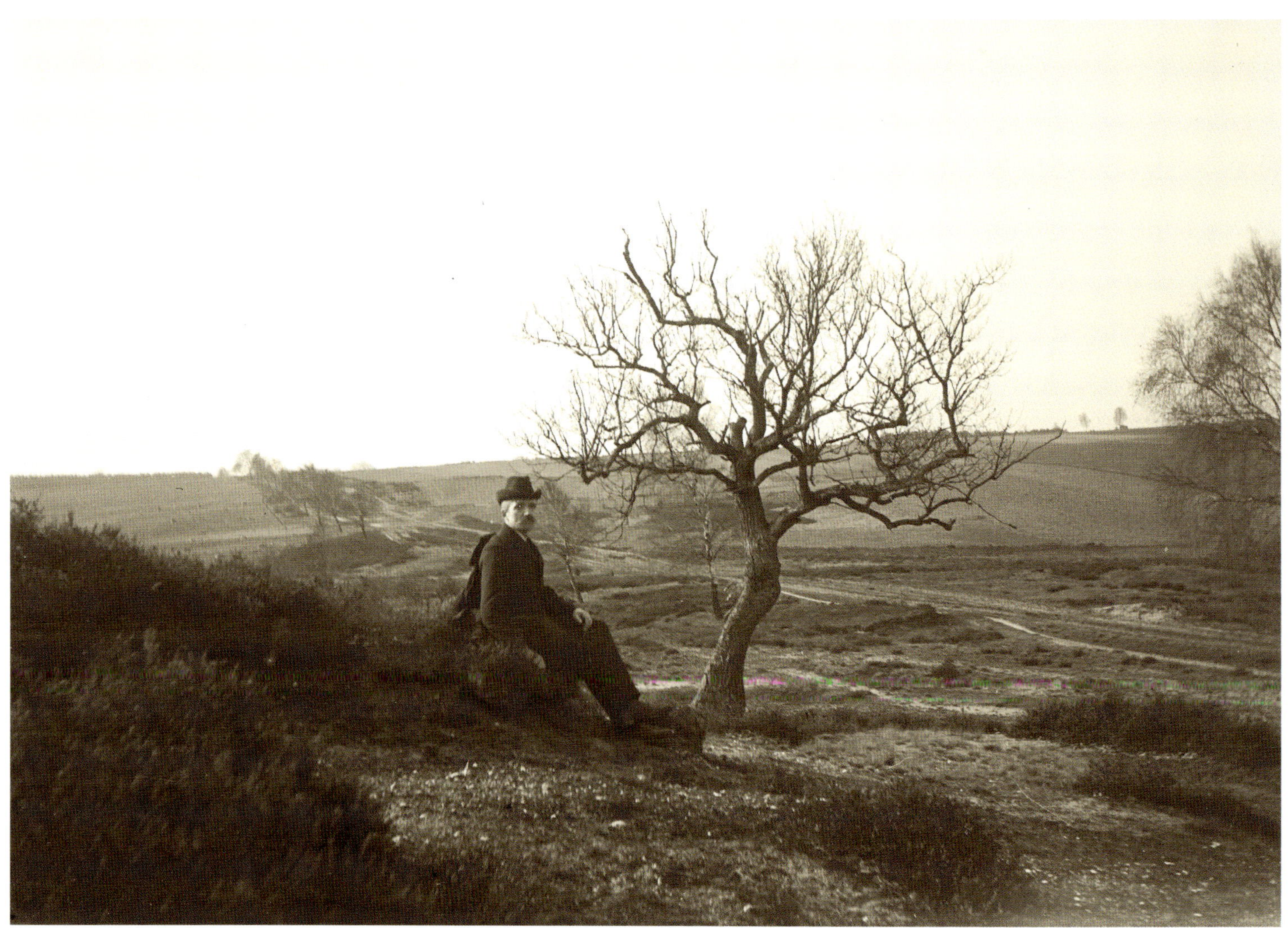

123: Albert Wande bei Bokel in der Nähe von Bad Bodenteich, 13. April 1906
Albert Wande posiert hier für ein Selbstporträt mitten in der Heidelandschaft im Umfeld der sogenannten „Bokeler Eiche“.

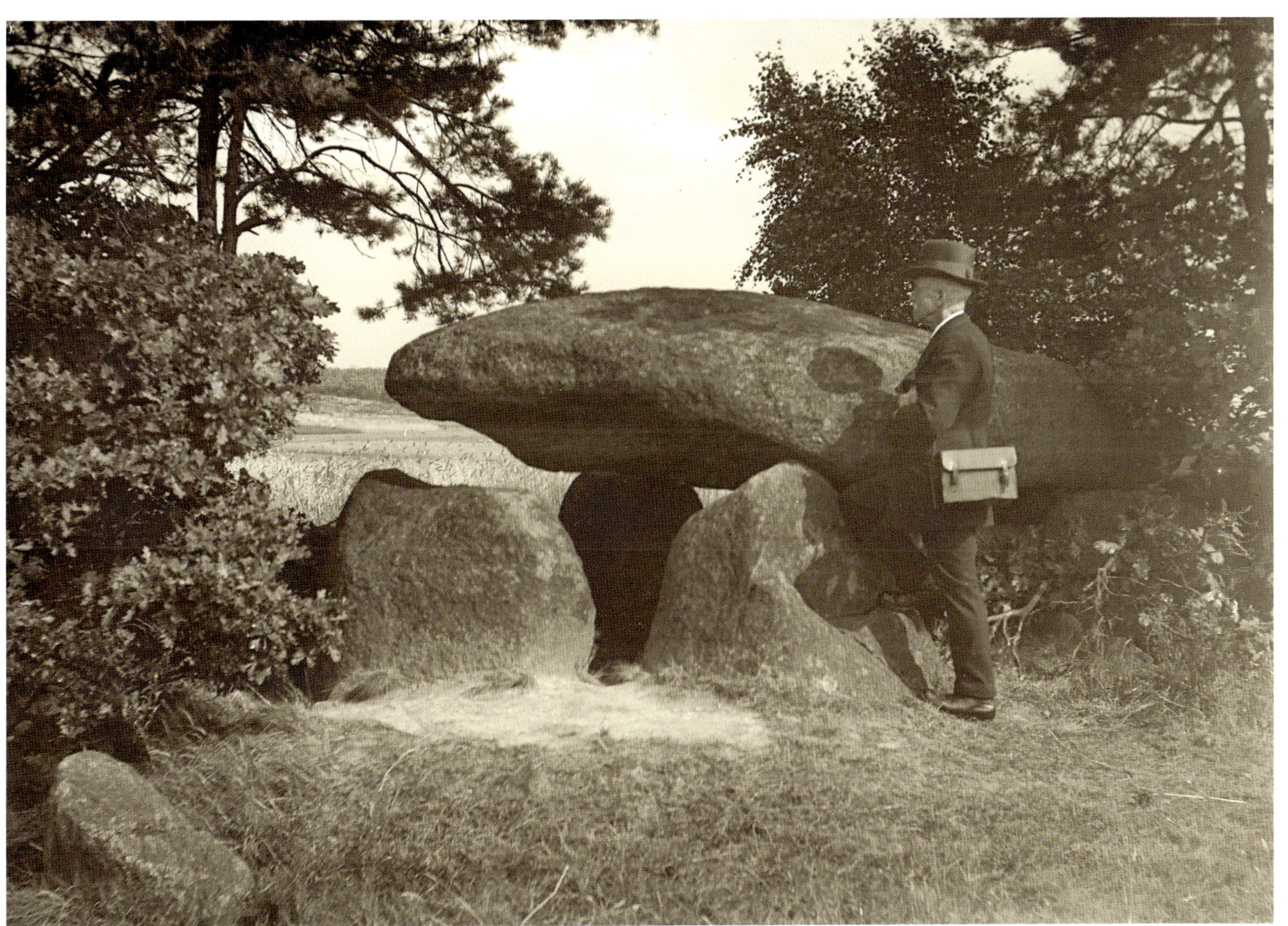

124: Albert Wande am Großsteingrab in Stöckheim, 9. Juli 1930
Hier ist der Fotograf im Halbprofil am Großsteingrab in Stöckheim abgebildet. Über der Schulter trägt er eine Fototasche mit sicherlich darin befindlicher Kamera.

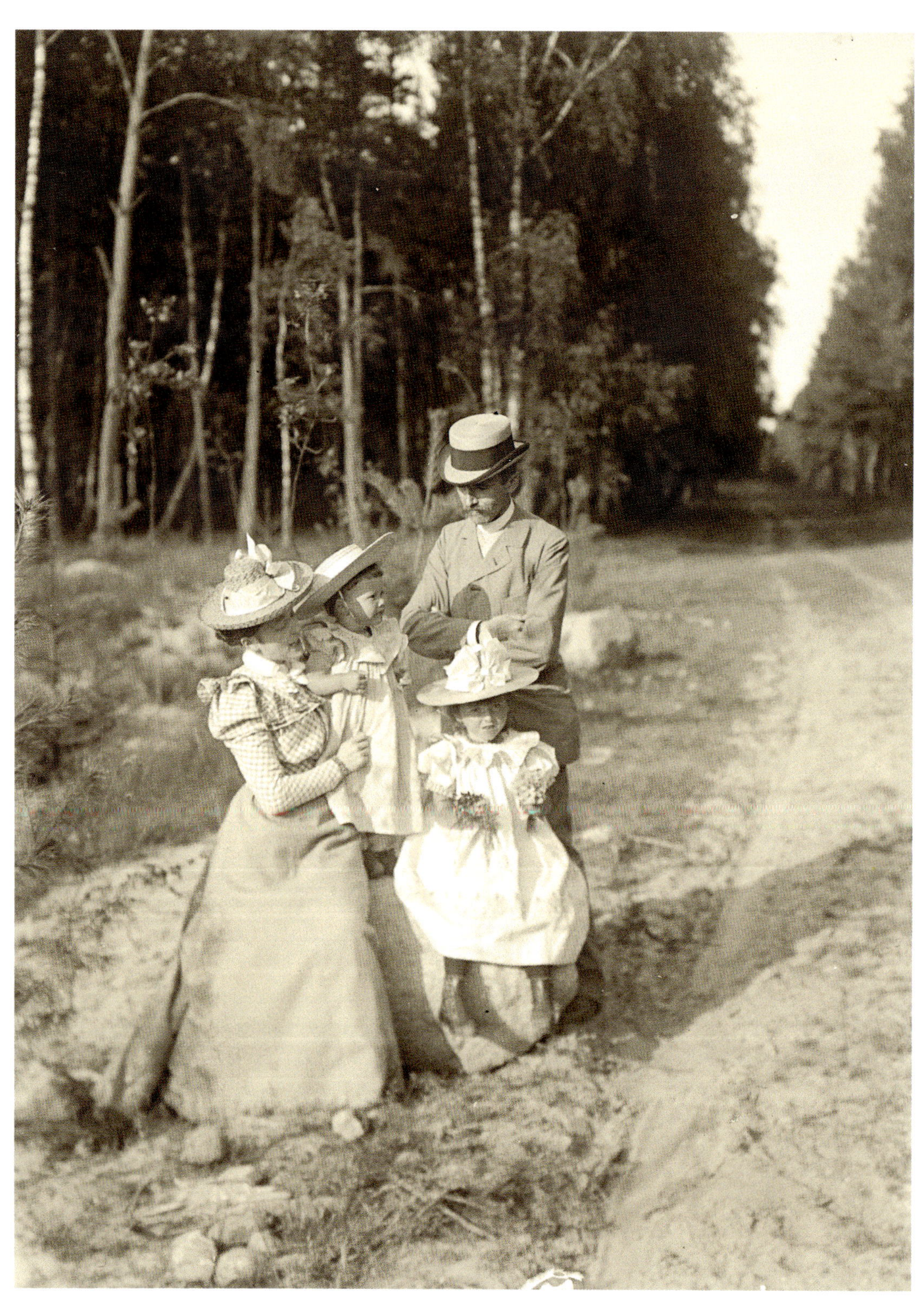

125: Familie Wande am Waldweg, 11. Juni 1899
Hier ist die Familie Wande auf einem Sonntagsausflug in der Nähe von Niephagen. Die Familienmitglieder posieren auf einem Stein. Am Auslöser stand wohl ein anderes Mitglied der Sonntagsgesellschaft.

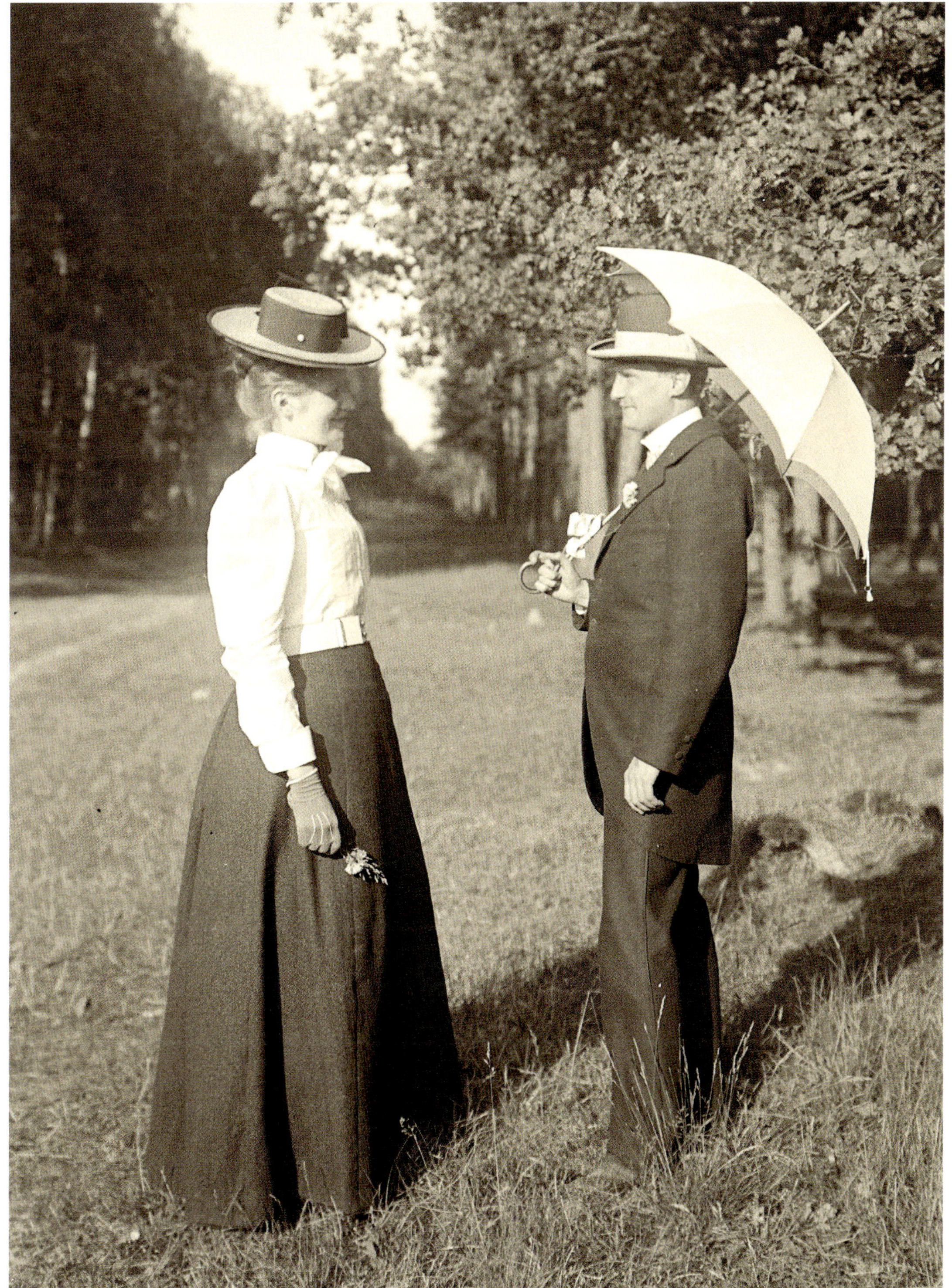

126: Ein Paar in Sonntagskleidung beim Spaziergang im Wald: „Helene und Erich", 11. Juni 1899
Das junge Paar hat sich offensichtlich zum Sonntagsspaziergang verabredet. Der 11. Juni 1899 war in der Tat ein Sonntag. Der junge Mann trägt für die Aufnahme etwas spaßig den sonst eigentlich der Frau zuzuordnenden Sonnenschirm. Bei „Helene" handelt es sich möglicherweise um Helene Rudow, die Haushälterin und enge Vertraute der Familie.

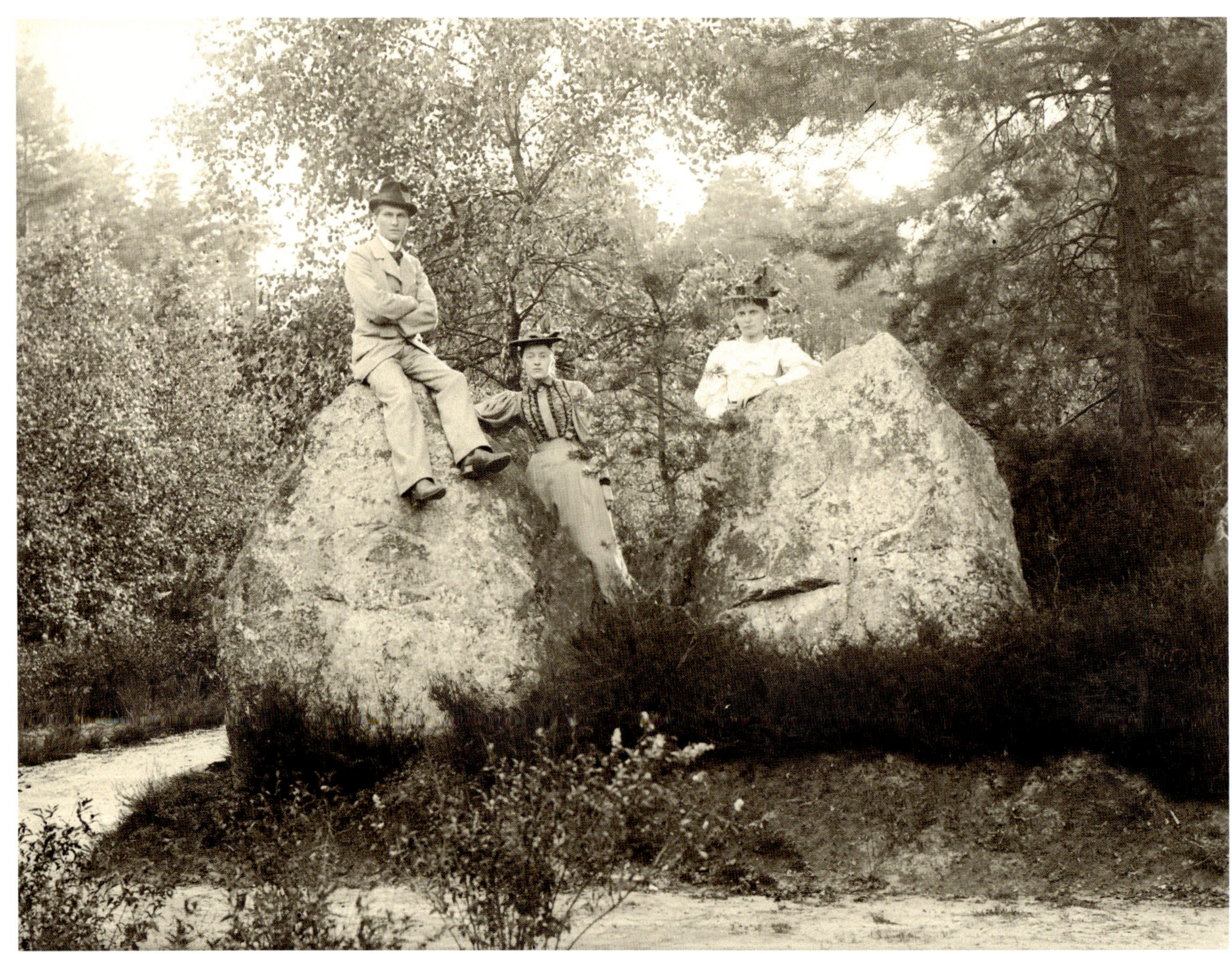

127: Ausflug zum Königsgrab bei Lüdelsen, 23. Juli 1896
Eine kleine Ausflugsgesellschaft, bestehend aus zwei Damen und einem Herrn, posiert auf den Steinen eines Großsteingrabes bei Lüdelsen. Das große, sogenannte Königsgrab gehört zu einer Gruppe solcher Gräber im Umfeld des ehemaligen wüsten Dorfes Nieps. Diese Großsteingräber dienten offensichtlich schon vor über 100 Jahren als Ausflugsziel.

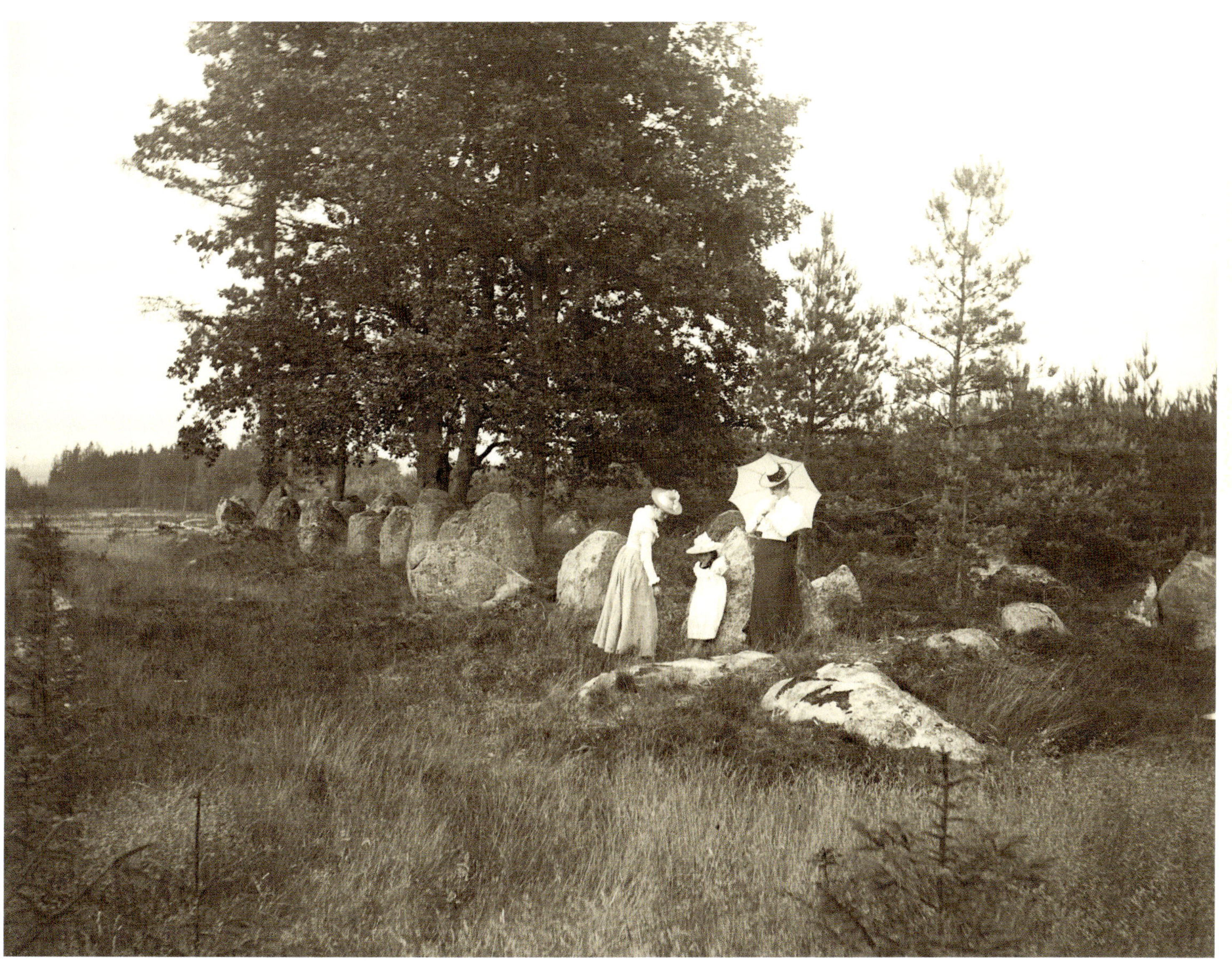

128: Ausflugsgesellschaft an einem Großsteingrab bei Wötz (Leetze), 9. Juli 1899
Zwei Frauen mit einem Kind stehen an einem Großsteingrab in der Nähe des Vorwerkes Wötz beim Ort Leetze. Hier sind acht Großsteingräber hintereinander aufgereiht zu finden.

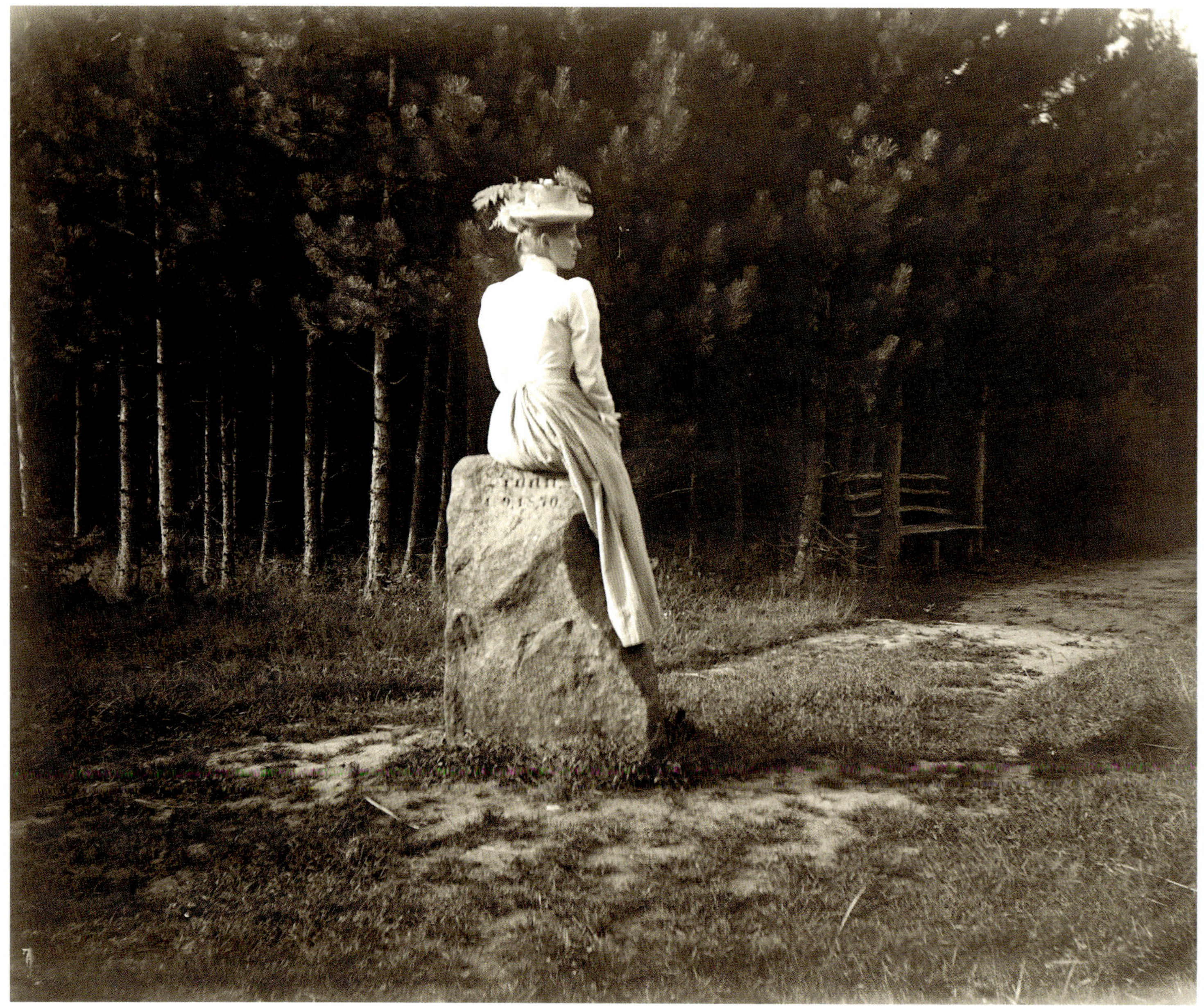

129: Junge Frau auf dem Sedanstein im Bürgerholz bei Hoyersburg, 1. August 1899
Eine junge Frau mit Sommerkleid und Hut sitzt etwas respektlos auf dem Gedenkstein, der an die Schlacht bei Sedan im deutsch-französischen Krieg am 1. September 1870 erinnert. Die junge Frau wird in der Originalbeschriftung als „Helene" bezeichnet. Möglicherweise handelt es sich um eine enge Bekannte der Familie Wande, Helene Rudow.

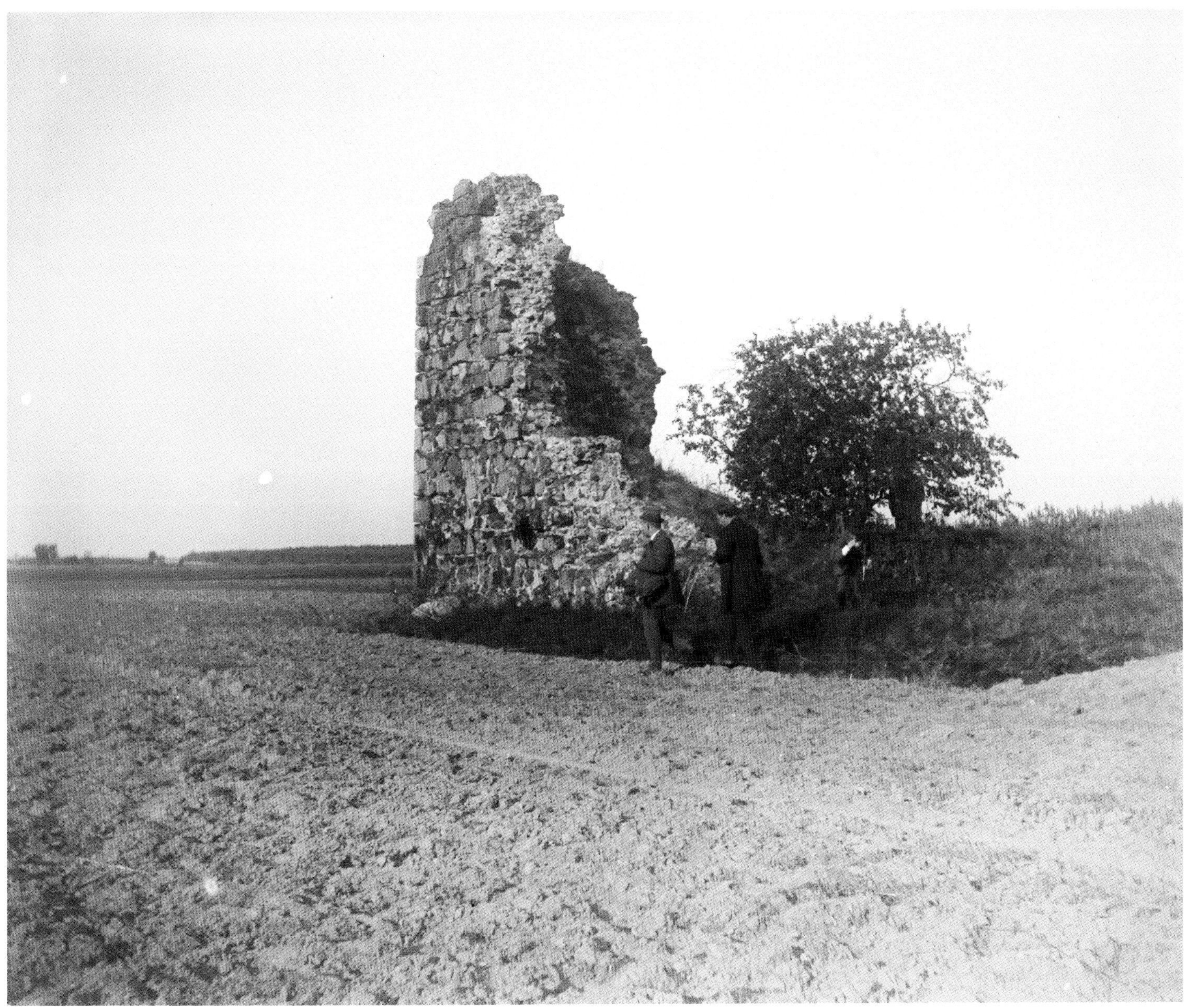

130: Fotografen-Wanderer an der wüsten Kirche Lelchow bei Peertz, 18. September 1898
Die Kirche gehörte zum wüst gefallenen Dorf Lelchow. In der Nähe des altmärkischen Dorfes Peertz befinden sich noch heute die Ruinenreste.

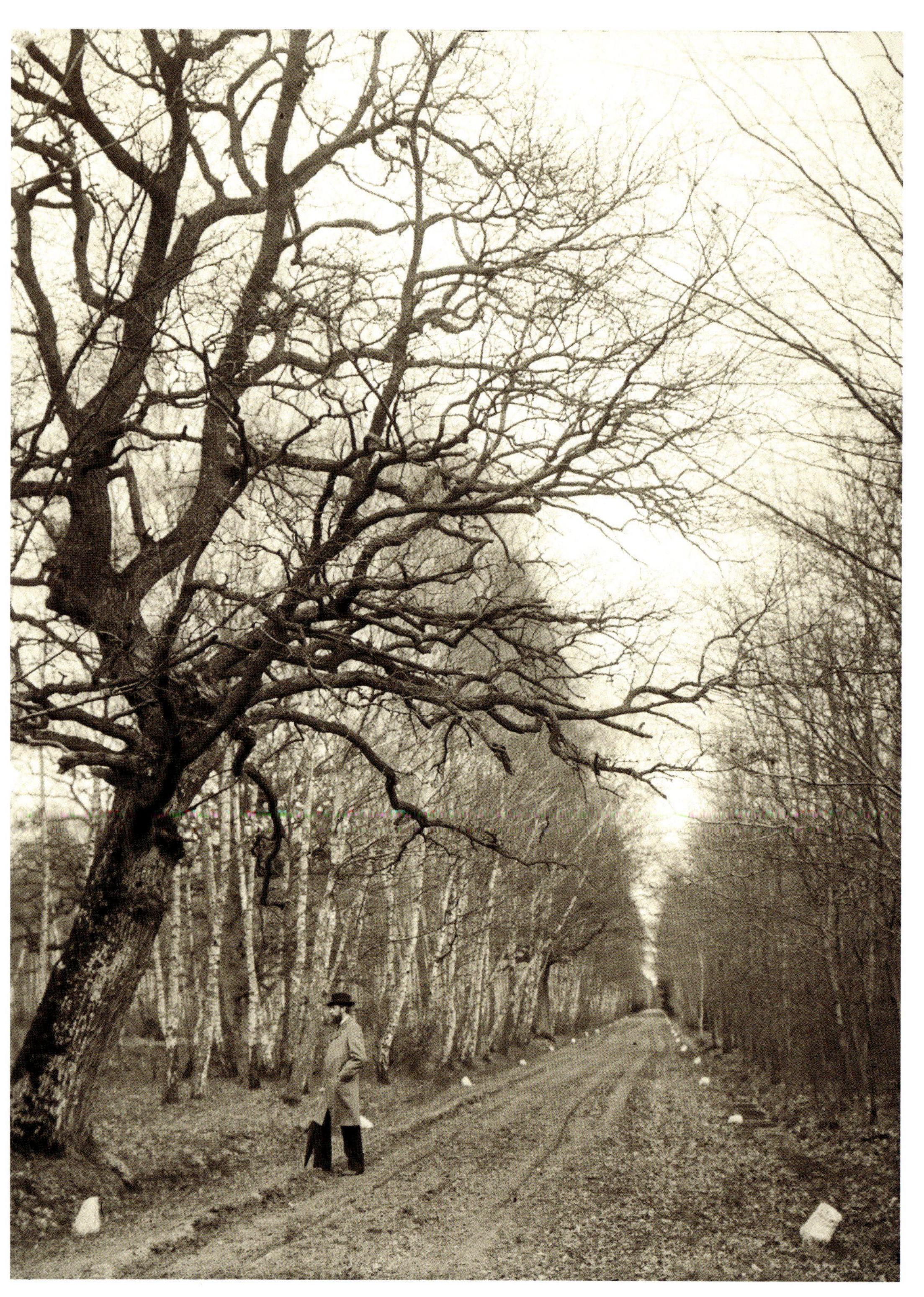

131: Spaziergänger an einer Eiche im Ferchau, 11. April 1897
Ein Mann mit Mantel, Hut und Regenschirm steht an einer Eiche. Neben dem ausgefahrenen Waldweg sind hauptsächlich Birken zu erkennen. Links im Bildvordergrund hat die markante Eiche offensichtlich das Interesse des Betrachters und auch des Fotografen geweckt.

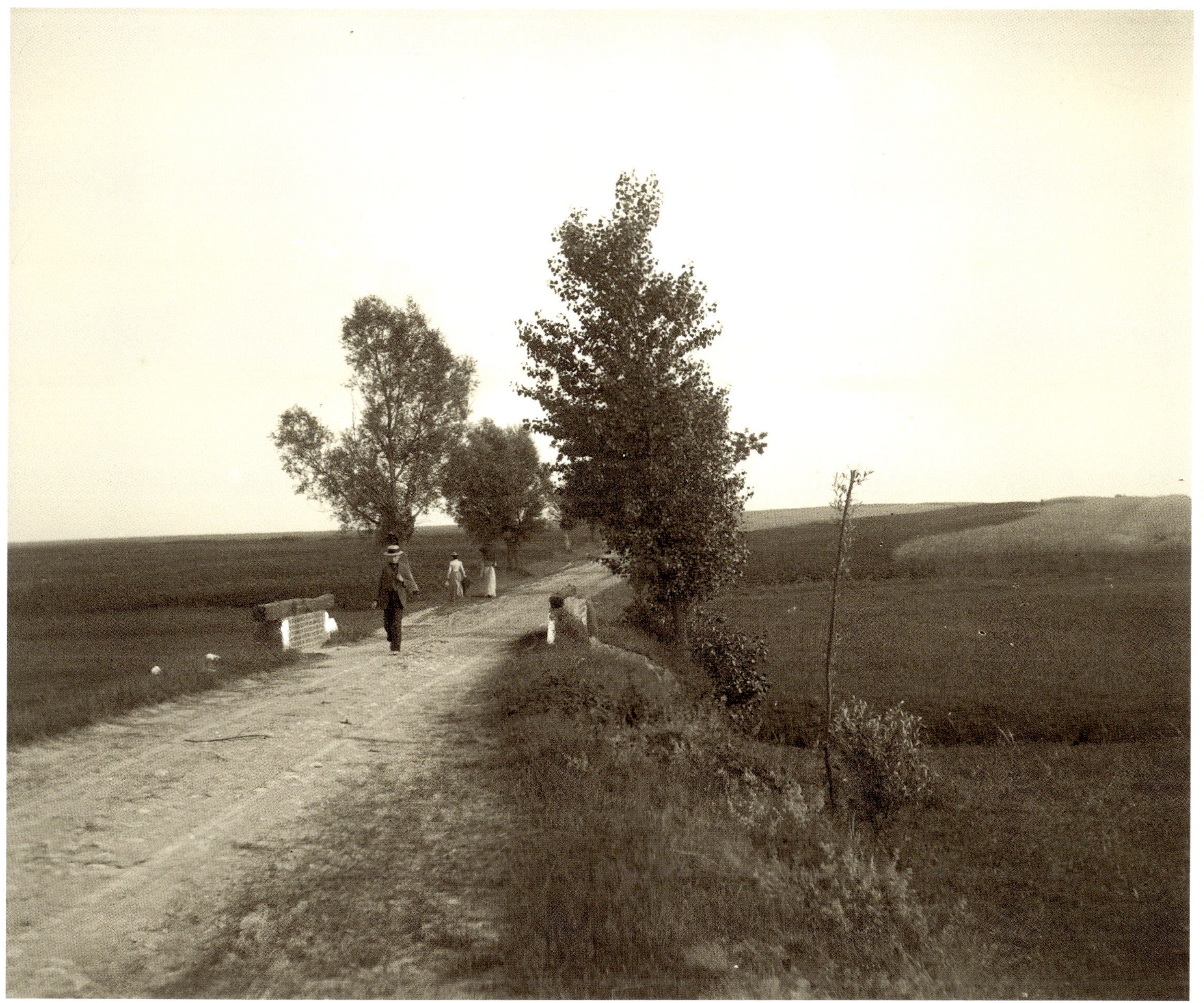

132: Einsamer Spaziergänger am Wege zwischen Kortenbeck und Dolsleben, 11. Juli 1899
Ein junger Mann und zwei Frauen laufen in entgegengesetzter Richtung auf dem Wege zwischen Kortenbeck und Hohendolsleben. Wie auch auf einer Reihe anderer Bilder sind hier die Begrenzungen einer Brücke in strahlendem Weiß gekennzeichnet.

Anmerkungen

1 Pflanz, Paul: Nachruf Albert Wande. In: 50. Jahresbericht des altmärkischen Vereins für vaterländische Geschichte (JBAVVG), Salzwedel 1936, S. 134.
2 Salzwedeler Wochenblatt v. 23. Juni 1936.
3 Salzwedeler Wochenblatt v. 19. Juni 1936.
4 Salzwedeler Wochenblatt v. 23. Juni 1936.
5 Photographische Rundschau. Zeitschrift für Freunde der Photographie. Vereinsnachrichten. Halle, 12. Jg. 1898, S. 7.
6 Photographische Mitteilungen. 34. Jg. Berlin 1897-1898. Heft 11, September 1897, S. 169-173.
7 Photographische Mitteilungen. 34. Jg. Berlin 1897-1898. Heft 13, Oktober 1897, S. 201-206.
8 Photographische Mitteilungen. 34. Jg. Berlin 1897-1898. Heft 11, September 1897, S. 173.
9 Photographische Mitteilungen. 34. Jg. Berlin 1897-1898. Heft 13, Oktober 1897, S. 206.
10 Photographische Rundschau. Zeitschrift für Freunde der Photographie. Halle, 14. Jg. 1900, S. 45 - 48f, 51, 53, 56, 115, 178, 180, 189, 198, 204f, 236f.
11 Photographische Rundschau und photographisches Centralblatt. Zeitschrift für Freunde der Photographie. Halle, 24. Jg., Heft 16, Halle 1910, S. 196ff.
12 „Winter in der Heide"., In: Photographische Rundschau und photographisches Centralblatt. 25. Jg., Heft 13, Halle 1911, Tafel 166.
13 Der Kunstwart und Kulturwart. Heft 19 (1. Juliheft 1914), München 1914, Textbeitrag S. 63/64, Bildtafeln S. 76.
14 Der Kunstwart und Kulturwart. 27. Jg., Heft 22 (zweites Augustheft 1914) München 1914, S. 284-286, S. 300.
15 Deutsches Volkstum. Monatszeitschrift für das deutsche Geistesleben. 13. Jg., Heft 1, Januar 1931, S. 78/79.
16 Kalmbach, Ulrich: Es braust ein Ruf wie Donnerhall? Zur Ehrenhalle für die Gefallenen des Ersten Weltkrieges in Salzwedel. In: 91. Jahresbericht des Altmärkischen Vereins für Vaterländische Geschichte zu Salzwedel e.V., Salzwedel 2021, S. 255-259.
17 Archiv Staatliche Kunstsammlungen Dresden, SKD 01-KK 4 Bd. 5, S. 164-167, 347-352.
18 Hoch, Stefanie: Alfred [richtig Albert] Wandes Landschaftsaufnahmen. Eines der ersten photographischen Konvolute am Kupferstich-Kabinett. In: Dresdener Kunstblätter 52/2008, Heft 1, S. 36-47.
19 Zitiert bei Hoch, Stefanie: Alfred [richtig Albert] Wandes Landschaftsaufnahmen. Eines der ersten photographischen Konvolute am Kupferstich-Kabinett. In: Dresdener Kunstblätter 52/2008, Heft 1, S. 39/40.
20 Salzwedeler Wochenblatt v. 16. und 19. Oktober 1923/ Salzwedel-Gardeleger Zeitung v. 18. Oktober 1923, S. 3.
21 Pflanz, Paul: Nachruf Albert Wande. In: 50. Jahresbericht des Altmärkischen Vereins für vaterländische Geschichte. Salzwedel 1936, S. 134.
22 www.fotografenwiki.org, eingesehen am 4. September 2014, Quelle: Prof. Dr. Rolf Sachsse, HBK Saar.
23 KunstFotografie. Katalog der Fotografien von 1839 bis 1945 aus der Sammlung des Dresdner Kupferstich-Kabinetts. Berlin, München 2010. S. 23, 283, 284, 336.
24 http://piktorialismus.smb.museum/index.php?page_id=1 eingesehen am 15.12.2022.
25 Bilder vom alten Salzwedel. Kabinettausstellung mit historischen Fotografien von Albert Wande vom 05.09. bis 05.10.2014 im Danneil-Museum Salzwedel.
26 Kalmbach, Ulrich: Albert Wande (1862-1936) – Fotografische Wanderungen. Zur Ausstellung „Altmark, Wendland, Heide" im Danneil-Museum Salzwedel 2022/2023. In: 93. JBAVVG. Salzwedel 2023, S. 235-290.
27 Gaedcke, Karl: Wandertagebücher. Handschriftliche Aufzeichnungsbücher. Danneil-Museum Salzwedel, Inv.-Nr.: B 5811 bis B 5821.
28 A. Nolte. In: Gästebuch Haus Wande. Juli 1907. Familiennachlass in Privatbesitz.
29 Stapel, Wilhelm: Der Meister des Salzwedeler Hochaltars. Nebst einem Überblick über die gotischen Schnitzaltäre der Altmark. In: 38. JBAVVG. Salzwedel 1911, S. 95-178./40. JBAVVG. Salzwedel 1913, S. 5-130.
30 Stapel, Wilhelm: Die Heide. In: Der Kunstwart und Kulturwart. 27. Jg., Heft 22 (zweites Augustheft 1914), S. 284-286.
31 Riechers, Heinz: Worte zur Ausstellungseröffnung am 07.10.2022.

Quellen / Literatur

Photographische Mitteilungen. 34. Jg. Berlin 1897. Heft 11, September 1897, S. 169-137.
Photographische Mitteilungen. 34. Jg. Berlin 1897. Heft 13, Oktober 1897, S. 201-206.
Photographische Rundschau: Zeitschrift für Freunde der Photographie. Halle, 12. Jg. 1898, S. 7.
Photographische Rundschau. Zeitschrift für Freunde der Photographie, Halle, 14. Jg. 1900, S. 45-48f, 51, 53, 56, 115, 178, 180, 189, 198, n. S. 204, n. S. 236.
Photographische Rundschau und photographisches Centralblatt. Zeitschrift für Freunde der Photographie. Halle 1910, S. 196ff.
Photographische Rundschau und photographisches Zentralblatt. Zeitschrift für Freunde der Photographie. Halle 1911, Heft 13. Tafel 166, S. 160.
Der Kunstwart und Kulturwart. Heft 19 (erstes Juliheft 1914) München 1914, S. 63/64.
Der Kunstwart und Kulturwart. Heft 22 (zweites Augustheft 1914), S. 284-286.
Deutsches Volkstum. Monatszeitschrift für das deutsche Geistesleben. 13. Jg., Heft 1, Januar 1931. Hamburg 1931, v. S. 1, n. S. 16, 48, 88.
Pflanz, Paul: Nachruf Albert Wande. In: 50. Jahresbericht des Altmärkischen Vereins für vaterländische Geschichte zu Salzwedel e. V. Salzwedel 1936, S. 134.
Hoch, Stefanie: Alfred [richtig Albert] Wandes Landschaftsaufnahmen. Eines der ersten photographischen Konvolute am Kupferstich-Kabinett. In: Dresdener Kunstblätter 52/2008, Heft 1, S. 36-47.
Muchow, Daniela: Mit dem Stativ und der Plattenkamera unterwegs. Albert Wande und seine Spuren. Salzwedeler Brennereibesitzer fotografierte schon vor 100 Jahren in der Altmark. In: Altmarkzeitung Pfingsten 2000.
KunstFotografie. Katalog der Fotografien von 1839 bis 1945 aus der Sammlung des Dresdner Kupferstich-Kabinetts. Berlin, München 2010. S. 23, 283, 284, 336.
Kalmbach, Ulrich: Zwischen Salzwedel und Bispingen. Fotografien aus Altmark, Wendland und Lüneburger Heide. Die Sammlung Albert Wande (1862-1936). In: Altmark-Blätter. Heimatbeilage der Altmark-Zeitung. 33. Jg., Nr. 20 v. 14. Mai 2022.
Kalmbach, Ulrich: Altmark, Wendland, Heide. Albert Wande (1862-1936) – Fotografische Wanderungen. Zur Ausstellung im Danneil-Museum Salzwedel 2022/2023. In: 93. Jahresbericht des Altmärkischen Vereins für vaterländische Geschichte zu Salzwedel e. V. Salzwedel 2023.

Bildnachweise

Sammlung Albert Wande
Alle Fotografien und Abbildungen, wenn nicht anders angegeben: Sammlung Albert Wande im Danneil-Museum Salzwedel

Archiv Staatliche Kunstsammlungen Dresden
21

Dr. Arndt Riechers
9

Heinz Riechers
1

Danneil-Museum Salzwedel
8, 16, 18, 19, 20, 30, 31, 33, 42, 43, 44

Stadtarchiv Salzwedel
12, 14

Ortsregister